Financial Enterprises Marketing: A Management View

金融企业营销管理

孙国辉 李煜伟 ◎编著

图书在版编目(CIP)数据

金融企业营销管理/孙国辉,李煜伟编著. —北京:北京大学出版社,2008.5
(金融企业管理系列教材)
ISBN 978-7-301-12878-7

Ⅰ.金… Ⅱ.①孙…②李… Ⅲ.金融－企业－市场营销学－高等学校－教材 Ⅳ.F830.2

中国版本图书馆 CIP 数据核字(2007)第 192226 号

书　　　　名:	金融企业营销管理
著作责任者:	孙国辉　李煜伟　编著
策 划 编 辑:	叶　楠
责 任 编 辑:	贾米娜
标 准 书 号:	ISBN 978-7-301-12878-7/F·1741
出 版 发 行:	北京大学出版社
地　　　　址:	北京市海淀区成府路 205 号　100871
网　　　　址:	http://www.pup.cn
电　　　　话:	邮购部 62752015　发行部 62750672　编辑部 62752926　出版部 62754962
电 子 邮 箱:	em@pup.pku.edu.cn
印　刷　者:	北京飞达印刷有限责任公司
经　销　者:	新华书店
	730 毫米×980 毫米　16 开本　19 印张　311 千字
	2008 年 5 月第 1 版　2011 年 11 月第 2 次印刷
印　　　　数:	5001—8000 册
定　　　　价:	30.00 元

未经许可,不得以任何方式复制或抄袭本书之部分或全部内容。
版权所有,侵权必究
举报电话:010-62752024　电子邮箱:fd@pup.pku.edu.cn

总　　序

金融是社会经济中最为活跃的领域,其变化多端和迅猛发展,导致金融企业这一金融市场微观主体,必须与时俱进不断调整与改变自己,即是说,金融企业的变化源于金融环境的不断变化,特定的金融环境实际上决定了金融企业的形态、管理方式及发展战略。面对金融全球化、金融市场竞争激烈的新环境、金融市场与实体经济关系复杂,如何加强管理,在激烈的竞争中取胜,是各类金融企业面临的重要课题。

金融全球化

金融全球化是 20 世纪后期以来世界金融发展的趋势,一般而言,金融全球化就是金融资源在全球范围内的流动以及由此产生的普遍影响。金融全球化并不意味着地区金融之间差异的消失,源于制度、规模等因素的地区差异使金融全球化的内容更加复杂。金融全球化可理解为金融市场的全球化、金融资源的全球化以及金融风险的全球化。

金融市场的全球化包括两个方面:其一是市场范围的全球化,其二是市场规则的全球化。20 世纪后半叶,随着全球经济的飞速发展,全球经济总量的增加以及全球生产网络的发展演化使得金融市场的边界不断扩展,突破了国家和地区,国际金融往来日趋频繁。实际上,无论从形式还是从实际内容,资本跨国流动以及资本相关业务的跨国运作逐渐成为金融企业的日常工作。伴随资本的国际流动,已经相对成熟的各种金融市场规则普遍被模仿、接受和复制,与此同时,新市场规则的产生则以全球市场为基础。在此基础上,尽管没有统一的中央银行,已经存在的各个国际金融中心正在成为全球金融的发动机。它们吐纳、整合全球金融资源,制定并传播规则,发现并抵消金融风险,以实现金融资源的全球分布。

金融资源包括金融市场的参与者、资本以及各种金融工具。金融资源的全球化是指金融市场参与者在全球范围内参与市场分工以及资本与各种金融工具在全球的流动,在这个过程中,国际金融市场将消除由于文化、制度、习惯所形成的金融资源的差异,由于普通资本的同质性,金融资源全球同化的速度要远远快于其他产品。实际上,在当今世界,在相同规模及制度的两个地区金融市场,金融资源的同质化程度是最高的。

金融风险的全球化包括两个方面:其一,对于发展中国家,金融制度还不健全,但是却引入发达金融市场的金融资源,由于应用不当导致市场失衡,形成金融危机。其二,金融风险在国际金融市场进行传递。这种风险的传递机制来源于国际金融市场的不平衡以及带有事后处理机制的市场规则,在缺少中央银行的事前控制之下,风险以资本为渠道在国际金融市场中传播。

金融市场竞争激烈

21世纪,国际金融市场竞争日趋激烈。金融国际化极大地拓展了金融市场,同时金融风险和各国金融管制导致企业成本不断增加,因此,金融创新层出不穷。此外,各国银行通过合并实现多领域的复合经营,而非银行金融机构也在试图进入传统银行业务(例如投资银行所属共同基金的现金管理账户服务),金融市场的竞争越来越激烈,其结果不仅进一步推进了金融创新,同时促使金融企业将目光从单纯的金融服务创新转变为向产品创新与深化管理、实施营销并重的方向发展。而计算机网络的发展则为金融企业提供了新的创新和竞争工具,实际上,作为渠道存在的计算机网络在缩短企业与消费者之间距离的同时,其带来的变化也导致企业产品之间的差异化更难实现,由此导致金融市场竞争更加激烈。

金融市场与实体经济的关系

金融资源在全球的高速流动并不代表金融市场与实体经济之间关系的减弱,与之相反,金融市场实际上受到实体经济更加强有力、更加剧烈的影响。这种影响体现在,在宽松的金融管制下,一旦金融市场过于脱离实体经济,最终市场机制将强行将其拉近均衡点。在无外力干预的条件下,这种拉力将会损害实体经济,导致整体经济衰退。日本从20世纪80年代后期发展停滞、亚洲金融危机的爆发等皆能证明这一点。当然由于不同的国际经济地位,日本本国金融企业外逃使得本国经济发展停滞,而泰国、马来西亚等国,处于全球生产网络的制造环节,投资风险源于美国和欧洲等最终产品市场,所以在亚洲金融危机后能得以迅速恢复。

为了适应以上金融环境,金融企业管理体系应该从以下几方面进行重构:

一是金融企业的战略管理。战略管理的重要性毋庸置疑,金融企业战略管理的特殊性在于金融环境的复杂多变、金融产品的虚拟无形以及总量经济的特殊影响。为此,我们推出《金融企业战略管理》。

二是金融产品生产的运营管理。标准化、规程化的服务流程是降低金融风险的第一步,以成熟的运营理论重塑金融企业产品生产管理是完善金融企业管理的基础。为此,我们推出《金融企业运作管理》。

三是金融企业的人力资源管理。金融企业人力资源的重要性源于其培养的困难性,同时由于金融创新的不断深化,金融企业人员分工更加细密,因此,在金融企业中,对人力资源的组织将更加重要。基于此种理解,我们推出《金融企业人力资源管理》。

四是金融企业的营销管理。面对激烈的竞争,金融企业需要树立全方位的立体营销观念,并以服务营销的成熟理论来指导企业的整体经营活动。为此,我们推出《金融企业营销管理》。

对于这一系列教材的编写,我们集中了中央财经大学富有管理和金融交叉学科领域研究经验的教师,同时发挥中央财经大学与金融领域关系密切的天然优势,基于大量调研组织编写相关内容,希望以此为金融企业的发展及其竞争力的提升开拓一条新的思路,同时也为管理学科和金融学科的教学创新寻找出一条新的途径。

孙国辉
2008年元月

前　言

21世纪的第一个十年是中国金融服务业至为关键的十年,随着具有丰富市场经验的外资金融企业的大规模进入,中国本土的金融企业面临巨大的挑战。这种挑战是来自于多方面的,然而其中至关重要的即是,相对于中国企业,外资金融机构在对市场的认识上更为老练,也更为沉稳。这是近百年变幻莫测的金融市场带来的经验积累,它集中体现在对市场的理解、产品的创新以及选择、手段灵活的促销分销手段上。值得注意的是,这种差距远远超过了单个企业数据上的资本总量的差距。

在金融体制改革之初,多位有识之士看到了这种差距,所以关于金融机构市场营销的教材、著作、论文层起叠出。然而受国家金融管理体制的约束,在相当长的时期内,我国的金融企业主要还是银行,而非银行金融机构鲜有出现。这种情况在近年来有了根本性的改变,随着国家金融政策的放松,各种不同性质的金融企业同时征战市场的情况为期不远。在这样的前提下,我们推出这本《金融企业营销管理》。在这本教材中,我们以市场营销的基本理论去解构金融企业的营销问题,发掘其中的特殊性,并用市场营销的理念分析中国金融企业的营销管理。为此我们还搜集了各类型的国内外案例,以比较或者示例的方式力求理论联系实际。当然,作为教材,在面对那些充满想象力但仍然处于实验阶段的理论和方法时,我们以谨慎的态度面对。尽管如此,由于水平所限,仍然难免存在错误之处。

目 录

第一章 导论 ……………………………………………………………… (1)
　【学习重点】 ………………………………………………………… (1)
　【导入案例】 惠普的金融服务营销 ……………………………… (1)
　第一节　金融服务领域中营销的产生和发展 …………………… (3)
　第二节　金融企业的主要特点和营销特征 ……………………… (10)
　第三节　金融企业的营销哲学及应用 …………………………… (14)
　【思考题】 …………………………………………………………… (18)
　【本章小结】 ………………………………………………………… (19)

第二章 金融企业的营销战略 ………………………………………… (21)
　【学习重点】 ………………………………………………………… (21)
　【导入案例】 丰田汽车金融公司在中国开业 …………………… (21)
　第一节　金融企业营销的CIS战略 ……………………………… (22)
　第二节　金融企业营销的竞争战略 ……………………………… (30)
　【思考题】 …………………………………………………………… (39)
　【本章小结】 ………………………………………………………… (40)

第三章 金融企业的营销环境分析 …………………………………… (42)
　【学习重点】 ………………………………………………………… (42)
　【导入案例】 美联储降息 ………………………………………… (42)
　第一节　金融企业市场营销环境的基本理论 …………………… (43)
　第二节　金融生态环境 …………………………………………… (52)
　第三节　金融生态环境的评价 …………………………………… (60)
　【思考题】 …………………………………………………………… (65)
　【本章小结】 ………………………………………………………… (66)

第四章　金融市场客户行为分析 …………………………………… (72)

【学习重点】………………………………………………………… (72)
【导入案例】　用趣味、形象的观念关联复杂、抽象的基金产品 …… (72)
第一节　金融市场个人客户及行为分析………………………… (73)
第二节　金融市场机构客户及行为分析………………………… (97)
第三节　金融企业市场调查的组织……………………………… (103)
【思考题】…………………………………………………………… (110)
【本章小结】………………………………………………………… (110)

第五章　金融企业的目标市场管理 …………………………………… (114)

【学习重点】………………………………………………………… (114)
【导入案例】　广发银行的金融服务社区………………………… (114)
第一节　金融市场的市场细分理论……………………………… (115)
第二节　金融企业的目标市场…………………………………… (122)
第三节　金融企业的市场定位…………………………………… (125)
【思考题】…………………………………………………………… (129)
【本章小结】………………………………………………………… (129)

第六章　金融企业产品策略 …………………………………………… (131)

【学习重点】………………………………………………………… (131)
【导入案例】　金融产品的设计…………………………………… (131)
第一节　金融企业的整体产品…………………………………… (133)
第二节　金融企业产品组合……………………………………… (140)
第三节　金融企业产品的生命周期……………………………… (145)
第四节　金融企业的新产品开发………………………………… (148)
【思考题】…………………………………………………………… (152)
【本章小结】………………………………………………………… (153)

第七章　金融产品的定价策略 ………………………………………… (155)

【学习重点】………………………………………………………… (155)
【导入案例】　诚泰银行的信用卡策略…………………………… (155)
第一节　金融产品定价的基本原理……………………………… (156)
第二节　金融产品定价的方法…………………………………… (164)

第三节　金融产品定价策略 …………………………………………（173）
　　第四节　金融产品的价格调整 …………………………………………（180）
　【思考题】 ……………………………………………………………………（183）
　【本章小结】 …………………………………………………………………（183）

第八章　金融产品分销策略 …………………………………………（186）
　【学习重点】 …………………………………………………………………（186）
　【导入案例】　新加坡银行分销保险业务强劲增长 …………………………（186）
　　第一节　金融企业分销渠道的类型及特征 ……………………………（187）
　　第二节　金融企业分销渠道的设计 ……………………………………（194）
　　第三节　金融企业分销渠道的管理 ……………………………………（197）
　　第四节　网络银行 ………………………………………………………（200）
　【思考题】 ……………………………………………………………………（202）
　【本章小结】 …………………………………………………………………（203）

第九章　金融产品促销策略 …………………………………………（208）
　【学习重点】 …………………………………………………………………（208）
　【导入案例】　香港银行信用卡业务的营销策略 ……………………………（208）
　　第一节　金融产品促销决策的内容 ……………………………………（210）
　　第二节　金融企业的广告策略 …………………………………………（213）
　　第三节　金融企业的人员推销策略 ……………………………………（219）
　　第四节　金融企业的其他促销策略 ……………………………………（222）
　【思考题】 ……………………………………………………………………（225）
　【本章小结】 …………………………………………………………………（225）

第十章　金融市场有形展示 …………………………………………（229）
　【学习重点】 …………………………………………………………………（229）
　【导入案例】　解决银行排队问题要舍得投入 ………………………………（229）
　　第一节　有形展示在金融营销中的作用 ………………………………（230）
　　第二节　有形展示的管理 ………………………………………………（238）
　【思考题】 ……………………………………………………………………（241）
　【本章小结】 …………………………………………………………………（242）

第十一章　金融营销过程管理 （246）
【学习重点】 （246）
【导入案例】 银行柜面管理的新动向 （246）
第一节　金融营销过程管理的程序 （247）
第二节　金融营销过程分析与评价 （254）
【思考题】 （254）
【本章小结】 （255）

第十二章　金融企业营销管理职能的实施 （260）
【学习重点】 （260）
【导入案例】 客户经理制 （260）
第一节　金融企业营销计划 （262）
第二节　金融营销组织 （267）
第三节　金融机构营销控制 （282）
【思考题】 （287）
【本章小结】 （287）

参考文献 （291）

第一章 导 论

【学习重点】

1. 了解金融营销产生和发展的必然性。
2. 理解金融企业的特点。
3. 理解金融企业营销的特殊性。

【导入案例】

惠普的金融服务营销[①]

惠普金融服务公司 2002 年 8 月 19 日宣布正式成立。作为惠普的子公司,惠普金融服务公司主要负责租赁与金融服务方面的业务。在惠普季度财务报告中,作为惠普的全资子公司,惠普金融服务公司被当做惠普五大业务板块之一,其营业额大约占惠普总收入的 4%。

通过全球租赁和金融资产管理方案,惠普金融服务公司让 IT 金融周期管理变得更简单。它的全程解决方案包括有效节约成本的租赁供应、折扣计划、资产管理和资产回收服务。惠普金融服务公司帮助客户以较低的成本存取、管理和更新 IT 资产,其中不仅包括硬件、软件,还包括作为多方卖主或多种技术方案一部分的服务。

惠普与康柏的合并共带来了超过 1 500 名的金融 IT 专家,他们在 50 多个

---

① 转引自《惠普金融服务公司的营销作用》,中国市场营销培训网,http://www.cmarn.org/Articleshow.asp? ArticleID = 280。

国家管理着将近 100 亿美元的资产。合并后,由这些专家组成的团队,有助于简化用户获得、管理和更新 IT 解决方案的流程。作为全球第二大 IT 租赁公司,惠普金融服务公司在许多国家的租赁业务已超过其他任何 IT 租赁公司。通过提供范围更广泛的金融服务来提升惠普的客户和合作伙伴的资产管理能力。

和其他致力于向用户提供固定方案的金融服务公司不同,惠普金融服务公司在团队组成、满足用户需求、价格以及服务交付方面,都提供了全球一致的具有高度弹性和定制的方案。除了提供全球租赁和金融资产管理服务之外,惠普金融服务公司还能按客户要求,对作为惠普总体解决方案一部分的多方卖主或原有设备进行交易。惠普金融服务公司在马萨诸塞州的安多弗市与荷兰的奈梅亨市设有两个技术更新中心。在该中心,客房的原有设备将被更新、测试、重新配置,并经过惠普的严格认证。

惠普企业系统集团执行副总裁彼得·布莱克曼先生说:"在向客户提供作为惠普总体解决方案一部分的金融服务方面,金融服务公司为惠普带来了一种集中式的商业模式。我们确信该公司将加速惠普的快速成长,同时增进股东利益。新惠普能够满足现在和未来用户的所有需求,而惠普金融服务公司满足了用户贯穿整个技术生命周期的金融资产管理需求。"

惠普金融服务公司的新领导人尔夫·罗斯曼说:"通过有机整合惠普技术金融公司与康柏金融服务公司两大机构,惠普金融服务公司成为 IT 金融服务的全球领导供应商,不仅拥有更完善的设备,同时能够为用户提供全球一致的一流服务,并将一步步成为全球最好的金融服务供应商。客户正在寻求一步到位的解决方案,而惠普金融服务公司将通过全球范围内最广泛的有效金融服务来提升惠普的竞争能力。"

罗斯曼先生在金融和租赁领域拥有 29 年的丰富工作经验,曾任惠普金融服务部门总裁兼 CEO。罗斯曼将率领由 11 名高级执行经理组成的团队,这 11 名高级执行经理分别来自惠普财务部、全球金融架构部、共同发展部、北美部、综合管理部、法律部、信息科技部、欧洲、中东和非洲部、拉丁美洲部以及亚太部。惠普金融服务公司总部设在新泽西州的马里山,区域总部分别建在爱尔兰的都柏林和澳大利亚的悉尼。目前,不管是惠普还是康柏的用户均能得到来自该团队的高质量的服务。

第一章

导论

随着中国金融体制改革的逐步深入,市场营销在金融业发展中的地位和作用日益显现出来,伴随着金融业对外开放程度的提高,其重要性与日俱增。

2007 年是中国加入世界贸易组织后金融业全面向外资金融机构开放的一年,金融同业的竞争更加激烈,这就要求国内金融企业运用营销理念,充分挖掘金融市场潜力,以使其在竞争中处于有利地位。本章作为全书的绪论,主要介绍营销在金融服务领域中的作用、金融企业营销的主要特点以及金融企业营销哲学和应用等问题,为金融营销理论和方法的研究提供借鉴和参考,同时为金融企业的营销提供理论支持。

第一节 金融服务领域中营销的产生和发展

在大多数远东、太平洋沿岸和西方国家经济中,随着银行、保险、房屋互助协会、租赁信贷、特许经营、消费者信用、普通的家庭金融服务等金融服务部门作用的不断增强,对这类金融服务实施更加有效的营销管理的要求也在不断增加。尽管不时存在着经济衰退的迹象,而且经济波动正在不少国家对各类行业产生着不同程度的影响,但金融服务部门的总营业额和利润却在持续上升,因而对经济的其他领域产生了很重要的影响。基于这些原因,人们对于金融服务中应用营销技巧和营销工具的兴趣日益增长,其中一个重要标志就是出现了大量有关金融服务营销的杂志和出版物,从英国的《国际银行营销》到美国的《银行零售业务》,数量众多。

什么是金融服务?金融服务可以被定义为:金融机构运用货币交易手段融通有价物品,向金融活动参与者和顾客提供的共同受益、获取满足的活动。金融服务的提供者包括下列类型的机构:银行、保险公司、房屋互助协会、信用卡发行商、投资信托、股票交易、特许和租赁公司、国民储蓄/转账清算银行、单位信托、金融公司等。在金融服务的竞争环境下,营销正变得越来越有必要。金融机构之间的激烈竞争使得它们开始认真思考怎样才能进行更有效的竞争,促使其不断提高对营销技巧的关注度。金融机构服务于两个市场——公司和零售顾客,或者用"营销语言"来说,金融服务于产业市场和最终的消费者市场。这两个市场可以细分为五个主要类别:政府或公共部门、私人部门、商业部门、工业以及国际市场。在金融服务业中两个主要的部门是银行业和保险业。

尽管多年来金融服务公司一直根据不同的人口统计标准细分市场,但是这个行业的竞争还是变得愈来愈激烈。例如,有许多保险公司为年老的乘客提供特别的保险条款,船舶保险公司也提供竞争性的抵押贷款。随着2007年《同业拆借管理办法》等新法规的生效,金融服务公司将不得不对其正提供的各种长期金融产品的"真实价值"披露完全的信息。这一法规将在金融服务市场中进一步引起关于价格和产品差别的竞争。

一、金融营销理念提出的背景

金融营销是伴随着货币市场、资本市场的不断演化和金融创新的层层推进而出现的,人们的金融消费需求被给予了更广阔的发展空间和更宽泛的选择余地,金融活动的内容极大丰富。而另一方面,客户多样化、深层次的消费需求又反过来促进了银行、证券、保险等金融机构的服务方式尤其是营销方式的改革,使其呈现出共同服务、共同繁荣、多元竞争的格局。为了在这种竞争中保持和扩大自身的市场份额,各种金融机构纷纷采取了一些特色鲜明的营销措施,用营销理念来创新金融服务,巩固并拓展市场。增强营销创意、培养营销环境、整合营销队伍、优化营销策略以及合理引导金融企业的有序竞争,已成为每一位金融企业家所面临的必须解决的问题。对于中国,由于金融业的发展较为滞后,在入世后面临着来自海外经验丰富的金融企业的巨大竞争压力,只有熟练运用诸如金融营销这样的先进理念来武装自己,才能在愈演愈烈的市场竞争中占有一席之地。

二、金融营销理念的必要性

深谙营销策略的人都知道,吸引一个新客户并不难,但若让他对你保持忠诚就非常难。而另一方面,留住一个老客户的营销成本比发展一个新客户的营销成本低得多。这就说明,无论是在商品市场还是在金融市场上,营销的必要性都是毋庸置疑的。金融营销是一种低成本、高收益的开拓市场方式,它可以让客户在琳琅满目的金融产品中对你的产品"情有独钟"。那么,究竟是什么样的客观要求使得金融营销变得如此必要呢?今天的消费者又到底需要什么样的金融服务呢?可以将其归为以下几类:

（1）要求金融服务更加全面化（comprehensive）、连续化（continuative）、一体化（integral）和自动化（automatic）。一方面要从空间上减少客户在不同地点、不同柜台间穿梭往返的麻烦，另一方面又要在时间上随时保证满足客户的需要。

（2）要求金融服务更具个性化（individual），能提供差异化的营销服务——不同的客户需要不同的服务，不同的钱需要不同的服务——这就要求金融机构根据不同消费需求进行市场分割并调整服务方式。

（3）为满足差异服务必须不断创新，不断丰富金融产品和服务的功能及品种。无论是早期的CDs、银证通，还是现在发展得如火如荼的银证合作、银期合作、银保合作，都是在不断开发并满足客户需求的基础之上的创新结果。而这些产品线和服务线日益丰满的金融机构的发展，又进一步促进了新需求的产生。

（4）要求金融企业必须借助现代化的科技手段，通过联机、联网等业务以及建立电话、电子等网络银行为客户提供高效、安全、快捷和低成本的服务。如最近悄然兴起的数字金融营销的风潮，就是利用互联网互动、广泛的覆盖面、高时效性、低成本等特点来提高金融服务质量。

（5）要求金融服务更具有针对性，突出企业优势和产品特色，树立银行自身品牌，使得购买的金融产品不仅能满足消费需要，也能成为一种身份地位的象征。

（6）要求金融支付工具既要使客户享受到更多的服务项目，又要简便易行，利于随身携带。

三、金融营销的发展趋势

随着金融服务模式的发展，金融业的营销也在不断发展，各个金融企业每天都在创造新的营销策略和竞争方法。

（1）金融企业将走向全面营销的时代，营销将渗透到金融企业活动的方方面面，尤其是"内部营销"。现代企业市场营销的实质就是了解消费者需求，设计出适合这种需要的产品，并以符合消费者心理的方式传递给消费者。满足客户需要的问题，在西方营销学界有人将其称为"外部营销"，而金融业营销还必须解决"内部营销"问题。"内部营销"就是企业的决策层和领导层必须善于与下属沟通，通过引导来帮助下属做好工作，这对金融企业来说尤为重要。因为金融企业从事第一线工作的广大员工与客户有着最直接和最广泛的联系,他们的言行举止会直接影响客户对银行的第一印象,所以必须重视和抓好对内部雇员的培训工作。同时通过制定内部工作准则、服务标准,甚至是构建一系列评分体系,对内进行营销宣传教育,使广大雇员树立营销服务观念,认识到工作人员与客户交流过程对本企业经营业务成败的重要作用,从而出色地完成"一线营销"的任务。

(2)金融企业将创新一套适应其企业特色的别具一格的行业实务营销。金融业独特的服务方式决定了其营销不能死搬硬套工商企业那一套,而应根据行业特点,创新出适合自己特色的营销活动。例如:① 服务营销。根据行业特点,利用超水平的服务使本企业在行业中出类拔萃。作为第三产业的金融服务业,其营销特点就是服务加服务。金融企业只有建立"大服务"观念,强化"大服务"意识,积极改进和创新服务品种、服务手段和服务设施,才能向社会提供高质量、高效率、高层次的金融服务,赢得竞争优势,树立良好的形象。② 超值营销。就是在产品质量、特征、价格等方面增加产品的额外价值。

(3)为实现差异化服务,未来的金融业将更注重特色营销。金融企业将通过市场调研活动,在把握金融需求趋势的基础上,认清企业的经营环境和营销重点,适时适地确立企业经营发展的目标,设计特色产品,推进金融产品和服务的创新。如为离退休人员设计"夕阳红"储蓄,为企盼购房的人设计"积小成家"储蓄,为年轻富裕的客户开设专有账户,为成熟富裕的客户提供专业理财咨询服务。以不同的金融产品满足不同层次的消费需求,强调特色、发挥优势、扬长避短是开展金融营销的内在要求。

(4)为适应金融市场的变化和节奏,金融业将会实施善变营销和快速营销。如今的时代是一个飞速发展、加速变革的时代,没有一成不变的所谓"金科玉律"。因此,未来的金融业必须训练员工的客户导向意识,充分挖掘客户的新想法、新需求,甚至创造出新的需求来捕捉市场机会。除此以外,还要在产品和服务市场上行动迅速,不仅要做别人做的,还要做别人没来得及做的,永远比竞争对手先行一步。等到其他企业纷纷效仿之时,行动迅捷者又制造新的热点去了。市场经济好比竞技比赛,胜利往往就在于那领先的半步。

(5)为了在吸引新客户的同时稳定老客户,未来金融业必须走持续营销的道路。持续营销是指产品或服务提供者采取有效的推销策略与现有顾客和潜在顾客维持密切的关系,在掌握顾客各种有关信息和对这些信息不断更新的前提下,对顾客现时的偏好和未来的需要进行深入了解和分析,在成本可行的条件下尽可能满足顾客的要求,并在产品的选样、发送等方面提出合适的参考建议。这种方法实质上是要充分挖掘顾客对产品生产者或服务提供者的各种产品和服务的消费潜力。为了实现这种销售方式,必须能收集到有关顾客的各种新信息,然后利用先进的信息技术和分析技能对所有的信息进行分析,这样可以确保推销产品或服务时能投顾客所好,有针对性地向顾客进行推介。

(6) 未来的金融业更加注重市场定位、客户选择等一些技术性营销操作。随着全球金融领域混业经营的风潮不断升温,越来越多的金融机构都呈现出进一步拓展银行业务范围,甚至打破银行与其他金融机构之间的法律界限的趋势,纷纷向欧洲"全能银行"看齐,银行、证券、保险和房地产企业之间,允许业务交叉,互相兼并。但这并不意味着在实际操作中,每个企业都是"全能"的,而必须突出本企业的定位,以某一特色业务为基点,横向构建一个"全能"的业务体系。目前,世界各国的金融改革正在进行中,其目的就是为了加强国际竞争力,而营销作为其中的一个重要支点也会产生更多的创新形式。

(7) 随着当今高科技日新月异地发展,金融营销将更注重高科技的运用。如网上交易、全球电子交易系统、全球 24 小时不间断交易等形式的出现,都说明新兴技术将不断被用于金融交易活动中,促使金融企业的经营方式、金融产品的形式发生重大变化,也使金融营销活动在更广阔的空间的开展成为可能。电子技术和远程通信系统在金融业的运作,不仅会提高金融企业的经营效率,极大地降低企业运营成本和交易成本,也可给消费者带来更多的实惠。在金融竞争模仿日益增强的今天,高科技营销也是一项最为有效的竞争手段。可以说,谁拥有高科技,谁就拥有强大的竞争优势,也就可能更多地拥有顾客和市场。

四、证券营销分析

随着证券业行业内部竞争的日益激烈和经纪业务进入"微利时代",证券营销作为金融营销的重要内容之一,已经逐渐被提上了日程。可是券商们对于证券营销的理解似乎太过局限于价格营销,纷纷以"降佣"的形式来抢占市场,在全国范围内上演了一出类似于 20 世纪 90 年代末家电市场上"降价大战"的"降佣大战":有价格联盟,有特惠佣金套餐,甚至出现了部分营业部的

"零佣金"。只可惜大战的硝烟还未散尽,券商们很快便发现,市场对佣金下调的反应远远低于他们的预期,仅凭降佣,实在不能解决实质问题。

曾有一位投资者说过,对于股民而言,佣金多少其实并不重要,只要(股市)行情来了无所谓那点佣金。因为佣金占的比例很小,但如果服务不好的话,投资者的亏损就很大了。原来,降佣并非证券营销的出路,提供有特色、有价值的服务才是真正的精髓所在。正如著名营销专家王延夫所说:券商经纪业务的市场化变革,必走专业营销道路:重新进行企业的市场定位,然后整合公司资源,以人为本,主动服务,创造价值,谋求企业永续经营。

1. 明确客户划分

证券市场的发展要求券商不能再简单地将客户分为现场客户和非现场客户两大类,而应明确按照客户需求将客户分成不同的群体,然后由客户选择最能够满足自己要求的服务套餐,并为这个服务套餐向券商支付相应的费用。例如,对于众多的中小散户,只提供交易通路而不提供其他任何附加值服务,以极低的价格吸引他们,赚取超低水平的利润;对于优质客户群体,则按照客户的不同需求提供不同层次的专业咨询、金融投资理财顾问(financial consulting,FC)等专业服务,赚取较高利润;而对于一些重点客户,还可以组建一只具有专业化技能的经纪人队伍,一对一地向他们提供股票行情分析、投资产品介绍等投资资讯,并从中获取报酬。

2. 把握市场定位

市场定位首先应考虑并解决两个问题:一是节流,二是开源。节流主要有缩减经营场所面积、降低人员工资、裁员等几大措施。传言某券商将执行的"三八模式"是个很好的例证,即800平方米的场所,8个人,每个人800元底薪。成本可以缩减多少,各家券商可以对照自己的经营规模得出结论。但节流是极易被"克隆"的,在这方面,券商形成不了自己的经营特色。因此,采取特色经营来扩大利润来源就成为券商在市场上形成比较优势的唯一选择。开源,就必须扩大客户量和优化客户结构。从国外券商的发展模式来看,有如下几种选择:一是扩大基础客户量;二是走高度专业化的道路;三是只提供交易通路,不提供其他任何附加值服务。此三种定位在美国交易佣金自由化以后,都出现了一些代表性券商。例如,提供高附加值服务并收取高额咨询费用的美林,只提供交易渠道服务的折扣经纪商嘉信,靠人多力量大取胜的爱德华·琼斯,其4 000多家小型营业部保证了量的规模效应。

3. 品牌营销开路

现如今,随着投资者的服务需求日益提高,要求券商通过整合营销的方式,从产品、佣金定价、销售渠道和促销等各方面进行营销,实现服务品牌化,建立券商的品牌效应。要实现品牌营销,就必须走出片面追求高标准硬件设施和豪华装修的误区,本着市场化、专业化的原则,培育一批有市场影响力的投资分析师、行业专家,增加具有超前性、实战性的有效产品,注重用资信品牌、专业咨询、高质量的研究成果及信息资料来争取客户,培养核心竞争力。"连锁化"经营是品牌营销的重要环节。市场开发应以券商自身的资讯优势、人才优势和管理优势为依托,把经纪业务总部建成一个统一的证券资讯配售中心,把下属营业部建成统一标志、统一管理、统一业务流程、统一服务标准、统一对外宣传的连锁式证券营业部。这种经营模式的优势在于:一是降低经营成本;二是通过资源整合,提高营业部的整体竞争力和规模效益;三是形成券商的市场形象和品牌,扩大影响力。

4. 培养营销人才

中国证券市场极其缺乏合格的市场化人才,尤其是一线的营销人员。营业部员工长期以来养成了被动工作的习惯,严重缺乏开发客户和开拓市场的能力。其结果是高层领导往往意识超前、到位,很想在市场营销策略上建立本企业的竞争优势,但公司的资源支持、中层管理干部的营销意识和基础营销人员的技能却无法配套,导致一些先进的营销理念苦于没有实施者而被束之高阁。真正的证券营销人才,应包括高、中、低三个层次,决策层、管理层和基层必须都到位:决策正确,营销才有方向;管理到位,营销才可以有效运营;而基层经纪人(营销人员)拥有高素质、高技能,才能够让客户愿意到券商这里来交易。

5. 寻找创新契机

毋庸置疑,创新是证券业乃至整个金融业永续发展的根本动力。例如上海富友证券和民生银行一起推出的"银证通加零佣金"服务,利用存折炒股的方式让利于投资者;北京大通证券联手和讯公司推出的"理财年卡",围绕"零佣金加即时咨询"来创新服务概念。一些券商的新做法甚至已初步与国际接轨。如某证券营业部推出一项 FC 的新业务,就是让具有专业化技能的经纪人针对单个客户提供个性化的股市行情分析和投资组合推荐等服务。FC 团队成员不再只限于券商客户服务部的工作人员,还囊括了证券公司股票、基金、债券等众多专家级人才。而 FC 所倡导的,也正是将现在众多证券营业部单纯依靠佣金收入的价格服务转型到价值服务的服务理念。

中国证券业协会黄丹华博士曾预言,经过一段时间的分化组合,内资证券公司将有两类可以存活下来:一类是在竞争中胜出的实力雄厚、规模大的综合类证券公司;另一类则是靠特色经营生存下来的规模不大的证券公司,这类公司具有特定的服务对象、相对稳定的利润来源。由此看来,证券营销、特色营销将成为未来券商尤其是中小型券商生存与发展的生命线。

总之,"金融+营销"理念的提出及全面运用,是人类金融业发展史上的一次重大突破,这也反映了当今学科交叉、行业交叉的趋势。只要我们能透彻掌握这一理念并在实践中加以成功应用,相信对中国金融业的发展会起到推波助澜的作用。

第二节 金融企业的主要特点和营销特征

一、金融企业的主要特点

金融企业指金融服务的提供者,具体包括银行和非银行金融机构,后者包括:保险公司、房屋互助协会、信用卡发行商、投资信托、股票交易、特许和租赁公司、国民储蓄银行、转账清算银行、单位信托、金融公司等。

(一) 银行

银行作为主要的金融企业,所包括的主要类型和各自的特点为:

(1) 中国人民银行。是我国的中央银行,实际上是行政管理机关,基本上可以认为它不对个人和企业办理银行业务。

(2) 政策性银行。包括农业发展银行、进出口银行、国家开发银行,只办理政策性的银行业务。

(3) 商业银行。具体又分为国有商业银行(工、农、中、建),全国性的股份制银行(有十五六家,如交通、中信、光大、华夏、招商、兴业、民生等,最近设立的是浙商和恒丰),城市商业银行(如上海银行、某某市商业银行等),农村商业银行,农村合作银行。

(4) 信用社。包括城市信用社和农村信用社。

（5）非银行金融机构。如金融资产管理公司、信托投资公司、财务公司、金融租赁公司等。

除中国人民银行外，这些机构统称为银行业金融机构。银行业金融机构由中国银监会实施专业化的监督管理。

所谓的投资银行，目前实际上是指基金管理公司，由中国证监会实施专业化的监督管理。

（二）非银行金融机构

非银行金融机构是指中央银行、商业银行及专业银行以外的其他经营金融性业务的公司或组织，也就是说，非银行金融机构属于金融机构，但不是银行。主要包括保险公司、证券公司、信托投资公司、租赁公司、基金组织等。

非银行金融机构最大的特点是它属于金融机构，但与商业银行、专业银行相比又有不同之处，并不属于银行。具体来说：

1. 非银行金融机构与商业银行及专业银行相比并无本质区别

非银行金融机构和商业银行及专业银行一样，都是以信用方式筹集资金并投放出去以达到赢利目的的。

2. 非银行金融机构和商业银行及专业银行又有所不同

（1）与商业银行相比，非银行金融机构不仅不能吸收活期存款，而且不能吸收其他任何形式的存款；非银行金融机构的业务范围比较狭窄且专业性较强，所提供的服务也是有限的；更为重要的是，非银行金融机构只能做资金经纪人，不具备信用创造的能力。而商业银行则不同，它最显著的特征之一在于它是唯一能吸收活期存款并可以提供综合性金融服务的金融机构，而且许多经济学家认为商业银行能够在不减少储备的情况下，增加放款和存款，具有创造信用的能力。

（2）非银行金融机构虽然同专业银行一样，业务种类和服务范围都很有限，而且都必须在减少储备的前提下才能增加贷款，但是，专业银行可以吸收除活期存款以外的其他形式的存款，而非银行金融机构则不能。

（3）非银行金融机构是各国金融体系中不可缺少的组成部分，在社会经济生活中发挥着重要的作用，在我国，非银行金融机构是金融企业发展的必然趋势：① 社会主义市场经济体制下，经济形式多元化导致筹资者和投资者的多元化，不同经济主体需要通过多种形式融通资金。② 为打破国有商业银行的垄断地位,增加商业银行的经营压力,促进金融业的竞争,提高整个金融体系的运转效率,政府和市场都将促进非银行金融机构的发展。③ 随着我国资本市场的发展和完善,投资、融资渠道的拓宽,金融创新不断出现,非银行金融机构将走在金融市场结构优化、金融深化的前列。④ 发展非银行金融机构,也是世界经济发展的趋势。随着经济的发展,银行系统在金融机构资产总额中的比例下降。在经济最发达的国家中,银行系统(中央银行和商业银行)的资产已低于其他各种金融机构资产的总和。

总之,我国的非银行金融机构大多是伴随着我国经济、金融体制的改革而产生和发展的。随着我国经济、金融体制改革的进一步深化,非银行金融机构也一定会达到更大的发展,其业务也将逐步趋于规范和完善。

二、金融企业的营销特征

对于金融企业服务营销的特征,国内外不少专家都提出了相似的见解,较有代表性的观点是英国金融营销学家亚瑟·梅丹的观点,他集中列举了金融服务营销的 10 个基本特征:无形性、不可分性、高度个体化的营销系统、缺少专门特性、异质性或产品及服务的广泛范围、地理分散、增长必须与风险相平衡、需求波动性、信托义务、劳动力密集。但是对于如何理解这些特征,亚瑟·梅丹并没有作出详尽而精确的解释。由于金融服务营销是服务营销的一个分支,而服务营销是脱胎于有形商品的市场营销的,因此它们之间既有联系又有区别。要想真正弄清楚金融服务营销的特征,必须立足于特征本身,从有形商品营销和一般服务营销的关系入手,把握共性,找出个性。

1. 金融服务营销与有形商品营销

与有形商品的市场营销相比,金融服务营销的特征主要表现为:

(1) 不可感知。金融服务与有形商品相比,组成服务的元素许多情况下都是无形无质的,它看不见、摸不着,不采取任何具体的物质形式来展示,而通常采取账簿登记、契约文书等形式。人们购买某项金融产品,并不一定非要持有具体的金融资产,而只需保存代表该资产的某种凭证即可。

(2) 品质差异性。金融服务的主体和对象均是人,人是服务的中心,而人又具有个性,人涉及服务方和接受服务的顾客两个方面。服务品质的差异性既由服务人员素质的差异所决定,也受顾客本身的个性特色的影响。不同素质的服务人员会产生不同的服务质量效果;同样,同一服务人员为不同素质的顾客服务,也会产生不同的服务质量效果。顾客的知识水平、道德修养等基本素质,也直接影响服务质量效果。同一企业的若干分店,若销售有形产品,则易于统一企业形象;若销售服务,则会产生各分店服务质量优劣不等的差异性。由于这种差异性的存在,少数提供劣质服务的分支机构对整个金融企业带来的负面影响,将大大超过大多数提供优质服务的分支机构所形成的良好企业形象而产生的正面效应。

(3) 所有权的不可转让性。金融机构所提供的服务在交易完成后便消失了,消费者所拥有的对服务消费的权利并未因服务交易的结束而像有形的商品交换那样获得实有的东西,物权也并未从供应者手中转移到消费者手中。如消费者的银行存款,就并未发生货币所有权的转移。

(4) 营销的实现方式不同。有形货物的市场营销主要是企业对客户的外部营销,有形货物生产企业一线员工通常只担负生产功能,而不担负营销功能;而在金融企业中,一线员工成为营销活动的主体,这些员工的素质直接决定着顾客的满意程度。因此,金融企业在做好企业与顾客的外部营销的同时,必须把一线员工作为内部"顾客",对一线员工做好内部营销。

2. 金融服务营销与一般服务营销

金融业是服务业的一种,因此服务营销所具有的特征对于金融业而言也同样具有。金融服务营销作为服务营销的一个分支,二者的关系就好像胎儿与母体的关系一样,胎儿既传承了母体相同的DNA,同时又具有自己的特征。

(1) 庞大的营销网络。相对于其他种类的服务行业而言,金融服务业的分支机构数量相当庞大,像中国银行,它的分支机构遍及海内外,在中国内地,从总行到各省的分行、城市的各大支行,再到支行下辖的营业网点,呈金字塔式分布。之所以会有如此庞大的销售网络,一方面是由于,在客户看来,同一行业的不同金融机构所提供的服务是同质的,利率、汇率都一样,在哪里办理业务的机会成本基本上都是相同的,因此他们选择金融机构的标准是基于便利原则。另一方面,顾客对金融服务无论在地理上还是时间上的连续性都有更高的要求。银联的出现、证券公司和保险公司的跨地区客户服务、POS终端销售系统、ATM自动提款机、自助银行、网上银行的普及,都是为了满足客户对金融服务随时随地的要求。因此,金融服务营销不仅比其他服务行业需要更多的网点支持,而且还需要更广泛的科技应用,以此来构成强大的客户服务系统。

(2) 以非价格竞争为主。金融产品的价格受到国家金融当局的严格监管,弹性变化小,不像旅游业、酒店业或美容业等其他服务行业可以根据淡季和旺季抬高或削减价格,利用价格的大幅落差来谋取利润。金融产品的价格是相对稳定的,同行业内同种金融产品在同一时间里的价格基本上是无差别的,银行不能擅自调高或降低存贷款利率。同样地,为了保证保险人的偿付能力,我国保监会对保险费率进行统一管理,保险价格也较为稳定。所以价格竞争在金融服务营销中并不占有重要地位,优质、专业的服务才是最有力的竞争砝码。

(3) 营销设计的统一性。在其他的服务业里,总部通常都会赋予分支机构一定的营销决策权,让它们有权决定所属范围内的产品设计、服务流程等,如老字号"全聚德"——以北京烤鸭而著称的京味饭店——为了迎合广东人的口味而在广东的分号里都加上了粤菜的菜谱,但金融业却不能这样做,一项新的金融服务的面世,通常是由总行或分行全权策划的,各分支机构主要是负责如何组织服务人员推广、落实这些新的服务。不同的分支机构无论从服务的种类到门面的装修格调,再到广告的宣传标语都是一致的,整个营销工作具有高度的统一性。

(4) 营销人才的专业性。金融产品的复杂性,使得一般的顾客对它的了解并不是很透彻,这时就需要具备良好的专业知识和口头表达能力的服务人员对顾客进行详尽的讲解,使其消除疑虑,促使交易的顺利完成。此外在设计金融产品时,需要进行精密的计算和周详的考虑(包括经济学、社会学、心理学甚至医学等),因此拥有专业知识丰富、综合素质高的员工是金融服务营销成功的关键。

第三节　金融企业的营销哲学及应用

一、目前金融企业奉行的营销哲学

目前金融企业仍然是在传统营销哲学的指导下,大部分的营销手段并未

起到应有的作用。这种传统的营销哲学主要表现为产品推销观念,在这种观念的指导下,金融企业的经营行为有三个特征:

(1)坐等客户上门。这种现象在银行业中的表现十分突出。受计划经济的影响,在国有商业银行具有绝对垄断地位的条件下,客户总是主动上门来办理业务。随着银行业竞争的加剧,各银行也意识到争夺客户的重要性,但由于以前没有重视开发新客户工作,使得暂时也没有什么好的办法。客户基本上还是以前的老客户,随着其他银行对市场的不断侵蚀,客户也在流失。

(2)注重开发最优的产品,轻视与之相配套的服务。一些金融企业认为,只要有好的产品就不愁没有客户来使用,因此争相上马各种高新技术产品,如基于计算机及网络技术的自动取款机、网上银行、网上炒股等。但这些新业务也对客户提出了较高的要求,即必须能够熟练操作电脑,而那些电脑不熟练的客户使用这些业务就存在困难,需要银行提供相应的延伸服务。但实际情况却是,大多数企业只看到了产品的先进性,却并没有从客户的角度来考虑,因此没有提供相应的延伸服务,这就是一些看似非常好的产品却不能得到广泛应用的原因之一。

(3)注重硬件设施的现代化,忽视人员素质的提高。一些企业认为,只要硬件设施好,如具有舒适的办公环境、应用先进的设备等,就可以吸引到客户,因此不惜花费巨资将营业大厅装修得豪华气派。殊不知,良好的营业环境固然可为客户带来好感,但若客户在这种环境下遇到一张冷漠的面孔时,这种好感也就失去了其应有的价值。因此,只注重硬件设施的改善而忽视软件的相应提高,为金融企业带来的损失是巨大的。

上述分析表明,要改变目前金融企业的营销现状,必须要用一种新的营销哲学指导企业的营销活动,而且这也是解决问题的关键。

二、树立新的营销哲学——市场营销观念

近年来,国内许多新设立的股份制银行的经营业绩明显优于国有商业银行,主要原因是它们在一开始便树立了现代营销观念。金融企业的现代营销观念强调了一种顾客导向的思想,它不仅强调要提供良好的产品,而且要从客户的角度来考虑如何使其满意并接受。市场营销观念主要体现在以下四个方面:

（1）确定目标市场。任何一家企业都会受到其经营规模及业务能力的限制，不可能满足所有客户的所有需求。顾客导向的思想就是要根据顾客的需求特点将市场进行细分，并依据自身的优势将精力集中于所选定的目标市场中。这样就可以对目标市场的客户进行重点服务，而对其他客户则可以花费较少的精力。

（2）准确把握客户需求。确定了目标市场后，并不表明就明确了客户的需求。例如，当城市商业银行确定为中小企业这一目标市场服务时，银行并没有了解客户究竟需要什么样的具体服务。中小企业要求能够提供更方便的融资服务，那么银行营销人员就应当深入了解"更方便"需求的具体内容是要求银行提供更简便的审批手续，还是提供更周全的服务？顾客导向的思想要求必须对客户进行深入调查，从而掌握客户的真正需求并满足它。同时，对客户的需求有时需要进行引导，因为客户有时并不确切知道自己的需求到底是什么。

（3）实行整合营销。顾客导向的思想要求银行企业的所有部门都能为顾客的利益服务，也就是推行整合营销。在确定了顾客的真正需求的基础上，就应为满足客户需求而提供产品和服务。客户对某一企业满意的原因，不仅是享受到了各种先进的金融产品，还包括业务员的热情服务以及完善的售后咨询服务等方面。

（4）正确对待赢利能力。金融企业的主要目标是实现赢利，顾客导向的思想要求在营销过程中并不单纯追求利润，而应该在满足顾客需求的基础上获得相应的利润。企业如果真正做到了一切为顾客利益着想，其商誉、市场份额和利润就会随之而来。

三、营销哲学转变的策略

"以客户为中心"的理念具体表现在五个方面：一是能存储财富并在客户的要求下转移资金到第三方的机制；二是能为需要资本的人提供资金的机制；三是能让客户多余资金赚到钱的机制；四是能为客户提供保险，使资金免受损失的机制；五是能为客户提供咨询和信息，以帮助客户作出适当的财务决定的机制。只有将以上五项内容贯彻到经营实际中，才真正实现了"以客户为中心"的理念。

(一) 在企业组织结构中设立客户经理

1．客户经理的主要职责

客户经理体现了营销导向的要求,其主要职责是:

(1) 发展客户,比如发现和培育潜在的客户,发展新的优质客户;

(2) 向客户提供业务咨询、资金支持及新的业务品种;

(3) 与客户保持密切联系,及时发现和解决问题,向企业反馈客户的呼声和需求等。

2．设立客户经理的优点

(1) 可以改变"坐等客户"的状况。由于不同企业对金融服务的要求不同,对于一些个性化的要求,可以通过客户经理深入企业内部提供具有针对性的产品和服务的形式,对银行客户资源起到稳定的作用,改变客户流失的局面。

(2) 由于客户经理长期处于服务客户的第一线,最能够了解客户的需求,因而能够以最快的速度开发出相应的金融产品及服务来满足客户需求,从而提高对客户的吸引力,加强企业的竞争优势。

(3) 客户经理可以促进企业的整合营销。由于整合营销要求顾客对银行所提供的整个服务过程都满意,而在此过程中客户经理最能了解到在哪些方面存在不足,从而提出相应的改进措施。

(二) 设立客户服务中心

客户服务中心的主要目的是方便客户,但同时也为金融企业更好地开展其他服务提供了交易平台。以银行为例,它提供的服务包括服务类业务和营销类业务两种。

1．服务类业务

(1) 查询,包括业务介绍、利率、汇率、费率、利息计算方法、客户账户的余额和明细;

(2) 转账,设定金额限制的预定账户之间的资金对转;

(3) 缴费,用活期储蓄账户代缴税金、水电费、话费等费用;

(4) 挂失,信用卡、存折、存单、支票、账户等的口头挂失或紧急止付;

(5) 申请,包括预约提款、服务内容变更、小额抵押贷款等;

(6) 接受咨询,包括银行服务、金融理财等内容;

（7）接受客户投诉，向客户反馈处理结果。

2．营销类业务

（1）产品推销。在与客户的电话交谈中根据客户的情况，推荐银行的新业务，推广新产品。

（2）客户需求的收集与分析。通过对电话记录的分析，了解客户的需求，为新产品的开发和营销提供依据。客户可以通过电话在客户服务中心办理银行业务，只需支付电话费，节约了时间和费用。客户服务中心不仅为客户提供咨询、投诉服务，而且可以成为银行的交易中心和利润增长点。客户服务中心不但能够提高客户满意程度和对银行的忠诚度，而且能够有效地降低银行的经营成本。

（3）积极开展知识营销。在以客户为中心的理念下，金融企业要努力开发出知识含量高的新型金融产品和服务，并积极引导客户使用。这就要求金融企业必须采取知识营销，通过提供知识服务来加强与客户的知识交流，使客户了解并懂得如何使用金融产品以及使用这些产品所带来的便利，提高客户的忠诚度。

（4）加强网络营销。与传统银行相比，网络银行有着更加明显的优势，能够为客户提供更为方便和快捷的服务。网络银行打破了时空界限，可以24小时提供服务，而且不受地理位置的限制。同时，无论是广告宣传还是业务交易，网络银行都可以节约成本，这样也为进一步降低客户成本创造了条件。在发展网络银行方面，外资银行已经大大领先于国内银行，这就要求国内商业银行必须加强网络营销来建立自己的品牌，以获取更多的客户。

【思考题】

1．现代市场营销与传统市场营销有何区别？
2．金融营销有何特点？
3．联系实际说明金融企业营销观念的变化。
4．金融营销哲学的应用领域和作用分别是什么？
5．结合文中的案例，讨论金融营销的作用。
6．银行和非银行金融企业服务营销的特点分别是什么？

【本章小结】

本章是对金融营销的概述,陈述了金融营销是伴随金融行业更加激烈的竞争而产生和发展的。由于金融服务业本身的特殊性,金融企业营销具有一些较为鲜明的特征,这包含在营销观念、组织机构设置、营销行为等各个方面,本章内容正是基于营销理论对这些特殊性的一个概述。

案例

中国商业银行的营销活动[①]

目前,中国各商业银行为了追求存款最大化,都给员工订立了揽存指标。据某银行的一位职员介绍,银行把存款指标直接与职工的工资待遇挂钩,如果完不成考核指标就要被克扣工资。为完成揽存指标,员工不得不动用各种社会关系,把亲朋好友存在其他银行或其他人账下的存款重新汇入自己的名下,有时甚至出现同事之间互挖客户的不正常现象。

揽存现象的长期存在,使银行的每位员工都形成了自己相对固定的关系网,并最终导致银行每次人员调整,都会使银行存款产生相应的变动,虽然存取十分频繁,但总量并没有增加,只是"存款搬家"而已。同时,由于优质客户的缺乏,不同银行同时争取相同客户的现象也变得普遍起来,这样极易出现降低合作条件、诋毁竞争对手等违反《中华人民共和国银行业监督管理法》的不正当竞争现象,在一定程度上也毁坏了银行的信誉。

银行卡多数成"睡眠卡"

某市各商业银行都在发行自己的银行卡,银行卡一时间"满天飞"。仅按品牌来分,就有中国银行的"长城卡"、工商银行的"牡丹卡"、农业银行的"金穗卡"、建设银行的"龙卡"、交通银行的"太平洋卡"、农村信用社的"信通卡"等十余种。据中国人民银行某市中心支行统计,截至2003年年底,该市共发行银行卡240多万张。

虽然市民手中的银行卡颇多,但实际使用效果却不容乐观。据中国人民

[①] 高春宽:《金融营销泡沫几何?银行员工互挖墙脚筹资存储》,载《烟台日报》,2004年3月1日。

银行某市中心支行透露,该市每日刷卡消费的平均数额在全省各城市中排名倒数第二,每日只发生1000笔业务。尽管如此,银行卡的发行量目前仍被作为考核当地银行经济效益的一项标准,所以各银行仍不计成本地盲目发行银行卡,泡沫现象在所难免。

由于金融业引入营销理论的时间尚短,许多金融机构对营销的认识存在一定的误区,把销售等同于营销的现象较为普遍,金融机构各职能部门的整体协调功能没有得到充分发挥。要从根本上改变这一现状,必须从创新金融服务产品上培养自己相对稳定的客户群。

【案例讨论题】

试讨论我国商业银行的营销理念。

第二章　金融企业的营销战略

【学习重点】

1. 掌握 CIS 的含义。
2. 理解 CIS 的实施。
3. 理解金融企业的营销战略。

【导入案例】

丰田汽车金融公司在中国开业[①]

2004 年 12 月,丰田汽车公司和丰田金融服务株式会社联合宣布,丰田汽车金融(中国)有限公司(以下简称丰田金融(中国))已正式获得银监会的开业批复,在完成开业准备工作之后,即将面向丰田用户提供金融服务。由此,丰田成为首家在中国获准成立汽车金融公司的日本汽车厂商。

新公司命名为"丰田汽车金融(中国)",于 2005 年 1 月设立,公司资本金为 70 亿日元,由总管丰田集团金融状况的丰田金融服务公司全额出资。丰田金融(中国)是日本丰田的全资金融子公司丰田金融在中国的独资企业,注册资金为 5 亿元人民币,新公司的营业地点设在北京。

据日本媒体报道,丰田希望在巨大的中国市场上通过充实服务来增加销售。新公司将在中方合作伙伴一汽公司(长春)的共同经销店中开设贷款业务,并向销售门店进行融资。

---

① 林梦达:《丰田汽车金融公司开业在即》,载《国际金融报》,2004 年 12 月 23 日。

在设立丰田汽车金融(中国)的过程中,这家善于后发制人的日本公司始终保持着低调做派。

早在2003年12月,丰田金融服务株式会社便与美国通用汽车金融服务公司和上海汽车集团财务有限责任公司、大众汽车金融服务股份公司同期向银监会递交了设立汽车金融公司的申请,并成为首批获准筹建的三家外资汽车金融公司之一。但此后,丰田金融(中国)并没有按照规定在6个月之内提出开业申请,而是申请了延期。

当时,丰田金融(中国)筹备组曾表示,申请延长筹备期的主要原因是,相比通用和大众,丰田金融此前从未在中国设立过代表机构,而来自其他汽车厂商的同行较丰田有更充足的准备时间。

但是,丰田对中国汽车金融市场的欲望并不比其他跨国巨头寡淡。因为金融业务的开展使得丰田在华的战略布局更完善,市场运作手段更丰富。

据悉,一汽丰田汽车销售公司常务副总经理王法长曾表示,目前一汽丰田已构建起一个遍布全国各省的销售、服务网络,在全国有127家经过严格认证的经销店,预计2004年年底将达到160家,2005年计划将达到190家的规模。同时,一汽丰田将积极支援经销店开展车辆保险、金融、汽车贷款、二手车、汽车用品等业务。

第一节 金融企业营销的 CIS 战略

一、CIS 的定义

CIS 是指企业形象识别系统,英文为"corporate identity system",简称 CIS。它是针对企业的经营状况和所处的市场竞争环境,为使企业在竞争中脱颖而出而制定的实施策略。CIS 分为 MI(mind identity,理念识别)、BI(behavior identity,行为识别)和 VI(visual identity,视觉识别)三个部分,三者相辅相成。企业需要确定核心的经营理念、市场定位以及长期发展战略,因此理念识别是企业发展的主导思想,也是行为识别和视觉识别展开的根本依据。理念识别也并不是空穴来风,它要经过对市场的周密分析及对竞争环境的细致观察,结合企业当前的状况来制定实施。行为识别是经营理念的进一步延伸,也是理念识别的确切实施,具体体现在公司机构的设立、管理制度的制定、员工激励机制等方面。视觉识别是企业综合信息的视觉管理规范,在市场经济体制下,企业竞争日趋激烈,加上各种媒体不断膨胀,消费者面对的信息日趋繁杂,如何将企业的实力、信誉、服务理念传达给受众,是视觉识别实施的重要任务,也是理念识别、行为识别的具体体现。一个优秀的企业,如果没有统一的视觉管理规范,就不能让消费者产生认同感和信任感,企业的信息转播效果也会大打折扣,对企业本身来说,也是一种资源浪费。

（一）金融企业理念识别系统

理念识别系统是指企业的经营观念及文化精神等方面的综合。它是企业最高决策层的思想、文化、意识的具体反映,属于最高层次的识别系统。

理念识别系统由以下要素组成：

（1）基本要素系统：企业的经营哲学及观念,企业的精神、文化,企业的经营风格,企业的发展目标,企业的营销战略、策略等。具体包括：① 金融企业的经营哲学。经营哲学是指导企业从事经营活动的根本指导思想。现代企业强调以人为本、以顾客（包括外部顾客和内部顾客）为本的经营哲学,树立为顾客提供安全、优质以及不断创新的服务的经营理念。② 金融企业的精神文化和经营风格。企业的经营宗旨、经营信条的长期熏陶,使每个企业形成了不同的价值观念、道德规范和行为准则,表现出独特的企业精神文化和经营风格。③ 金融企业的发展目标。金融企业的发展目标规划出企业未来的发展方向,既要具有前瞻性,又要具有科学性和可行性。④ 金融企业的经营战略。金融企业的经营战略是企业经营宗旨、经营信条的具体反映,也是指导企业行为的重要依据。同时,经营战略必须具体、可行。

（2）应用要素系统：企业的行动纲领、经营信条、广告导语、标语口号、企业歌曲、警语及座右铭等。

（二）金融企业行为识别系统

行为识别系统规划出企业对内和对外的各项企业活动的行为规范,促使全体员工达成共识,共同塑造良好的企业形象。它以理念识别系统为依据,是企业经营观念及企业精神文化的具体落实。

行为识别系统是企业形象的动态识别形式,由以下要素组成：

1. 基本要素系统

企业对内的组织、教育、管理、开发研究、员工福利、工作环境及气氛,企业对外的市场调研、经营推广、公共关系、社会公益及文化活动等。具体包括:

(1) 金融企业内部行为识别系统。建立金融企业内部行为识别系统,就是对企业内部的组织制度、员工工作准则、服务态度以及管理教育等制定必需的规章制度,使之规范化。员工是将企业形象传递给外界的重要媒体。员工素质欠佳、工作态度不好、待人处事的行为不满等,都会给企业形象带来损害。企业导入 CIS 战略,通过对企业内部人员的教育,使全体员工对企业理念的认同达成共识,将其奉为共同信仰和价值观,使企业的行为规范、工作守则成为全体员工所共有并严格执行的行为指南,从而形成一种良好的风气。

(2) 金融企业对外行为识别系统。建立金融企业对外行为识别系统,就是通过规范各项经营活动,把企业的宗旨、文化精神渗透到业务领域中去,让客户和社会公众在不知不觉中体会到该金融企业的可信赖感,并认定其为自己理想的金融伙伴,从而树立良好的企业形象。金融企业的对外行为识别系统主要包括以下内容:① 金融商品和服务项目的开发和不断创新。随着金融市场竞争的加剧、金融客户需求的变化,金融企业要想持久地占领市场,必须注意金融商品的创新和金融服务的完善。② 积极参与社会公益活动。具有远见卓识的企业经营者都注意强化企业的社会形象,他们积极关注所在地区的文化、体育、教育事业的发展,投身社会公益事业。金融企业的社会公益活动要做到事半功倍,收到提高企业知名度、美誉度的效果,一般要抓好几个环节:首先,选准赞助目标投向;其次,抓住最佳时机,瞄准最佳角度;再次,善于多向发掘,通过赞助公益活动,向客户和公众展示本企业的形象。

2. 应用要素系统

应用要素系统包括企业对内对外的各项活动及其行为规范、管理制度、岗位责任、考核指标体系等。

3. 其他工作

在经营以上两类要素以外,还要求做好对客户及其他关系者的信息传递和协调工作。一个成功的企业不仅要得到客户的信赖,还要得到当地政府、股东、同业者、地区社团、新闻界等方面的支持。必须重视开展公共关系和广告宣传活动,向本企业的客户和各类关系者不断输入企业形象信息。

（三）金融企业视觉识别系统

1. 视觉识别系统的组成

视觉识别系统通过具体可见的视觉符号对外界传达企业的理念、精神和经营行为特征等有关信息，以便社会公众了解、接受企业所塑造的良好形象。它是企业的理念、精神和行为规范的外在表现，是企业形象的直接展示。视觉识别系统是企业形象的静态识别形式，由以下要素组成：

（1）基本要素系统：企业名称、企业造型、企业标志（标准字、标准色、象征图案及其组合）、宣传标语和口号等。

（2）应用要素系统：办公用品系列（公文纸、文件夹、笔记本、钢笔、信封、名片、信纸、职员工作证等）；服饰系列（各类工作服、徽章、领带及领带夹、皮带、鞋、袜、手表、公文包等）；办公室内设计（办公设备及空间设计、部门牌、记事牌、计时钟、茶具、烟具及办公桌上用品等）；包装系列（包装纸、包装盒、包装箱、手提袋等）；外部标志（招牌、旗帜、建筑物外观等）；CIS手册等。

2. 应用要素系统的组成

应用要素系统具体又可包括：

（1）金融企业的命名。金融企业的名称往往蕴含着深刻的含义。金融企业的名称应能体现出企业的业务定位和鲜明特色，给人以深刻的印象。

（2）金融企业的建筑物形象。金融企业建筑物的风格有助于树立企业的形象。据CIS形象专家的调研分析，各行业皆有其最具特色的形象：制造业的特色是技术，零售业的特色是市场，而金融业的特色则是外观形象。金融机构以建筑物外观显示出其雄厚的财力和稳健的态势，赢得社会大众的信任。

（3）金融企业的标志。金融企业以信誉、形象为立身之本，金融企业的标志构成了其无形资产中相当重要的部分。① 金融企业的徽志。金融企业应设计、选用简洁、明快、独特而又体现企业文化内涵的徽志，使其成为企业形象和知名度的象征。② 金融企业的标准色。心理学家调查研究认为，各种颜色对人的感觉、注意力、思维会产生不同的影响。企业视觉识别设计中对色彩的选择是企业形象塑造和形象竞争中的一个重要因素。金融企业标准色的选择设计也应突出企业风格，体现企业的性质、宗旨和经营方针。③ 金融企业的其他应用性形象要素。企业视觉识别系统还要求企业所有对外的视觉暴露统一化,因此企业名片、企业大楼建筑外貌、营业厅的布局和装饰、企业招牌和旗帜、办公室器具设备、公司制服、文件、信封、便条和账册票据,甚至企业的交通工具等,都要根据基本设计要素的要求,力求统一化、个性化。目前国内外金融企业为强化市场竞争优势,对应用视觉识别系统的设计安排都十分重视。

对企业来说,建立一个完善的企业形象识别系统,灵活运用于管理工作之中,减少多头、重复设计,减少经费和决策时间,既可有效地利用资源、提高工作效率,又可增强员工的共识,增进凝聚力和归属感。

二、企业形象策划的关键程序

(一) CIS 战略的策划

1. 确定企业形象策划的目标

战略目标是制定企业形象战略的依据。目标不同,具体的战略措施也不相同。在调查分析的基础上准确地选定战略目标,是合理制定 CIS 战略的关键。CIS 战略的目标有以下几种:

(1) 巩固现有的企业形象。对于具有良好企业形象的企业,战略重点应放在如何发扬、完善和提升现有企业形象上。良好企业形象的表现主要有:经营者素质高,产品信得过,价格合理,服务热情周到,为顾客着想,居行业领先地位,诚实、可靠,效率高。

(2) 改善企业形象。对于形象不佳的企业,则必须针对企业存在的问题及问题的症结,通过细致的形象塑造,从内部到外部彻底改变社会公众对企业的看法。改善消极的企业形象是企业形象策划目标中最困难的一种。企业消极形象的表现主要有:服务质量差,不友好;产品质量差,伪劣产品多;价格不合理;管理不善,缺乏活力,脏、乱、差;不讲社会公德,不值得信任。

(3) 重新塑造企业形象。对于缺乏特色、形象模糊的企业,必须通过 CIS 策划,突出企业的优势和特色,重塑新的企业形象。

2. 确定企业形象定位

企业形象定位是指企业独特的精神、文化或经营风格在公众心目中形成的独特形象和地位。它分为企业定位、市场定位和产品定位三个互相关联的部分。

（1）企业定位是指企业欲在社会公众心目中形成的总体形象和地位，它是企业根据宏观环境、竞争者的定位及企业自身的实力，选择自身的经营目标、经营领域和经营风格，为自己确定的位置。

（2）市场定位是指在现有业务领域内，根据消费者需求、竞争者定位及自身的实力所确定的经营对象和经营风格定位。

（3）产品定位是指企业产品在目标顾客心目中的形象和地位，是根据目标市场消费者的需求偏好及企业自身实力所确定的企业产品的独特形象和地位。

以上三种定位各有侧重、密切相关，既可从不同层次上进行定位，形成一个层层深入的定位系统；又可将三者有机结合，融为一体，形成一个整体定位。企业应根据自身经营特色、社会公众对企业的某些特征的重视程度以及同行业竞争者的现有定位，选择突出自身特色、独辟蹊径的避强定位方式；或者与主要竞争对手进行结对竞争的迎头定位方式；或改变自我形象的重新定位方式等，来确定企业在社会公众心目中的特定位置和印象。

3. 选择和确定塑造企业形象的战略计划及行动方案

主要包括以下几个步骤：

（1）根据企业形象塑造战略的目标要求及其定位，对 CIS 战略的各个组成部分，特别是 BI 部分，制定出长期战略和短期活动计划。

（2）制订企业形象计划的实施方案和管理方法。

（3）确定各项活动的具体活动方式，所需时间及日程表，所需经费，各项活动的负责人及主办、协办单位等。

（二）CIS 设计

CIS 设计主要是根据其内容，设计企业形象识别系统中各个子系统的基本要素系统和应用要素系统，并在企业内部员工及企业外部公众中进行实验和检测，经过反复修改、调整后确定下来。在此基础上，设计企业的 CIS 手册。CIS 手册主要包括以下内容：

（1）引进介绍。① 文字部分：领导、专家、协作单位贺词，企业负责人致辞，企业发展展望，导入 CIS 的目的及动机，企业形象管理系统组织机构，CIS 手册的使用说明。文字部分均要有英文译文，以便对外宣传。② 图片部分：企业领导动员及工作照片，企业建筑物照片（含标志和标准字），培训班照片，导入 CIS 活动照片(公益活动、行为规范活动),企业业绩照片(已承担、可承担工程及证书)。

(2) CIS 基本要素系统。① 企业名:原名、现名、更名说明。② 企业标志:原标志、新设计标志、图案、含义。③ 企业标准字体:中文字体、英文字体、字体的意义。④ 企业吉祥物:图案、含义。⑤ 标志、标准字体及吉祥物组合系统。⑥ 企业标准色系统:主色、辅色、主辅色组合、含义。

(3) CIS 主要应用要素系统。① 办公用品系列(样本图片)。② 广告用品系列(样本图片)。③ 交通工具系列(样本图片)。④ 服饰系列(样本图片)。⑤ 包装系列(样本图片)。

(三) 实施与控制阶段

(1) 调整和落实企业形象管理组织机构。为了便于 CIS 战略的实施,企业应对原有的 CIS 策划小组进行调整,成立 CIS 战略管理机构。

(2) 进行沟通和培训。召开企业形象方案发布会,散发企业的 CIS 手册;举办高层管理者、部门经理的 CIS 研讨班,并有计划地对全体员工进行 CIS 知识培训及规范行为训练。

(3) 落实和实施 CIS 战略活动计划。具体包括改善公司环境,规范员工行为,落实公益性活动、公共关系活动及广告促销活动计划。

(4) 监督和控制 CIS 战略的实施。监督和管理 CIS 战略计划的执行;对各级活动的实施绩效进行测定;定期检查、评估 CIS 战略的实施情况及实施效果;对 CIS 进行调整和修正。

CIS 战略是一个系统化的整体形象战略,在导入和实施过程中,必须从战略内容的系统性、战略实施的组织性和计划性、战略导入的整体性等方面进行把握,不断提高战略水准,促进 CIS 战略的推广作用。

三、我国金融企业实施 CIS 战略的步骤和方法

随着我国金融体制改革的深化,各种金融企业需要确立市场营销的新观念,面向市场,研究市场,研究客户,科学借鉴发达国家金融企业市场营销的成功经验,从而发展自己的营销战略,引入 CIS 战略是其中的重要方面。当然,导入 CIS 理论和技法必须联系我国实际,并加以吸收、消化和创新,把我国传统文化的精髓与现代商品经济的观念及现代西方企业管理的方法加以

融合,创造出具有我国国有商业银行特色的 CIS。这样,国有商业银行内部构筑统一的企业精神、管理文化和行为规范,外部设计统一的机构识别系统,既是新时期国有商业银行经营管理的需要,又是开展市场营销活动的基础。

1. 从战略的层面全面导入 CIS

将 CIS 置于战略层面,是培育品牌和企业可持续发展的必由之路。我国企业在导入 CIS 的过程中往往过于重视表象,这是中国企业过去十多年导入 CIS 的弊端和教训,也是市场经济初级阶段的必然现象。实际上,导入 CIS 的目标是要全面提升企业形象和文化品位,创建全国乃至国际一流的企业。导入 CIS 应该以企业的发展战略为依据,作为实现金融企业发展目标的战略选择和战略手段。因此,必须从金融企业的全局和战略高度进行品牌规划和 CIS 形象设计,在标志设计的同时必须同时启动理念与行为设计和战略规划。

2. 建立以品牌战略为导向的 CIS

其一,每个企业将依据自己的实际情况,选择不同的导入 CIS 战略路线。对于国有金融企业而言,由于长期存在的政府金融管制,国有金融企业的品牌本身往往是巨大的无形资产。因此,这类企业导入 CIS 的目标,应该确定在培育本企业品牌这一定位上,这将为企业带来强劲的市场业务和经济效益推动力。其二,企业经营环境已经进入品牌时代,市场竞争已经突出表现为品牌竞争。其三,金融企业的主营业务直接面对资本,而品牌经营恰恰是资本运营的平台。资本运营不能只靠资本做杠杆,更需以品牌做依托,以无形资产经营有形资产。

3. 以理念识别为核心构建公司特色文化

理念识别系统是 CIS 战略的基石,是企业文化建设的根本。金融企业需要构建以形象定位、经营使命、共有价值观、经营理念、企业精神、服务理念、管理理念、发展策略等构成的思想价值观体系。这一思想价值观体系构建的价值是凝聚企业精神、提升员工士气、将员工价值同企业愿景联系在一起的纽带,是企业文化的根基。

4. 整合总公司、分公司、支公司形象识别系统,构建企业统一的视觉形象

我国金融企业的组织结构一般由总公司、分公司、支公司(营业部)组成。① 因此,企业的视觉形象识别系统分为三个层次。但是,三个层次的公司

---

① 小型金融企业也将向这个方向发展。

从公司名称(商号)、视觉系统、理念系统、行为规范到服务水准,都必须整合统一,具有"连锁经营"CIS 的特征。需要强调的是,这种统一形象战略不只是视觉形象的,还必须是理念和行为的完整统一,只有这样才具有市场竞争力。

5. 设立专门的部门执行 CIS 战略

在 CIS 推导执行、形象传播与企业品牌推广的过程中,充满了每个项目的专业技术问题,往往需要专门的机构甚至聘请专业的 CIS 策划机构来推动企业 CIS 战略的实施。

6. 组织保障措施是企业导入 CIS 战略成功的关键

对于 CIS,领导层需要认识一致、目标一致、行动一致。因此,CIS 的观念沟通与战略沟通是首要的问题。其次,成立以董事长或总经理为首的、各部门负责人参与的公司 CIS 委员会,对重大问题进行集体决策。最后,CIS 工程经费预算,建立"CI 是投资,不是费用"的 CI 投资观。

第二节　金融企业营销的竞争战略

企业竞争战略,主要是指企业产品和服务参与市场竞争的方向、目标及其策略。其内容一般由竞争方向(市场及市场的细分)、竞争对象(竞争对手及其产品和服务)、竞争目标及其实现途径(如何获取竞争优势)三个方面构成。竞争定位战略是企业根据其所处的竞争位置和竞争态势来制定竞争战略。下面先简要介绍一般竞争战略,然后重点介绍企业的竞争定位战略。

一、一般竞争战略

企业是根据其所处的内外环境条件制定竞争战略的,为了能在行业中超过所有的竞争者,企业可选择以下三种具有内在联系的一般竞争战略,即成本领先战略、差异化战略和集中战略。

1. 成本领先战略

成本领先战略是指通过有效途径,使企业的全部成本低于竞争对手的成本,以获得同行业平均水平以上的利润。在 20 世纪 70 年代,随着经验曲线概念的普及,这种战略已经逐步成为企业共同采用的战略。成本领先战略可以使企业在市场上赢得成本方面的竞争优势,从而为企业提供一种能与各种竞争力量相抗衡的保护措施。实现成本领先战略需要有一整套具体政策,即要有高效率的设备,积极降低经验成本,控制间接费用,以及降低研究开发、服务、销售、广告等方面的成本。要达到这些目的,必须在成本控制上进行大量的管理工作,即不能忽视质量、服务及其他一些领域的工作,尤其是要重视与竞争对手有关的降低成本的任务。

低成本战略是一种重要的竞争战略,但是它也有一定的适用范围。当具备以下条件时,采用成本领先战略会更有效力:

(1) 市场需求具有较大的价格弹性;

(2) 所处行业的企业大多生产标准化产品,从而使价格竞争能够决定企业的市场地位;

(3) 实现产品差异化的途径很少;

(4) 多数客户以相同的方式使用产品;

(5) 客户从一个销售商转向另一个销售商时,不会发生转换成本,因而特别倾向于购买价格最优惠的产品。

成本领先战略的优点在于,只要成本低,企业尽管面临着强大的竞争力量,仍可以在本行业中获得竞争优势。同时,在与潜在进入者的斗争中,那些形成低成本地位的因素常常使企业在规模经济或成本优势方面形成进入障碍,削弱了新进入者的进入威胁。但也有一定的缺点,如投资过大、竞争对手的模仿、容易忽视客户对产品差异的兴趣及需求变化等。

2. 差异化战略

所谓差异化战略,是指为使企业的产品与竞争对手的产品有明显的区别、形成与众不同的特点而采取的战略。这种战略的重点是创造被全行业和顾客都视为独特的产品和服务以及企业形象。实现差异化的途径多种多样,如产品设计、品牌形象、技术特征、销售网络、用户服务等。金融企业采取差异化竞争战略,可以以技术、质量、全面周到的服务等方面所具备的特殊能力为依托,确保其所创造的产品差异是竞争对手所无法模仿的,以给企业带来令人瞩目的持久竞争优势。

差异化竞争战略对于以下一些情况尤其适用:

(1) 企业有多种使产品或服务差异化的途径,而且这些差异化是被某些用户视为有价值的;

(2) 客户对产品或服务的需求与用途具有多样性；

(3) 同行业内奉行差异化战略的竞争对手不多。

实行差异化战略是利用了顾客对其特色的偏爱和忠诚，由此可以降低对产品价格的敏感性，使企业避开价格竞争，在特定领域形成独家经营的市场，保持领先。同时，顾客对企业（或产品）的忠诚性形成了强有力的进入障碍，进入者要进入该行业必须花很大力气去克服这种忠诚性。产品差异化战略的缺点在于保持产品的差异化往往以高成本为代价，而且并非所有的客户都愿意或能够支付产品差异所形成的较高价格，企业有时还要放弃获得较高市场占有率的目标，因为它的排他性与高市场占有率是矛盾的。

3. 集中战略

集中战略是指企业把经营的重点目标放在某一特定购买者集团，或某种特殊用途的产品，或某一特定地区上，以建立企业的竞争优势及其市场定位。由于资源有限，一个企业很难在其产品市场展开全面的竞争，因而需要瞄准一定的重点，以期产生巨大、有效的市场力量。此外，一个企业所具备的不败的竞争优势，也只能在产品市场的一定范围内发挥作用。

集中战略所依据的前提是，企业能比更广泛地进行竞争的竞争对手更有效或效率更高地为其狭隘的战略目标服务，其结果是，企业或由于更好地满足其特定目标的需要而取得产品差异，或在为该目标的服务中降低了成本，或两者兼而有之。尽管集中战略往往采取成本领先和差异化这两种变化形式，但三者之间仍存在区别。后两者的目的都在于达到其全行业范围内的目标，但整个集中战略却是围绕着一个特定目标服务而建立起来的。

实行集中战略具有以下几个方面的优势：经营目标集中，可以集中企业的所有资源于一个特定战略目标之上；熟悉产品的市场、用户及同行业竞争情况，可以全面把握市场，获取竞争优势；由于产品和服务高度专业化，在质量和价格方面可以实现规模效益。这种战略尤其适用于中小商业银行，它们可以以小补大，以专补缺，以精取胜，在小市场上做成大生意，成为"小型巨人"。但集中战略也会面临以广泛市场为目标的竞争对手、该行业的其他企业也采用集中战略、替代品出现或消费者偏好发生变化等方面的威胁。

要成功地实行以上三种一般竞争战略，需要不同的资源和技巧，需要不同的组织安排和控制程序，需要不同的研究开发系统，因此，金融企业必须考虑自己的优势和劣势，根据自身的特点和能力选择可行的战略。

二、金融企业市场地位竞争战略

按照竞争者在市场上所处的竞争地位的不同,可以将其分为市场领导者、市场挑战者、市场追随者和市场补缺者四种类型。

(一)市场领导者战略

处于市场领导者地位的金融企业在行业内或产品市场上被公认为市场领袖。它一般在行业中处于第一的位置,控制着其他同类金融企业的行为,在定价、服务方式、促销方式、渠道网点等方面,都有很大的选择权,并占有最大的市场份额。它是市场竞争的先导者,也是其他企业挑战、效仿或回避的对象。金融企业中的市场领导者定位往往表现在以下几个方面:第一,以资产规模最大定位。对于金融企业而言,较大的资产规模可以给公众以安全感和信赖感。第二,以金融产品最先创新定位。第三,以多样化经营定位。金融企业根据自身经营的金融产品(或服务)的种类、范围进行定位。第四,以优良服务定位。第五,以成本优势定位。

案例

花旗银行的全球营销战略①

美国花旗银行(Citibank)距今已有200年的历史,可谓是华尔街上最古老的商业银行之一。在成立之初,它的注册资本为200万美元,实收资本仅80万美元,而如今它已发展成为世界上最大的全能金融集团——花旗集团(Citigroup)。凭借1997年与旅行者公司的合并,花旗真正成为一个金融百货公司。2000年,花旗集团的资产规模已达9 022亿美元,一级资本545亿美元,被2001年《银行家》杂志列为2001年全球1 000家大银行的第一位。2001年4月,美国《福布斯》杂志公布了全美500强企业,花旗集团取代通用公司,登上了2000年全美500强之首。2001年7月30日出版的美国《商业周刊》首次推出了全球最有价值的100个品牌排行榜,花旗银行被列为金融

---

① 韩铭珊:《投资银行业务营销是我国商业银行的必然选择》,价值中国网,http://www.chinavalue.net/Article/Article/2005/12/12/16152.html。

行业第一位。

花旗是行业内国际化经营的典范,拥有众多分支机构或分行。在海外市场,它做到将花旗的服务标准与当地的文化相结合,在注意花旗品牌形象的统一性的同时,又注入当地的语言文字。花旗银行与旅行者公司的合并,更增强了它对 21 世纪行业持续至深的影响力。

花旗银行成功地将自己定位为"全球银行"和"全能银行",终于成为世界上最有竞争力和赢利能力的国际银行。如今,花旗银行在中国的进攻策略十分明显。一方面,它选择了参股中资银行的方式,加速银行的本地化进程。2002 年,花旗银行购入上海浦发银行 5% 的股权(2003 年因浦发行增发被稀释为 4.6%),为争取当地政府资源提供了便利。另一方面,通过入股浦发银行,花旗在一些产品创新领域可以成功地绕过政策的红灯,赢得比其他外资银行更宝贵的时间。

市场领导者的地位是在竞争中自然形成的,并不是固定不变的。在市场激烈竞争的过程中,领导者的地位会发生变化,如因境外竞争者的进入,或本行业内具有实力的挑战者的进攻等。因此,市场领导者要维护自己的优势,保证自己的领先地位,通常可采取以下三种战略:

1. 拓展市场竞争,即从广度和深度上扩大市场需求量

由于市场领导者往往是总市场规模的最大受益者,因此,市场领导者应设法扩大市场需求量,一般采取以下战略:

(1) 新市场战略。市场领导者在已占有的市场外,开拓新的市场,吸引新的客户,从而扩大总需求量。① 对现有金融产品变革或创新。如信用卡,除转账信用卡和现金卡外,还可推出旅游卡、购物卡、缴费卡等。② 地理扩张。③ 寻找新的细分市场,推出新的产品或服务,以满足新客户的需要。

(2) 扩大市场份额。通过对原有市场的渗透来扩大市场份额。金融企业可以通过调整营销组合策略、提高金融服务质量、加大促销的强度和密度、适度调整价格等方式,吸引潜在客户,扩大原有市场的占有份额。

2. 防御性竞争

市场领导者如果不发动进攻,就必须严守阵地。防御者的防御措施如何、反应速度快慢,其后果大不一样。金融企业可采取下面的方式来巩固其市场领导者的地位。

（1）阵地防御。这是在自己的市场周边设置防线的静态防御方式，是最基本的保护市场占有率的方式，但由于其静态、保守、被动的特点，使企业容易犯"近视症"，只保了自己目前的市场和产品，却最终难以抵挡竞争者的进攻，从而失去领导者的地位。

（2）侧翼防御。市场领导者除保卫自己的阵地外，还应建立某些辅助性的基地作为防御阵地，或必要时作为反攻基地。特别是要注意保卫自己较弱的侧翼，防止对手乘虚而入。这种主动的防御措施可以在必要时对竞争者进行反击。

（3）攻击性防御。这是一种比较积极的防御方式。企业一般会主动出击，挑起战火，先发制人。这种战略主张预防胜于治疗，认为这样能事半功倍。市场领导者密切关注竞争者行为，当竞争者的市场占有率达到某一危险的高度时，就对它发动攻击；或者是对市场上的所有竞争者进行全面攻击，使人人自危。

（4）反击式防御。当市场领先者遭到对手发动降价或促销攻势，或改进产品，占领市场阵地等进攻时，并不是被动还击，而是发挥自己的长处，主动反攻入侵者的主要市场阵地或弱点。

（5）运动防御。这种战略不仅防御目前的阵地，而且还要扩展到新的市场阵地，作为未来防御和进攻的中心。

（6）收缩防御。当市场领导者因防御力量过于分散而单薄，不能对所有领域加以防御时，可以从一些较低赢利或无前途的市场中撤退、收缩，以集中力量发展或保护有潜力的市场。这种收缩防御方式实际上是一种战略调整方式。

3．综合性竞争

（1）合作或联合。当竞争给双方都带来一定的不利影响时，可以同竞争企业谋求合作，或达成一定的协议。随着金融服务业的趋同化和混业经营趋势的出现，我国银行业、证券业与保险业也在不断寻求深层次互补、互利的合作模式。

（2）并购。对一些小企业和有潜力的小细分市场的经营者实行温和的并购，可以减少竞争威胁，同时增强本企业的竞争实力。

（3）战略联盟。市场领导者通过与同自己在某一方面有共同利益的企业建立战略联盟，彼此之间可以通过加强合作而发挥整体优势，来对付别的竞争者或潜在的竞争者。市场领导者通过战略联盟可以进一步扩大市场份额,降低经营成本,并增强自身的实力。

(二)市场挑战者战略

1. 确定挑战对象和战略目标

市场挑战者是指在行业中仅次于市场领导者,位居第二、第三及随后位次的企业。市场挑战者为达到提高市场份额的目标,往往对其他企业发起攻击。市场挑战者如果要向市场领导者和其他竞争者挑战,首先必须确定自己的挑战对象和战略目标:

(1)攻击市场领导者。这一战略的风险很大,但是潜在的收益可能很高。为取得进攻的成功,挑战者要认真调查研究顾客的需要及其不满之处,而这些恰恰就是市场领导者的弱点和失误。

(2)攻击与己实力相当者。挑战者对一些与自己势均力敌的企业,可选择其中经营不善而发生危机者作为攻击对象,以夺取它们的市场。

(3)攻击区域性小型企业。对一些地方性小企业中经营不善、财务困难者,可将其作为挑战的攻击对象。

 案 例

外资银行避实就虚舍贫致富[①]

2003年,连续有两起影响较大的优质客户流失事件:上海浦东发展银行杭州分行的一位老客户"庆丰印染"在象征性地保留了100万美元贷款后,转投到上海的汇丰银行;在江苏省南京市的爱立信公司凑齐巨资,分别提前偿还了中国工商银行、交通银行19亿元和9亿元贷款,将账户开到了花旗银行上海分行。据称,"爱立信事件"的焦点集中在是否办理无追索权应收账款转让业务上,由于国内保险公司无法对银行购买新的应收账款提供债权保险(国际惯例应由保险公司与银行共同分担此项业务的权利和风险),因而中资银行无法满足爱立信公司的要求。于是,爱立信公司就转投承诺提供买断性

---

① 王丕屹、钟鸣:《跨国银团谁与争锋——加入WTO后中资银行面对的机遇与挑战》,载《人民日报》(海外版),2002年4月27日。

服务的外资银行。

避开传统业务,不打"阵地战"——爱立信和庆丰印染事件回答了加入世贸组织之后中资银行的猜测:对手的突破口会选在哪里?外资银行的"作战"心理很明显:在中国,至少四大商业银行的规模都比较大,员工少则二十多万人,多则六十多万人;网点少则六七千个,多则两三万个,而且都具有全国范围的计算机网络化的支付清算系统。因此,外资银行进入中国后,并不容易在这种运作规模上同中国的银行体系竞争;即使它们有雄厚的资本,也未必会到各个城市去布点。它们要选择更有利的支点和滩头位置,更多考虑的是资本的使用效益。此次爱立信和庆丰印染事件表明,外资银行从一个目前许多中资银行由于种种原因还不能开展或者不愿开展的业务顺利切近,几乎如入无人之境。此举客观上的确给中国银行业出了个不大不小的难题,因为业务创新始终是我们的"软肋"。汇丰和花旗银行的高门槛客户政策显露出,外资银行已把服务目标锁定在高端客户上。

2. 进攻策略

市场挑战者要成功地发起进攻,除了要根据自身的实力来决定攻击的竞争对象外,还应采取一定的攻击策略:

(1)正面进攻。就是集中兵力向对手的主要市场阵地发起攻击,打击的目标是敌人的强项而不是弱点。这样,胜负便取决于谁的实力更强,谁的耐力更持久,进攻者必须在产品、广告、价格等主要方面大大领先对手,方有可能成功。

(2)侧翼进攻。就是集中优势力量攻击对手的弱点,有时也可正面佯攻,而实际攻击其侧翼或背面,采取"声东击西"的策略。这又可分为两种情况:一种是地理性的侧翼进攻,即在全国或全世界寻找对手相对薄弱的地区发起攻击;另一种是细分性侧翼进攻,即寻找市场领导企业尚未很好满足的细分市场,在这些小市场上迅速占据有利位置。

(3)围堵进攻。围堵进攻是一种全方位、大规模的进攻策略,它在几个战线发动全面攻击,迫使对手在正面、侧翼和后方同时全面防御。进攻者可向市场提供竞争者能供应的一切,甚至比对方还多,使自己提供的产品无法被拒绝。如果挑战者拥有优于对手的资源,则围堵进攻这种策略较为有效。

(4)迂回进攻。这是一种最间接的进攻策略,它避开了对手的现有阵地,攻击较容易进入的市场。具体办法有三种:一是发展无关的产品,实行产品多元化经营;二是以现有产品进入新市场,实现市场多元化;三是通过技术创新和产品开发,以替换现有产品。

(5)游击进攻。游击进攻主要适用于规模较小、力量较弱的企业,目的在于通过向对方不同地区发动小规模的、间断性的攻击来骚扰对方,使之疲于奔命,最终巩固永久性据点。

从以上可以看出,市场挑战者的进攻策略是多样的。一个挑战者不可能同时运用所有这些策略,但也很难单靠某一种策略取得成功。通常是设计出一套策略组合,通过整体策略来改善自己的市场地位。但是,并非所有居于次要地位的企业都可以充当挑战者,如果没有充分把握不应贸然进攻领先者,最好是跟随而不是挑战。

(三)市场追随者战略

顾名思义,市场追随者与挑战者不同,它不是向市场领导者发动进攻,而是跟随在领导者之后自觉维持共处局面。大多数仅次于市场领导者的企业喜欢追随而不是向市场领导者挑战。美国市场学学者李维特教授认为,有时产品模仿像产品创新一样有利。由于金融行业中产品和服务的差异性很小,而价格敏感度却很高,很容易爆发价格竞争,最终导致两败俱伤。因此,行业中的企业通常形成一种默契,彼此自觉地不互相争夺客户,不以短期市场占有率为目标,以免引起对手的报复。这种效仿领导者为市场提供类似产品或服务的市场跟随战略,使得行业的市场占有率相对稳定。这种"自觉并存"状态在资本密集且产品同质性高的行业中是很普遍的现象。

但是,这不等于说市场追随者就无策略可言。市场追随者必须懂得如何维持现有客户,并争取一定数量的新顾客;必须设法给自己的目标市场带来某些特有的利益,如地点、服务、融资等;还必须尽力降低成本并保持较高的产品质量和服务质量。跟随并不等于被动挨打,或是单纯模仿领导者,追随者必须要找到一条不会招致竞争者报复的成长途径。具体来说,追随策略可分为以下三类:

(1)紧密跟随。这是指跟随者尽可能地在各个细分市场和营销组合领域仿效领导者。

(2)有距离地跟随。这是指跟随者在目标市场、产品创新、价格水平和分销渠道等方面都追随领导者,但仍与领导者保持若干差异。

（3）有选择地跟随。这是指跟随者在某些方面紧随领导者,而在另一方面又加以改进或改变,发展自己的独创性,但同时避免直接竞争。这类跟随者之中有些可能发展成为挑战者。

（四）市场利基者战略

在现代市场经济条件下,几乎每个行业都有些小企业,金融企业也不例外。这些小企业专心致力于市场中被大企业忽略的某些细分市场,在这些小市场上通过专业化经营来获取最大限度的收益。这种有利的市场位置在西方被称为"利基市场",又叫做补缺市场,而所谓市场利基者,就是指占据这种位置的企业。

对于市场利基者来说,这些小市场必须有足够的市场潜量和购买力,利润有增长的潜力,对主要竞争者不具有吸引力,同时企业还要具备有效地为这一市场服务所必需的资源和能力,企业已在顾客中建立起良好的信誉,足以对抗竞争者。

市场利基者的主要策略是专业化,企业必须在市场、顾客、产品或渠道等方面实行专业化。可供选择的方案有：

（1）最终用户专业化,提供专门服务,如家庭理财服务；

（2）垂直层次专业化,从产品的开发、提供和流通等纵向过程选择服务对象,如专门从事投资银行业务或提供投资分析；

（3）顾客规模专业化,即专门为某一种规模(大、中、小)的客户服务；

（4）特定顾客专业化,如专为大学生提供的助学贷款服务；

（5）地理区域专业化,即专为国内外某一地理区域的客户服务。

（6）产品专业化,如开设保管箱业务,对客户的重要物品代理保管；

（7）服务项目专业化,即专门提供一种或几种其他企业没有的服务项目。如美国一家银行专门承办电话贷款业务,并为客户送款上门。市场利基者要承担较大风险,因为利基者本身可能会枯竭或受到打击,因此,营销者通常选择两个或两个以上的补缺市场,以减少风险,确保企业的生存和发展。

【思考题】

1. 简述 CIS 战略的内容。

2. 联系实际说明 CIS 战略的导入过程。

3. 金融企业的一般竞争战略有哪几种?

4. 市场领导者战略、市场挑战者战略、市场追随者战略和市场利基者战略的主要思路是什么?

5. 金融企业如何保持和加强竞争优势?

【本章小结】

CIS 是提供服务产品的企业在现代市场条件下面临的重要问题,也是构成服务企业营销战略的重要组成部分,本章针对金融企业对此进行了阐述。

案例

中国银行企业形象战略 CIS 指导[①]

随着业务的发展和管理的改进,中国银行在 20 世纪 80 年代就开始推行 CIS 策划。1980 年,中国银行香港分行与两家中资银行推行电脑联营。标志设计是将古钱与"中"字结合,赋以简洁的现代造型,表现了中国资本、银行服务、现代国际化的主题。

中国银行的标志是一个"真"的形象,这包含三个要求:

原创——不抄袭、不模仿。这个标志可说是百分之百的原创设计,更成为全国很多机构争相模仿的对象。

识别——有个性、不雷同。世界各地银行的标志理念与造型类同者很多,中国银行的标志与众不同,容易辨识,显出独特的个性。

归属——合身份、创文化。中国银行的标志造型完满大方,符合国家专业银行的身份,更包含着具有中国民族特色的企业文化。

要建立一个"善"的企业形象,必须有企业的理念、行为与视觉形象三方面的配合。中国银行的理念一向根据国家的金融政策而确立,朝着国际化、集团化、企业化、现代化的方向,以新的姿态为发展中国外向型经济提供高效、优质、全面的金融服务。

视觉的完善规范有四个重点:

---

① 《经盛国际:案例——中国银行企业形象战略 CIS 指导》,新浪财经,2005 年 10 月 24 日。

精进——千锤百炼,力求臻善。中国银行的标志设计经过一百多个构想草图,发展了多个可取的理念,几番研究,精选出最佳方案,再作进一步的加工造型,才作定稿。

恒久——历久常新,超越时代。标志形象不是流行时装、追随潮流、人有我有的东西,臻善的形象必须与企业的性格相配,不会过时和落伍。中国银行的标志在15年前制定,现在看来仍有现代感,可谓是超越时代的形象。

前瞻——策略远见,形象领先。中国银行富有远见,领先同业,很早就建立了新形象,成为全国银行业的形象典范。

系统——度身设计,统一规范。中国银行是一个非常庞大的企业,视觉形象的应用存在很大的困难。制定统一规范形象的策略要经过周密的研究,探索具有高度适应性的应用设计。经过长期的努力,中国银行于1992年编制了基本形象手册;在1995年才成功规范了分支行的门面设计。

【案例讨论题】

阅读本案例并分析金融企业CIS的内涵。

第三章 金融企业的营销环境分析

【学习重点】

1. 明确现代企业是社会的经济细胞,是一个复杂的、开放的系统,它的活动必然与社会的其他系统及其所处的市场环境有着千丝万缕的联系。

2. 了解企业市场营销环境的基本构成与特点。

3. 重点掌握金融企业市场营销环境的特殊性,较为熟练地对金融企业的市场营销环境进行客观的评价。

【导入案例】

美联储降息[①]

2007年9月,美元兑6种最主要货币的一篮子基准汇率跌至1992年以来的最低点。加元自1976年以来首次升至与美元平价的水平。美元兑欧元汇率跌至1.40美元的历史新低。

与此同时,美联储主席本·伯南克在美国国会山向立法者表示,降息对于恢复市场信心是必要的,"目的是试图防患于未然,阻止信贷环境趋紧对更广泛实体经济可能造成的影响",同时"全球金融市场的损失,甚至远远超过人们对这些贷款损失的最悲观估计",这"对市场产生了巨大压力"。

美国财长汉克·保尔森也向美国国会表示,美联储的降息决定"有助于

---

① 迈克尔·麦肯兹、约恩·卡伦:《美元兑主要货币汇率跌至15年新低》,载《金融时报》,2007年9月21日,转引自FT中文网。

稳定金融市场"。

几乎伴随着美联储的降息,油价再创新高,9月第二周WTI原油期货价格突破80美元。美国30年期国债价格跌幅连续两天超过1%,收益率升至4.92%的高位。

现代企业是社会的经济细胞,是一个开放的系统,它的活动必然与社会的其他系统及其所处的市场环境的各个方面有着千丝万缕的联系。在当代,随着人口持续、高速地增长,人们消费需求的差异,科技的日新月异,环境污染的日益严重以及政治经济关系的日趋复杂,企业所面临的环境变化对企业的影响将会更为深刻。企业只有与所处的环境相适应、相协调,才能顺利地开展市场营销活动,并实现其预期的各项目标。

金融企业是在国民经济运行中发挥着特殊作用、肩负着巨大社会责任的特殊企业。金融企业经营效益的好坏、服务能力的高低,一是关系到社会公众的利益,关系到存款人的资产安全和投资人的资本安全及收益;二是关系到社会资金的配置效率,从而间接影响到整个社会资源的配置效率;三是关系到社会产品交易和社会投资的交易成本及效率。正因为金融企业独到而特有的作用,使它的改革在金融企业的改革中处于格外重要的地位。

第一节　金融企业市场营销环境的基本理论

企业的市场营销环境,是指那些企业自身不能控制的、与企业市场营销活动相关联的各种外部条件。组成环境的各种因素与力量,按对企业活动的直接影响程度及范围的大小,可概括为两大类:一类是企业的微观市场营销环境,另一类是企业的宏观市场营销环境。宏观市场营销环境包括:人口环境、政治环境、法律环境、经济环境、科技环境、物质环境(自然环境)、社会文化环境。微观市场营销环境包括:企业、供应商、营销中的中介单位、顾客、竞争者、公众。

企业市场营销环境的特征:

(1) 相关性。企业市场营销环境不是由某个单一的因素决定的,而是受一系列相关因素的影响,而且市场营销环境因素之间的相互影响的程度也不相同。

（2）多变性。构成企业市场营销环境的因素是多种多样的,并且是多变的,每个因素变动的频率与大小也是无规则的。另外,评价环境的指标体系及各种指标所占的权重同样是变动的,当市场营销环境发生变化时,要及时调整市场营销组合,把握市场机会,减少市场威胁。

（3）差异性。不同企业受市场营销环境的影响不同;同一企业,不同时期受市场营销环境的影响也不相同;不同时期,不同企业对市场营销环境采取的措施同样是各异的。

分析企业市场营销环境及其特征,是企业能动地适应市场营销环境的基础。企业通过市场营销信息系统密切监督市场营销环境,一旦发现市场营销环境有变动的迹象,应迅速、准确地预测分析其变动方向、趋势、速度和程度,制订出应变的计划和措施。掌握构成企业市场营销环境的各项环境因素,对于在面临企业市场营销环境的改变时,及时地作出市场营销决策有着决定性的作用,同时也便于企业采取针对市场机会和环境威胁的对策。

一、金融企业的宏观市场营销环境分析

金融企业的宏观市场营销环境包括体制环境、法律环境、经济环境、社会文化环境、技术环境、自然环境、人口环境等。对于宏观环境的变化发展,金融企业只有适应它,而难以改造它。以下对金融企业的宏观市场营销环境中的体制环境、法律环境和经济环境展开进一步的分析:

1. 体制环境

体制环境是金融生态环境的基础和改造金融生态环境的必要条件。金融生态环境的好坏不仅直接关系到产业政策、财政政策、信贷政策的协调配合,而且还直接关系到金融机构支持地方经济的积极性和创造性。

金融体制是金融生态环境的基础。金融主体的结构合理了,金融资源的配置有效了,金融生态环境才能充满活力。金融体制本身有三个现象非常突出:一是不发达地区资金单向往发达地区流动;二是农村资金单向往城市流动,农民发展生产靠民间借贷;三是70%的资金用于国有企业,而国有企业的产值只占GDP的30%,国有银行的信贷资产质量又普遍较差。这说明我国金融生态环境建设的重头戏在金融体制。我国现行的金融体制是高度集中的金融体制,信贷高度集中,金融风险不断集中,中小企业贷款难也久久难以

解决。我国的经济制度是以公有制为主体,多种经济成分并存的经济制度。由于是多种经济成分、多种流通渠道、多种经营方式、多层次的经济结构并存的混合经济,对应的就应有多种经济成分、多种信用形式、多种融通渠道、大小金融机构为之服务;既要有各种不同的金融机构,也要有各种风险投资机构、理财服务和担保机构、合作金融和民间借贷。只有建立由市场分配金融资源的金融体制,金融生态环境才会得到根本性改善。

改善金融企业体制环境的主要措施有:一是制定最优惠的政策。要不断优化扶持金融业发展的政策措施。只要金融机构需要,只要法律政策允许,政府部门就应竭尽全力给予支持。具体到地方政府,对所提供的优惠政策,应努力做到人无我有,人有我优,确保金融企业在当地享受到较大的优惠。二是提供最优质的服务。根据金融企业的需要,不断创新政府服务产品,为不同的金融企业提供个性化的贴身服务,及时帮助金融企业解决其在发展中遇到的困难和问题,为金融企业提供一流的、全方位的政府服务。对于金融企业提出的需争取中央支持的改革创新举措,当地政府也应全力协助向中央争取支持。三是营造最优良的环境。优先保障金融企业发展用地,加快金融中心区的建设和改造,为金融企业的发展提供良好的、充足的空间环境,推动金融企业人流、物流、资金流、信息流等要素资源在空间上的聚集。

2. 法制环境

法制环境是影响金融企业环境最直接、最重要的因素。完善的金融法律环境是建设良好金融企业环境的根本所在。

近年来我国法制建设得到了飞速发展,许多重要的经济金融法律都陆续颁布并实施,这为我国金融企业提供了更加详细和具体的行为规范,对纠正和制止我国金融企业中的违规经营和无序竞争起到了十分明显的作用。但是随着社会主义市场经济体制的建立和完善,我国的金融企业环境已发生了根本性的变化,一些制约金融企业健康发展的外部因素尚未得到改善。例如,在某种程度上,从计划经济向市场经济转轨过程中的基本问题是"财务软约束",它是否能够得到有效解决,在很大程度上要靠法制的转变和完善。法制环境的优劣会明显改变微观经济主体的预期。从借款人角度看,法律上如果存在漏洞,借款人就可通过中介机构,或者通过和银行工作人员拉好关系,或者利用银行在信息上的不对称性,成功利用虚假资料获得银行贷款。如果"没有非法占有",银行就难以提出刑事诉讼;即便银行想提出破产申请,借款人还是可以利用低标准的会计准则做账,说明目前还没有达到"破产条件"中"资不抵债"的条款要求,以此避免银行的破产起诉;即便银行能用《中华人民共和国破产法》起诉,在法庭审理之前,借款人也可以采取尽量不给职工发工资、欠交医疗费和养老保险金等手段,甚至人为制造一些劳动债务,优先占用清算资金,使债权人所剩无几。任何一个"聪明"的借款人都可能会利用法律允许的机会,这对我们建立市场经济的财务纪律显然是有严重不良影响的。

当前的金融企业环境存在的主要缺陷有:

(1)金融资产保全的法律法规不健全。在我国,金融机构债权在法律保障方面处于劣势。如《中华人民共和国破产法》规定,银行在清算程序上排在最后,银行对债务人(企业和个人)没有享有无条件的破产起诉权;《中华人民共和国刑法》对有意提供虚假财务资料骗贷企业所须承担的刑事责任的规定不明确。

(2)金融企业存在胜诉案件执行难的问题。目前,在我国的某些地区,维护金融债权的执法环境欠佳,存在"赢了官司赔了钱"的现象,同时还存在个别地方政府为地方利益对司法工作进行行政干预,造成执行难的问题。

(3)部分法规条款对金融机构抵押权、质押权的保护力度较弱。以《中华人民共和国担保法》为例,由于体制问题,担保的执行效果不尽如人意,此外,担保的再抵押或质押不被承认。这一方面是由于立法时对通货膨胀的担心,另一方面也是应对我国金融市场不健全的无奈之举。

要改善金融企业的法制环境,应重点从以下几个方面入手:

(1)完善金融法律是建设良好金融生态的根本。首先要完善金融法律体系,特别是与银行债权保护密切相关的《中华人民共和国破产法》和《中华人民共和国担保法》。《中华人民共和国破产法》应成为债权人依法保护其债权的最后底线。应强化债权人在企业破产和重组中的法律地位,特别是赋予债权人主动申请将债务企业破产清偿的权利。在完善《中华人民共和国担保法》方面,应强化担保债权的优先受偿顺序,使担保确实成为规避债权风险的有效屏障。应将动产(主要是企业应收账款和存货等)纳入担保物范围,充分发挥抵押、担保在支持广大中小企业融资中的积极作用;同时,优化执法环境,消除行政对法律的干预。

(2)加大金融诉讼案件的执法力度。人民法院要加强金融案件的审判工作,充分发挥司法审判职能的作用,提高审判、执行工作的质量和效率,维护正常的社会信用秩序。在受理金融诉讼案件时,要积极推广简易诉讼程序,提高诉讼效率,对审结的案件,要加大执法力度,切实提高金融债权的执行回收率。

（3）建立对逃废金融债务的惩戒制度。由银监部门牵头制定逃废债务黑名单的认定办法和惩戒程序,建立金融机构黑名单同业共享信息库和逃废债同业联合制裁制度；工商部门要充分运用登记、年检等手段积极支持金融机构维护金融债权,整顿、规范金融市场秩序；政法部门要牵头制定对恶意逃废债企业的限制措施,并对逃废债企业及其法人代表在媒体上公开曝光,依法打击财产转移行为,有效维护金融债权。

（4）依法打击各类非法金融机构和非法金融活动。银监部门要加强对金融知识的宣传普及工作,教育广大群众有效识别非法集资和变相非法集资行为。有关部门要积极配合银监部门对非法金融机构和非法金融活动的调查取证工作。对银监部门认定的非法金融机构和非法金融活动,公安部门要依法迅速查处,有效防范和化解金融风险。

（5）加强反洗钱工作。由人民银行牵头,各金融机构参与,公、检、法等部门密切配合,建立完善的反洗钱工作协调机制,加大反洗钱工作力度,从源头上监测与各种违法犯罪活动相关的异常和可疑的资金活动,及时发现并截断违法犯罪活动赖以生存的资金链条,防止其扩大和蔓延,维护正常的社会经济金融秩序。

案例

法律法规对银行营销的影响[①]

在美国,直到20世纪80年代早期,对银行可以支付的储蓄存款利率仍有上限管制,银行不可自行对其提供的存单或产品进行定价和设计。许多机构都监管金融服务业(见下一个标题)。监管机构制定的规定常常不赞成、限制或取消某种银行产品、定价、促销或分销渠道。这些规章制度以及撤销管制的缓慢进度限制了银行在变幻无穷的金融服务市场上展开竞争的能力。

---

① 根据万红:《美国金融管理制度和银行法》,北京:中国金融出版社1987年版及网上相关资料整理得到。

美国金融服务行业的联邦管制机构

监管机构:被监管实体

联邦储备系统:银行持股公司、国民银行、联邦储备系统成员的州银行

联邦存款保险公司:联邦储备系统成员银行、非联邦储备系统成员的州特许商业银行、州特许储蓄协会

货币监理署:国民银行

全国信用合作社管理局(即联邦特许和联邦保险的信用合作社储蓄监管署):当1980年国会通过《存款机构撤销管制和货币控制法案》时,联邦特许的储蓄和贷款协会的状况才得以改变,但在此之前,银行已经失去了上亿美元的存款,这些存款流失到未受管制的货币市场共同基金,其利率可随着总体市场利率自由浮动。

《存款机构撤销管制和货币控制法案》所产生的影响之一是允许银行提供有息的可转让提款指令账户,从而使银行得以与货币市场的各种基金展开竞争。《存款机构撤销管制和货币控制法案》还取消了对银行向其存款支付利息进行限制的Q条例。通过20世纪80年代推出的可转让提款指令账户、附息支票账户以及20世纪90年代获准进入共同基金,银行留住了可能转向非银行竞争者的客户。

3. 经济环境

经济环境是最重要的金融生态环境之一。经济决定金融,金融意识和金融制度的发育往往要受到经济基础的制约。经济基础差的地区,金融生存的空间也小。那些经济欠发达地区,经济总量小,支柱产业少,产业结构不合理,致使金融生存的空间狭窄。企业规模小且分散,经营管理不规范,比较效益低,自我发展能力差。现阶段,我国将重点发展邮电通信、交通运输、信息产业、房地产业。这些变化会对我国金融企业营销带来若干影响:一是重点产业和新兴产业的发展,需要大量的资金投入,这成为金融企业贷款营销的重点;二是重点产业和新兴产业的快速发展,必然带来较高的企业收益和利润,这又成为金融企业存款营销的主要对象;三是随着房地产业的快速发展,金融企业的住房贷款会有较快增加。

改革开放二十多年来,我国宏观经济经历了五次通货膨胀和一次通货紧缩。这五次通胀的传导模式十分相似:固定资产投资盲目扩大→带动货币信

贷的快速增长→继而带动上、中、下游价格上涨。一旦过度投资形成的生产能力大大超过实际需求,产品销不出去,企业资金链就会断裂,银行贷款就会形成不良贷款。特别是一旦形成通货紧缩,原本正常的经济活动也会受到巨大影响,会形成更大范围的银行不良资产。事实证明,这几次较大的经济波动,都对我国金融业特别是国有金融企业产生了不同程度的负面影响。稳定的宏观经济环境是改善金融生态的重要前提。经济运行的大起大落,会对金融业稳健经营产生不利影响,甚至诱发金融风险。

目前我国在经济环境中存在的突出问题主要有:

(1) 粗放的经济增长方式制约了金融生态环境的不断完善;

(2) 银行业金融机构管理体制上缺乏自我发展机能,信贷资金供需缺口较大;

(3) 信贷资金逐渐向优势行业、垄断行业集中;

(4) 社会信用环境亟待改善;

(5) 企业赢利状况不稳定制约了金融运行效率。

经济和金融是相辅相成的,国民经济的平稳较快增长,为深化金融改革创造了相对宽松的外部环境;同时,各项金融改革措施的出台,也为微观经济主体改善经营创造了良好的外部条件。近年来中国相继推出了一系列金融改革措施,其中包括推进国有商业银行股份制改造、大力发展金融市场、改革人民币汇率形成机制、倡导金融生态环境建设等。这些金融改革措施,既体现了中国金融改革的市场化方向,也体现了金融改革为企业创造良好外部环境的目的。中国人民银行将继续稳步推进中国金融改革,为企业的发展创造更好的货币金融环境。上述这些改革措施对企业经营环境的影响:一是金融企业尤其是国有商业银行股份制改造的推进,促使银行加强信贷投放约束,将逐步影响企业主要依靠间接融资的格局,引导企业不断拓展融资渠道;二是金融市场的不断深化和完善,为企业广泛参与金融市场提供了便利,为改善融资结构创造了条件;三是人民币汇率形成机制改革对企业的外汇风险管理提出了更高要求;四是跨国公司外汇资金管理九项改革在浦东试点,为跨国企业在中国的发展营造了良好的外汇政策环境;五是金融生态环境的改善,为各类企业的可持续发展奠定了良好的基础。

全社会都要努力构建稳定的经济环境。良好的经济环境是金融生态发展的肥沃土壤。地方政府要针对二元经济结构特征明显的实际,认真研究统筹城乡经济发展,加快推进经济结构的战略性调整,转变经济增长方式,着力提高区域经济运行质量和效益。一是加快推进工业发展,加快新型工业化进程;二是进一步发展壮大工业产业的同时,形成多元化的产业格局,发展产业集群,延伸产业链条,提升综合实力。

二、金融企业微观市场营销环境分析

金融企业的微观营销环境具有特殊性,每个金融企业在营销活动中面对的微观环境是不一样的,因此它是影响我国金融企业具体营销活动成败的更为直接的因素。

1. 客户

金融企业的客户一般可分为企业客户和个人客户。企业客户,其中主要是国有企业,在建立现代企业制度的过程中,给我国金融企业营销带来了重要影响:一是在建立现代企业制度中,国有大型企业通过股份制改造,扭转过度负债的局面,将使企业的资金结构发生根本性的变化,部分缓解对金融企业的资金需求压力。二是国家要选择每个行业的龙头企业作为国有金融企业支持的重点,使这些龙头企业尽快成为在世界上具有影响力的大企业。三是国有金融企业要支持一批大型企业,通过兼并、收购等形式来迅速扩大企业规模,进行多元化经营,增强市场竞争能力。

对于金融企业来说,众多的个人客户目前仍然是资金支持大于资金需求,因此是我国金融企业开展储蓄营销的重点。但是,也应该清醒地认识到,随着我国社会主义市场经济的不断发展,至少有四个方面的因素在影响着个人的储蓄行为:一是投资观念的变化,越来越多的个人正在或已经改变过去单一的投资观念,即银行储蓄,逐渐转向国库券、股票、基金等投资。二是银行储蓄的比较收益大幅降低,使越来越多的人认识到,银行储蓄已成为微利或无利的投资,这加快了金融企业资金的分流速度。三是资本市场的快速发展,为个人提供和创造了更多的投资机会和投资领域,资本市场将成为吸纳个人投资最快的领域。四是消费变化,在我国多数城市居民的衣食消费基本稳定的情况下,高档家电正成为新的消费热点;随着我国住房制度的改革,住房消费将成为我国城市居民消费的潜在的巨大市场。上述因素变化对我国金融企业营销有两个方面的重要影响:一是储蓄营销的难度不断增加,储蓄存款在银行资金中的比例将会继续下降。二是贷款需求尤其是消费性贷款需求呈上升趋势。这些都是我国金融企业营销中需要认真研究的问题。

2. 竞争者

金融企业营销中的竞争包括两个方面:金融企业与非银行金融机构间的金融竞争,金融企业间的同业竞争。我国金融企业与非银行金融机构的金融竞争,一是造成我国金融企业的储蓄存款不断下降,从而使整个金融企业的资金结构发生重要变化。这种变化会增加金融企业的储蓄竞争与营销。二是促使我国金融企业向低利或微利方向发展,失去行业优势。要改变这种状况除了要在挖掘内部潜力、强化内部管理上下工夫外,多数金融企业会寄希望于金融创新和扩大经营范围。

从我国金融企业的同业竞争来看,随着我国金融改革的不断深入,政府先后组建了多个新型金融企业,国际大银行也纷纷在我国建立了分支机构。我国金融企业的机构和成分增多:一是打破了国有金融企业一统天下的垄断局面,激发和增强了金融竞争,进而对国有金融企业的资金结构、服务对象、工作作风、服务水平、经营管理、领导观念等产生了广泛而深远的影响,使我国金融企业在储蓄营销、服务质量、增加存款档次和开发金融产品、经营管理等方面得到快速提高。二是外资银行的进入,给我国带来了世界一流的、最新的金融企业经营管理理论、方法、手段、技术等,对加强和提高我国国有金融企业的经营管理水平具有非常重要的促进作用。因此,随着我国金融企业间同业竞争的日益扩大,营销成了金融竞争的主要手段。

3. 金融企业本身

目前大多数金融企业的资产质量较差,这既造成金融企业资产营运能力降低,经济效益下滑,又促使金融企业增加了向央行的借款,提高了资金成本。所以,通过强化内部管理,规范贷款调查分析,促进贷款决策科学化,来减少因决策失误导致的不良贷款,是金融企业目前应该重点解决的问题。

4. 社会公众

对我国金融企业营销有重要影响的社会公众主要是政府和新闻媒介等。不断推进中的政府机构改革,一方面将大幅度减少各级政府对金融企业贷款的干预,增强金融企业独立经营的能力;另一方面也有助于明确金融企业的经营责任,有利于目标责任制和岗位责任制的实施。由此会增强我国金融企业营销的主动性,减少不良贷款的发生。新闻媒介在发挥社会监督、维护广大顾客利益和形成社会影响方面有独到的作用,我国金融企业也要更多地利用新闻媒体进行营销宣传,塑造银行形象,把我国金融企业营销引向更加广阔的领域。

第二节　金融生态环境

金融生态环境是一个比喻,它借用了仿生学的理论,认为作为生物群体,它们之间存在着相互依存和相互影响的关系,这种关系是动态的且互为生存条件的。一个完整意义上的金融生态环境,包括金融资源中各类金融机构、金融市场、金融法规、金融制度、金融政策、金融工具,以及金融理论、金融意识、金融道德、金融文化,乃至衍生、派生、附带、变幻的各类金融附加、升级和换代;涵盖着任何一种金融资源的研究、开发、营销、利用、反馈、再生等金融实践全过程。

金融生态环境不是指金融业内部的运作,而是指金融业运行的外部环境,或者说是金融生存发展的外部环境和基础条件的总和。正如自然界中任何生物的生存和发展都由其自身条件和其所处的外部环境二者共同决定一样,金融机构作为社会经济体系中的一员,其生存和可持续发展的实现,一方面要以自身的制度建设和经营水平的提升为基础,另一方面也离不开其所处的外部环境,其中既包括宏观的经济大环境,也包括微观层面的金融环境。通常讲的金融生态环境,就是指金融机构所处的微观层面的外部金融环境,包括与金融机构实现利益和规避风险息息相关的法律法规、客户企业改革、社会信用体系、会计与审计准则、中介服务体系等多方面的内容。因此,所谓金融生态环境,是借用生态学的概念对金融外部环境的形象描述,通常指金融运行的一系列外部基础条件,具体指由居民、企业、政府和国有企业等部门构成的金融产品和金融服务的消费群体,以及金融主体生成、运行和发展的经济、社会、法制、文化、习俗等体制、制度和传统环境。

金融生态环境主要包括宏观经济环境、法制环境、信用环境、市场环境和制度环境等方面。同自然生态系统一样,在金融生态系统中,金融主体和金融生态环境也是相互依存和彼此影响的。值得注意的是,金融生态环境不同于金融企业的工作环境,金融生态环境包含金融企业的工作环境;改善金融生态环境,既要改善金融企业的工作环境,更要改善个人和企业的融资环境和社会金融服务环境。以下对金融生态环境中的信用环境、市场环境和金融工作环境展开进一步的分析。

一、信用环境

金融信用环境包括:信用观念、社会的信用体系和信用担保体系。

良好的社会信用环境是金融生态环境有序运行的基本前提。良好的金融生态环境是构建民主法制、公平正义、诚信友爱、充满活力、安全有序、人与自然和谐社会的必要条件,而社会信用水平决定了金融生态环境的优劣,金融生态环境映衬着社会信用的总体水平。所以说当前我国积极构建信用社会正是优化金融生态环境的重要基础工作。然而,在金融生态环境中,由于社会信用出现缺失,影响了我国社会主义和谐社会的构建。

1. 金融生态环境中信用缺失的现状

在迈向现代化市场经济的过程中,经过艰辛的发展与实践,构建信用社会成为人们的共识,诚信已作为人们经济交往的基础,一些部门和地方政府也在不同程度上对社会信用体系的建设进行了有益的探索,形成了一批专门从事信用评估、信用担保等业务的信用中介机构,"个人信用信息基础数据库"也在全国银行间正式联网运行。这表明我国已初步建立起良好金融生态环境的信用社会基础。然而,我国目前的信用体系尚处于起步阶段,现有的信用体系还不能充分适应市场经济发展的要求,金融生态环境的基础还很脆弱,各种信用缺失现象大量存在,直接影响着我国经济金融的进一步发展。其主要表现为:一是我国银行业的市场化程度仍然不高,企业对政府的依赖性过高;而且银行助学贷款损失率远高于其他消费贷款的损失,学生毕业后不能按期还本付息的比率相当高。二是证券行业中的股市还不能完全反映宏观经济,一些上市公司信息不透明,假账丑闻频发,导致投资者信心缺失。三是保险业中客户与保险公司间的合同纠纷不断,特别是代理人为获取高额的佣金,在营销时往往夸大其词,容易引起客户中途退保。四是银企间债务纠纷长年不断,一些部门和企业在地方保护主义的庇护下,逃废银行债务。据统计,我国每年因企业和个人逃废债务而蒙受的直接经济损失约1 800亿元。五是企业间商品交易信用度不高,由于相互间缺乏信任,企业交易中很多采取现金结算,每年因此增加的财务费用约2 000亿元。六是信用中介机构的规范运作不够,一些信用中介机构有违公正、中立原则,配合有关企业公然造假,影响信用中介行业的健康运行。这些因信用缺失带来的问题直接阻滞了信用链条,阻碍了社会经济金融的正常、快速发展。因此,从长远看,我国最缺乏的不是资金、技术和人才,而是信用以及建立信用和完善信用体系的机制。

2. 金融生态环境中信用缺失产生的原因

第一,社会发展现实因素。我国正处于社会主义初级阶段,公共资源分布不够均衡合理,城乡差距、地区差距仍然很大,失业人员众多,分配不公的矛盾凸显,官员腐败等现象不同程度地存在于社会经济生活中。这些现象从主观及客观上影响了国民诚信意识的形成。另外,由于各方经济利益不一致,一些地方或部门局部利益至上,地方保护主义盛行,一些地方政府的行政权力缺乏有效的监督,对上级政令或法律法规的执行阳奉阴违,对下级的指令变化多端,严重影响了社会诚信的基础。

第二,历史传统文化因素。"人而无信,不知其可",诚信在我国传统中虽早就被提及,然而,在长期的封建社会中形成的农耕社会,诚信也只是建立在小范围内(如村落、宗族等)的自然经济基础之上。进入社会主义社会后,很长一段时间,一直实行高度的计划经济,人们的经济活动是建立在执行和完成计划上,而不以市场条件下的信用原则为基础。改革开放后,我国实行市场经济的时间还很短,对诚信观念的教育与宣传还显得不够,可以说大多数人对金融信用缺乏认识,信用观念还很淡薄,没有形成与市场经济发展要求相适应的具有中国特色的信用文化。

第三,相关法制缺失因素。不健全的信用机制和法律法规导致守信成本高,失信成本低。实践证明,有失诚信源于有利可图。市场经济中的主体是人或企业,他们在市场中的一切行为均以利益最大化为原则。因此,如果守信能带来利益,而失信会遭受损失的话,他们就会毫不犹豫地选择守信,反之亦然。目前,由于我国法制不健全,许多有关的经济金融立法刚刚起步,不少还处于试行阶段,对一些实质性经济金融业务法律没有明确规定,社会规范不成熟,且行政监管部门执法随意性大,对其工作又缺少有效监督,从而导致对失信的惩罚不严厉,给予守信的收益也不明显。一些企业或个人缺乏现代信用意识,没有认识到信用不仅仅是一种美德,也是一种无形资产,他们只看到失信可以给他们轻松地带来不劳而获的短期利润,而忽略了长远利益,忽视了信用的价值,更不会有效利用、创造信用这一商品,增强自身的竞争力,反而去摧毁原来就很脆弱的信用市场。

第四,信息不对称因素。信息不对称是指双方或多方当事人对同一事物所获得的信息不一致。目前由于我国信息披露的机制不健全,金融企业获得关于贷款人的信息往往是不充分、不对称的,常常处于被动地位。贷款人为获得贷款有可能隐瞒真实信息,甚至提供虚假信息,而金融企业对于客户的经营信息仅仅停留在对其财务报表等静态指标的审查上,缺少对客户进行全方位的、动态的跟踪监测,对一些可能产生的欺诈行为往往显得应对无力,这不仅表现在获取贷款前的信息时,还表现在贷款获取后对资金运用情况的监督上。信息的不透明和不对称使信用的性质发生了一定程度的扭曲,影响到金融信用的整体状态和效率。

第五,信用中介体制因素。信用中介机构是从事信用评估、征集、调查、担保、咨询业务的社会组织,是信用体系的重要组成部分,对家信用体系的建设起到关键作用。目前我国的信用中介机构因相关法律缺失而且多数与政府部门有着千丝万缕的联系,因此缺乏独立行使职能的环境,规模偏小,实力较弱,相互间竞争无序,作用与功效远未得到充分发挥。

3. 构建金融信用环境的对策建议

用发展的方法来解决前进中的问题是我国改革开放以来最成功的经验之一,也是构建信用社会、优化金融信用环境的唯一选择。

针对金融生态环境中信用缺失的根源,应通过全社会的共同努力,从以下四个方面重点构建信用社会,进一步营造良好的、有利于科学发展的金融生态环境。

第一,积极依靠政府主导调控。政府部门特别是各级地方政府要转变思路,更新观念,充分发挥好建设信用社会的主导调控作用,应通过种种努力,如通过减少贫困、增加就业、消除腐败、缩小城乡差别与地区差别等措施来减少社会上的各种不和谐因素。在经济生活中,政府必须摒弃地方保护主义,减少行政干预,只做"裁判员",不做"运动员",努力营造公平、公正、公开的竞争环境。在制度建设中,提高市场主体的组织程度,加强行业自律,规范行业协会等中介组织,在提高社会伦理道德、增进信用以及约束交易关系等方面发挥作用。一方面,政府部门要出台有关信用行政规章,进一步明确市场经济条件下各参与主体的责任,以严厉惩罚违规者,强化全社会的信用意识;另一方面,政府部门要加强自身信用建设,通过建立高效、廉洁、透明的行政行为,不断提高政府诚信水平,为企业和个人做出榜样。

第二,不断强化法制规范约束。当信用不仅作为基本的道德规范,而且作为法律制度用来约束授信人和受信人的权利和义务时,信用经济就已经占到了主导地位。有关的信用立法是规范市场主体在社会信用交易过程中的一系列行为的法律法规,它包括:一是信用交易前的社会征信法规,主要是规范信用信息的记录征集、调查的范围和程序以及传播方式、对象及时限等问题。二是信用交易过程中的信用控制法规,对交易过程中可能出现的违法行为进行预警、控制,从制度源头上堵住漏洞。三是信用交易完成后的失信惩罚法规,建立对失信企业、个人的惩罚机制,增加市场主体的失信成本,强迫市场主体自觉选择守信。通过制定上述专门的信用法律,以强制的法治手段促进我国信用社会的形成。

第三,大力依托征信体系支撑,建立完善的金融征信体系。完善的信用征信体系包括个人与企业的资信信息登记机构、资信评估机构、信用风险预警运行机制等。对于这方面的工作,一是当前可考虑由国家设立一个部门,建立全国范围内的权威数据库,其中可包括由人民银行、法院、检察、公安、工商、税务等部门联合采集登记的社会信息数据,力求涵盖所有个人与企业法人的各项内容,包括信贷记录、税务记录、工商登记以及经济诉讼记录等在内的一系列经济活动记录,并建立一系列的运行制度。二是加强有关信用中介企业的发展。因为信用中介机构能够进行市场信息的收集、分析与提供,具有信用风险预警防范、增强信息透明度、充分降低信用交易成本的巨大作用,因此要加强具有社会独立性和公信力的社会信用中介机构建设,通过长期的努力建立一批具有鲜明独立性、中立性和公正性且具有很高的市场认知度和稳定客户群体的信用中介企业。

第四,始终坚持信用文化建设。构建社会信用文化体系,以道德文化建设为支撑,以法制文化建设为保证,增强全民的信用意识,建立起良好的金融生态环境。文化是一种发展氛围,是一种持久不衰的内生动力,共同的文化容易形成趋同的价值观念。信用文化的培育要从道德和法制两个方面促使人们形成诚信守纪的自觉意识,使诚实守信成为市场竞争中有力的竞争手段;还要使人们认识到,信用不仅是一种美德,更是一种资源,个人信用是人生的一笔宝贵财富。培育社会信用文化体系,要从道德教育和法制建设两方面入手。人们只有具有道德约束的品质修养,才能自觉遵守法律的约束。因此,要深入开展以诚实守信为重要内容的道德文化教育,唤起全民的信用意识,逐步形成诚信为本、操守为重的良好社会风尚。在法制文化建设方面,要确立我国依法治国的治国理念,加快民主法治化进程,切实做到有法可依、有法必依、执法必严、违法必究,在全社会树立法制意识。

总之,构建金融信用环境、优化金融生态环境是一个渐进的长期系统工程,期盼一蹴而就是不现实的。其实行的难点在于地方政府职能的转变和全民素质的提高,当前必须深化政治体制改革和加快民主法制化进程,建立高效、透明、受法律制约与监督的地方政府运行机制,改善我国的金融生态环境。

二、市场环境

努力构建协调的市场环境。一是要搭建政银对话平台。要建立政府部门、金融机构联席会议制度,由人民银行、地方政府金融办牵头,每季度召开一次由发展改革委员会、统计局等有关部门和各家金融机构参加的联席会议,研究掌握国家金融政策,分析判断金融运行态势,协调解决金融运行中的有关问题,通报经济发展状况和重大经济决策,为金融机构支持地方经济发展、调整信贷结构、确定信贷投向、促进银企合作提供依据。二是搭建银企沟通平台。由发展改革委员会、人民银行牵头,会同建设、城管等有关部门,按照国家产业政策的要求,及时筛选有市场、有效益、有信用的企业和项目,分行业、分区域不定期举办专题洽谈会、推介会,多渠道促进银企合作,有效满足企业项目建设资金和流动资金的需求。三是形成更紧密的日常工作联系制度。政府金融办要主动与人民银行、银监部门保持密切联系,及时分析研究金融运行动态,定期通报金融运行的主要情况,为地方政府的领导决策提供依据;同时,要及时协调解决各金融机构在信贷管理中与企业间存在的问题,加强银企间的沟通交流,相互理解,相互支持。特别要积极支持各金融机构深化改革,对商业银行股改和农村信用社体制改革要高度关注,对改革过程中出现的问题,要及时解决,切实维护正常的金融秩序。

协调、健康发展的金融市场,对于提高资源配置效率、降低金融交易成本、促进经济健康发展具有重要的作用。改善金融市场的生态环境,一是要加快担保体系的建设步伐。要围绕扩大规模、规范运作、防范风险、发挥效益的工作重点,多渠道筹集担保资金,尽快形成防范风险能力强、制度健全完善、业务操作规范、担保范围覆盖全市企业的信用担保体系。各金融机构要加强与担保机构的沟通和合作,在企业资信调查、贷款风险评估、贷后监督等方面协调联动,形成安全有效的保、贷、还运行机制。二是要加强对中介机构的管理。财政局、审计局、司法局、工商局、国土资源局、房管局等部门会同人民银行,要建立对涉及金融活动的中介机构的业务监测体系,规范中介市场,规范有关当事人的行为。

三、金融工作环境

金融工作环境包括宏观经济的大环境,也包括微观层面的外部金融工作环境。诸如与为实现利益和规避风险息息相关的法律法规、客户企业改革、社会信用体系、会计与审计准中介服务体系等多方面的内容。

由于法制不完善,一些企业就利用《中华人民共和国破产法》的不完善,以破产来逃避还债,从而导致大量坏账产生;由于信用资料的收集和共享不足,银行在通过借款人信用对贷款风险作出合理评估方面就会出现困难;由于会计、审计、信息披露等标准不高,就会让"骗贷"现象屡禁不止;由于相关的中介行业的专业水平和思想素质不高,一些中介机构屡屡被买通作假,以致银行上当受骗。而以上列举的这些情况中,很多都要寄希望于社会改革,寄希望于政府能起主导作用。社会信用环境的形成,有赖于政府的示范和动员其丰富的社会、行政管理资源予以强烈的支持。只有在政府信用作用的带领下,才有可能建立起良好的金融生态环境,引导和规范市场秩序,从而保证经济的有序运行和可持续发展。

许多工作还要银行去做,银行也应该抓紧做好。在信用环境建设中,征信机制的建立处于核心地位。这种机制的一个重要作用,就是引导社会树立并实践这样的意识:守信才能获得利益,失信则寸步难行。信息资料的收集和共享、宏观经济情况的积累和研究等,银行完全有可能做得很好。重要的是,银行要有人去做,要改变思想,深入群众,努力掌握企业主的个人品德、个人信誉、消费特点以及创新能力等,只有知己知彼,才能百战不殆。

改革开放以来,我国在金融生态环境建设方面取得了一定的成就,如金融宏观调控和金融监管显著加强,金融机构和金融市场体系不断完善,金融服务水平稳步提高,但由于我国金融生态环境本身的基础差、起点低,加之在长期的计划经济体制和观念下遗留的弊病,我国金融生态环境的现状尚远不能满足市场经济环境下金融业健康发展的要求,这就为金融机构实现可持续发展增加了难度,也增加了金融危机出现的可能性。因此,加快推进金融生态环境建设,势在必行。改善金融生态环境对金融企业的重要意义主要表现在:

(1) 改善金融生态环境是金融企业作为独立主体在市场经济环境中生存发展的基本要求。在市场经济条件下,如果没有完善的法律和执法体系及信用体系,没有高标准的会计和审计制度,没有专业化的中介机构,即使宏观的经济大环境很好,银行自身机制的建设水平有所提高,银行的贷款风险也会大大增加,其可持续发展也无法得到保证。此外,亚洲金融危机的经验表明,金融法制不完善、会计和审计水准不高以及专业中介机构不规范都能成为引发金融危机的重要因素。因此,加强金融生态环境建设也是维持整个金融系统稳定、防范金融危机的必要条件之一。

(2) 有利于促进国民经济持续、快速、健康发展。改善金融生态环境,不仅有利于优化金融运行的外部环境,而且有助于从根本上解决影响金融安全和稳健运行的突出矛盾和问题,从而更好地发挥金融业促进国民经济持续、快速、健康发展的重要作用。

(3) 有利于防范和化解金融风险,降低金融机构的不良贷款。我国经济尚处于转轨时期,银行不良贷款的形成以及企业违约的因素比较复杂,有不适当的行政干预的影响,有法制不健全、执法不严格的影响,有客户质量和行为方面的影响,还有其他更为复杂的体制因素。

(4) 有利于提高企业和广大群众的诚信意识和风险意识,促进社会信用体系的建设。改善金融生态,有利于提高企业和广大群众的诚信意识和风险意识,促进社会信用体系建设。唯有形成一个真正的诚信社会,形成一个投资主体责任和权利明确、利益与风险共担的市场约束机制,才能从根本上节约社会经济活动中的交易成本,这对于提高资源配置效率、降低金融交易成本、促进经济健康发展具有重要的作用。虽然近年来我国金融市场发展较快、进步明显,但是与发达国家的金融市场相比,还存在着许多问题,表现为:我国融资结构中间接融资仍占绝对比重,股票、债券等直接融资所占的比重较小,企业80%以上的融资来自银行贷款,对银行的依赖性大,企业风险对银行风险构成了显著影响。这种融资结构状况不仅不利于分散金融风险,而且会弱化市场本身对金融风险的调节功能,特别是弱化公众投资者的风险意识。金融市场的发展缺乏深度和广度,如债券市场信用层次较少,国债、政策性金融债券等政府债券和准政府债券发展较快、比重较大,公司和企业债券的发展相对缓慢、比重较小,金融市场各子市场发展不均衡,金融衍生产品市场缺乏,影响了市场避险功能的发挥。

对于金融生态环境建设,既要认识到改善金融生态环境对于保持我国金融业持续发展的重要意义及其紧迫性,也要认识到金融生态环境的建设是一项复杂的系统工程,需要以科学的发展观为指导,由多个领域的不同部门长期不懈地相互配合,有的放矢地科学推进。

第三节 金融生态环境的评价

一、金融生态环境质量评价的原则

(1)科学性原则。评价指标体系应具有清晰的层次结构,由局部到整体,由复杂到简明,在科学分析和定量计算的基础上,形成对金融生态环境质量的直观结论。

(2)系统性原则。应把社会经济发展、金融资源、信用和法制环境视为一个整体的大系统,金融生态环境评价指标体系的设置不但要反映区域经济的发展水平,同时也要反映区域金融的发展水平、社会信用和法制环境状况。

(3)可行性原则。在设计金融生态环境评价指标体系时,应尽可能选择有代表性的主要指标,在考虑相对的系统性和完整性的同时,可行性尤为重要。既要防止面面俱到,指标过于繁杂,又要防止过于简单,难以反映金融生态环境的全貌。

(4)准确性原则。为了充分发挥金融生态环境评价指标的职能作用,必须要求数据来源真实可靠、数据处理准确无误、评价指标符合实际。这就要求我们在进行金融生态环境评价指标体系的设计时,应充分考虑已有资料来源的限制及收集资料渠道的真实可靠程度,在指标设计上尽量将调查误差控制在最小范围内。

(5)地域性原则。由于设计的指标体系是从现阶段金融生态环境的普遍现象来考虑的,指标涵盖具有其广泛性和普遍性,但由于各地的社会经济发展不平衡,在短期评价中(一般指年度),应适当选择、个别调整和补充金融生态指标体系中的指标项目,使其尽量能够准确反映本年度金融生态环境的实际状况。

(6)可比性原则。金融生态环境评价指标的设置要使评价指标便于进行纵向比较和横向比较,也就是说既要可用来进行序时比较分析,也要可用来进行不同区域之间的比较分析。

(7)完备性原则。从整体出发,多角度、全方位地反映区域金融生态环境的质量水平,包括空间完备性和时间完备性。空间完备性是指评价指标体系要成系统,应包括金融生态环境的主要方面;时间完备性是指评价指标体系作为一个有机整体,不仅要从各个不同角度反映出金融生态环境的质量运行现状,更要反映出金融生态环境的质量运行态势。

(8)定性与定量相结合原则。金融生态环境评价是一项十分复杂的工作,如果对指标逐一进行量化,则缺乏科学依据,因此在实际操作中必须充分结合定性分析。但最终评价结果应形成一个明确的量化结果,以排除定性分析中主观因素或其他不确定因素的影响。发达国家由于具备较完善的统计制度、信用制度及法律法规,评价机构可以对被评估对象进行详细的调查,掌握大量的第一手资料,国外通用的做法是把定性分析与定量分析的比例确定为 4:6。

二、金融生态环境评价指标体系

关于建立金融生态环境的评价体系,观点众多,这里介绍两种较为典型的观点以及其对应的指标体系。

观点一:设计评价指标体系采用系统的方法,例如系统分解和层次结构分析法,由总指标分解成次级指标,再由次级指标分解成次次级指标(通常人们把这三个层次称为目标层、准则层和指标层),并组成树状结构的指标体系,使体系的各个要素及其结构都能满足系统优化的要求。也就是说,通过各项指标之间的有机联系方式和合理的数量关系,体现出对上述各种关系的统筹兼顾,达到评价指标体系的整体功能最优,客观、全面地评价系统的输出结果。

根据现阶段我国社会经济的发展状况和金融生态环境质量的特殊规律性及综合评价指标的设置原则,评价金融生态环境质量的指标体系由经济发展水平、金融资源水平、社会信用及法制环境等目标层、准则层和指标层组成。这些分项指标有85%以上都是可以通过现行统计和财务报表直接取得或经过计算取得的。其操作性强、可比性强,不少指标已是各地考核、评价区域经济工作中的常设指标。

金融生态环境评价指标体系主要由三类指标组成,即总量增长速度指标、平均增长速度指标和结构相对指标,它们构筑了金融生态指标体系的基本框架。

(1)总量增长速度指标。增长速度指标是对社会经济现象进行动态分析的基本指标,由报告期增长量与基期增长量对比而得。它的特点是能够克服地区性基础条件、资源条件及其他自然条件的差异,以求得相对的可比性,从而体现评价结果的公平原则,是目前最常用的评价指标。

(2)平均增长速度指标,常用的是人口平均指标增长速度。平均指标增长速度就是在同值总体内,将各个个体的数量差异抽象化,用以反映总体在具体条件下的一般增长水平。平均增长指标也是衡量社会经济发展水平中常用的指标,尤其是用人口作为基数的平均增长指标,如人均GDP增长率,更能消除各地人口数量的差异,较准确地反映各地的社会经济发展状况。

(3)结构相对指标,是以总体总量作为比较标准,求出各组总量占总体总量的比重,用百分数表示,如民营企业税收占税收总额的比重等。

观点二:金融运行环境的评价指标体系主要评价社会、地方政府、银行客户对金融运行、发展的影响程度。该指标由宏观经济环境影响指标、地方政府对金融的影响指标、司法环境指标、社会信用环境指标、产业政策环境指标、金融监管环境指标、金融秩序指标、金融救助指标等相关指标类别组成。

(1)宏观经济环境影响指标。主要评价财政政策、投资政策、招商引资政策、经济可持续发展能力对金融业的影响。以调查分析的形式进行评价,重点调查本地财政政策以及财政所发挥的功能对金融业发展是否有正面影响;本地投资政策是否能为金融业发展提供良好的环境和机遇;本地招商引资政策对金融业有何影响;地方经济可持续发展能力状况,其短期利益与长远利益是否兼顾、协调等情况。

(2)地方政府对金融的影响指标。主要评价各级政府制定支持金融发展的政策措施的情况,对即将发生或已经发生的影响金融运行和信贷资产质量的事件能否及时处理;政府及其有关部门自身债务的履行情况等,以调查分析的方式进行监测。

（3）司法环境指标。主要评价各级法院对涉及金融一般案件的起诉率、结案率、胜诉率、实际执行率；社会对法院、公安部门维权的满意度，对律师事务所提供法律服务的满意度，对公证机构的满意度。以问卷调查与统计分析相结合的方式进行评价。

（4）社会信用环境指标。主要评价典型借款人商业性借款违约率；典型法人企业会计制度和会计准则及税法的执行力度；纳税人依法纳税和履行纳税义务的程度及信用状况；下岗失业人员小额担保贷款还款情况；农户小额信用贷款还款情况；典型社会中介机构的诚信水平和服务水平；银行业信贷征信系统是否建立，归集数据是否及时、完整、准确；金融机构重大违规违法案件发生率；企业逃废银行债务情况等。以统计分析的方式进行评价。

（5）产业政策环境指标。主要评价本地产业政策是否有利于企业发展，本地骨干企业质量状况和改革、发展情况；新增出口企业情况；金融机构对企业信用等级评定情况；典型骨干企业资产负债率、财务指标情况、企业盈亏情况、企业存贷情况等。以统计和调查分析相结合的方式进行评价。

（6）金融监管环境指标。主要评价监管当局的监管理念、监管方式，监管当局能否处理好教育、预防、惩处的关系，监管环境被业者认可的程度等。以问卷调查的方式进行评价。

（7）金融秩序指标。主要评价辖区内非法金融活动、非法社会集资情况。

（8）金融救助指标。主要评价央行、财政对当地金融机构的救助情况，重点评价存款准备金救助情况、紧急再贷款救助情况、当地财政对地方性金融机构的资金和信用救援情况。以统计分析方式进行评价。

以下用典型案例来说明。

案例

金融生态 50 城市孰优孰劣？上海环境最好居榜首[①]

"这是上海优良的金融生态所产生的正效应。"上海银监局近日发布的数

---

① 《金融生态 50 城市孰优孰劣？上海环境最好居榜首》，载《人民日报》（海外版），2006 年 6 月 2 日。

据显示,在沪外资银行未来3年的发展规划表明,外资银行普遍看好中国市场。截至2006年3月末,上海外资银行资产总额超过500亿美元,占全国外资银行资产总额的55%。由此可见,金融生态环境的优劣关系到金融业的发展。

- 50个城市排定座次

针对我国近年来频繁暴露出的金融问题,人们忧虑之余也在寻找解决方法。2004年,中国人民银行行长周小川形象地把"金融生态"比做水族馆的自然生态。2005年中国社会科学院金融研究所成立了专门的课题小组,对各大主要城市的金融生态环境做了细致的调查研究。经过一年的努力,长达42万字的《中国城市金融生态环境评价》终于揭开了神秘的面纱,重量级"榜单"——50个城市的金融生态综合指数排名也尘埃落定,上海位居榜首,北京排名第十,天津、重庆排名靠后。

总体而言,东部城市的金融生态环境较好,中西部城市较差。之所以这样,主要是由于中西部地区经济市场化不高,地方政府职能冗杂,对经济干预多,法制建设也相对落后。中国社会科学院金融研究所所长李扬曾多次强调:金融生态环境不好,是一个体制和机制的现象。

目前,上海的金融生态环境总体情况不错,但也有不足,与浙江等地相比,政府对经济和金融的主导性较强,一定程度上削弱了金融部门的独立性和企业的自主创新性。

- 京、津、渝各有优劣

在四个直辖市中,重庆的金融生态环境质量不容乐观。作为新设立的直辖市,它更多地表现出中西部城市的共有特征。虽然目前的情形不太乐观,但是重庆的崛起将是一种规律。经济学家尹中立指出,当沿海一带的经济发展到较高阶段时,中部地区的吸引力就会增加,越来越多的资本会向中部集中,中部自然就崛起了。另外,要吸引资本还应该从制度建设入手,为资本转移创造良好的投资环境。

"解决好中央和地方的关系,在北京的金融生态建设中十分重要",中国社会科学院金融研究所所长李扬在接受媒体采访时曾这样表示。北京作为我国的首都,在金融生态环境方面有着诸多得天独厚的优势。北京拥有一个良好的社会诚信文化基础,但与上海相比,经济、金融的市场化程度略低,政府对经济、金融活动的主导力较强,企业竞争力的软因素(企业治理、文化、诚信)不强。李扬还说,北京的政府公共服务实际上偏重于为央企服务,而这对于北京的金融生态环境具有十分重要的影响。

与北京毗邻的天津,近年来金融外部环境虽然有了明显的改善,但在政府职能转变、法治环境改善和社会诚信文化建设等方面仍存在不足。

● 每年推出新评价报告

2005年,我国首次对影响中国金融业发展、造成金融业不良资产和招致很大金融风险的非金融因素进行了梳理。各地政府和理论界开始普遍关注金融生态,有很多地方采取了切实的措施。地方政府从不重视金融到重视金融,从重视到主动去创造适合金融业发展的经济环境。南京市市长专门咨询了相关专家,他们针对南京经济基础比较薄弱这个突出问题提出要改善经济结构,在产业的多元化方面做点努力,大力发展第三产业。

李扬指出,在给城市"把脉"之后,更重要的是根据研究的结果提出相应的措施。这其中最关键的同时也是各大城市最需要服用的一剂药便是转变地方政府的职能。根据央行的一项调查,在转轨时期,由政府部门的行政干预所引致的不良贷款占到了不良贷款总额的70%—80%。一个地区的市场化水平,关键就是看政府有没有退出对企业的直接干预,以及退出以后政府在工作范围和方式上所发生的变化。

据悉,中国社会科学院金融研究所会继续跟踪研究各地方的金融生态环境及其变化,每一年都会推出新的中国城市生态环境评价报告,直到"金融生态"这个概念在中国被消灭掉。另外,还会推出一份报告来评述全球的金融生态环境。

链接

所谓金融生态就是指金融发展成长中所需要依赖的外部环境,主要包括经济环境、法制环境、信用环境和制度环境,甚至包括历史文化环境等。这个词形象地表述了我国金融风险复杂的形成机制。值得一提的是,这个概念在国外是没有的,是一个非常具有中国特色的概念。

【思考题】

1. 简述进行金融企业市场营销环境分析的目的。
2. 试论金融生态环境的内容。
3. 举例说明评价金融企业市场营销环境的方法与指标体系。

【本章小结】

本章的阐述与分析,既与一般企业市场营销环境的共性密切相关,又重点突出了金融企业市场营销环境的特殊性,特别在 21 世纪的中国金融企业的特色上有所侧重。

本章的内容以企业市场营销环境的基本理论入手,逐步分析到企业市场营销环境对金融企业业务活动的多种影响,最后较为详细地讲解了进行金融企业市场营销环境管理的具体评价方法。

案例

兴业银行与国际金融公司能源合作案例解析[①]

可持续金融的含义是指研究、运用多样化金融工具来促进环境保护,维护生物多样性。成功的可持续金融产品必须满足两个条件:一是转移环境风险和减少污染;二是保持一定的赢利激励,确立在金融市场应有的地位。因此,可持续金融产品必须建立在有效控制金融工具风险、保护资金融通利益的基础上,这样才能取得可持续发展与金融市场的双赢。

可持续金融也称环境金融,是 1997 年以后逐渐兴起的金融术语。全球范围的环境恶化使人类社会面临一系列严峻挑战,给经济发展、人类生存和生态平衡带来了巨大影响。世界各主要国家开始空前关注本国及国际上各种力量的合作,以应对环境恶化的挑战。

兴业银行与国际金融公司(IFC)的能效融资损失分担机制,是目前国内较为成功和典型的可持续金融产品。本案例探讨如何通过加强对信贷人权利的有效保护,降低银行贷款风险,从而提高银行参与可持续金融创新、为社会公益节能项目提供融资支持的积极性。

信贷人权利保障

IFC 是世界银行集团下属的政府间国际组织,其宗旨是对发展中成员国的私营部门进行投资,近年来越来越注重可持续发展的投资方向,并制定了

---

① 唐斌、陈志伟:《兴业银行与国际金融公司能源合作案例解析》,载《当代金融家》,2006 年 8 月 14 日。

一整套的环境评估制度,以确保投资项目和企业符合环境保护与可持续发展的要求。IFC一直沿用直接贷款与环境评估相结合的方式,因为直接贷款带有经济援助性质,不能对受援方构成有效的激励机制,因此作用十分有限。为实现促进可持续发展的目标,IFC开始尝试确立能效融资损失分担机制,鼓励银行开展节能设备融资,借助商业银行信贷杠杆的作用,取得比直接赠款或投资放大数倍的效果。

2006年5月17日,兴业银行行长李仁杰与IFC执行副总裁拉尔斯·特内尔在上海签署了一份引人注目的合作协议——《损失分担协议》,标志着双方能效融资合作机制正式启动。IFC支持兴业银行向能耗型企业发放贷款,帮助其购买节能设备。当贷款发生损失时,IFC将根据约定情形和补偿比例,分担兴业银行的贷款本金损失,从而既满足企业节能设备投资的融资需求,又很好地控制了银行贷款风险。该机制不仅建立了互赢互利的商务安排,也对贷款风险识别、担保权创设、债权实现等设计了较为完善的信贷操作流程,其中不乏对保护信贷人权利的尝试。

从环境与金融之间的相互关系的角度,研究如何保护银行信贷人权利,对于充分激发支持环境经济发展所需融资的积极性,增强银行的环境保护公益责任,改善企业尤其是中小企业的融资环境,以及促进经济的可持续发展具有极其重要的意义。

- 补充信贷人权利救济制度不足

IFC在能效融资合作中按照约定补偿贷款损失,并不从中谋取商业利益。当然,IFC也鼓励银行尽量关注贷款审批是否合理,以及信贷风险政策是否有效。为此,IFC建议兴业银行借鉴国外先进银行的经验,制定并执行合理有效的信贷审批与清收政策,并在贷款合同中设定保护银行信贷人利益的条款。这不仅是对IFC风险的锁定和利益的保护,更表达了对完善现行法律以更好地保护信贷人权利的诉求。

国际上信贷人可以通过信贷审批政策和贷款合同来保护自身权利,尤其是合同条款的内容可以包括声明与保证条款、约定事项条款(承诺条款)和违约事件及赔偿救济等有利条款,并得到一整套完善法律制度和判例渊源的支持。反观中国的银行贷款协议,虽然基本涵盖以上内容,但主要是依靠《中华人民共和国合同法》与《中华人民共和国担保法》两部法律,可以采用的自我保护手段比较有限,这制约了银行与债务人签订贷款协议时应有的自主性。

事实上，国内现有法律中的禁止性规范过多，例如"禁止流质"的法律原则，虽为保护债务人而设计，但同时也堵住了信贷人实现抵押权的迅捷途径，迫使信贷人只能诉诸法院，增加了催收成本。再如，由于银行无法在贷款前事先设定抵押财产的处置方法，当债务人恶意隐匿财产或拒不履行判决时，常常使执行陷于停顿和无奈。

科学合理的信贷管理政策应当能够实现对贷款风险的准确识别，并对信贷人贷款权利进行有效的自我保护。随着兴业银行与IFC能效融资项目的推进实施，银行方面应逐步完善项目的信贷管理政策，并在具体操作和执行过程中不断探讨和应对国内法律的诸多限制和风险，才能更好地推动环保能效事业和银行的中小企业贷款业务。

- 动产担保的突破

根据兴业银行与IFC的损失分担协议，兴业银行在审核发放能耗设备融资时，应要求贷款企业提供适当的担保。为增强企业的还款愿望，IFC建议，除了对企业贷款购买的设备设定抵押权外，还应要求企业将其未来的应收账款、收益项目作为贷款担保。应该说，这个建议是合理的，因为从国际担保实践看，企业稳定的收益权利是可观的融资担保，其中应收账款和存货是多数企业都拥有的资产，通常有着比机器设备和知识产权更高的担保价值。但国内法律对收益权担保的支持还不够。最高人民法院在《关于适用〈担保法〉若干问题的解释》中规定，以公路桥梁、公路隧道或者公路渡口等不动产收益权出质的，按照《中华人民共和国担保法》有关权利质押的规定处理。根据该解释，收益权担保应采用质押方式，但实际上很难转移占有，同时该解释对其他收费权、企业固定收益能否参照适用也没有规定。

近年来，金融企业为转移和降低贷款风险而较多地采用了担保贷款方式，这对保证信贷资金安全起到了积极作用。但国内法律规定的权利动产担保范围过窄，已经成为妨碍银行信贷人保全贷款利益的不利因素，也是限制银行向中小企业发放贷款的重要原因。由于法律对担保财产范围和执行程序的严格限制，可供银行选择的担保物较为有限，相对集中在传统的土地、房屋等不动产和部分动产上。即使信贷当事人协商一致且不违反法律的禁止性规定，对合适的动产设定了担保，银行也面临着担保效力不确定、优先受偿权实现困难的法律风险。事实上，目前国内银行尽量拒绝动产作保，而是将不动产作为主要融资担保。由于担保过分依赖于不动产，导致企业更加依赖不动产获得融资,而缺少不动产的中小企业贷款越来越难。

对于兴业与 IFC 的能效贷款合作,既然银行贷款的风险相对可控,就应进一步尝试为企业使用设备的收益或者其他收入设立动产担保,通过保留设备的使用权,并利用各种形式的担保方式,有效保障银行的贷款利益。IFC 在损失分担协议中向兴业银行建议:银行应至少对贷款项下的设备取得第一抵押权,并进行有效的抵押登记。银行还应考虑是否需要其他的保证形式,包括债务偿还准备金和抵押固定资产、质押其他应收账款等担保。这种担保创新建议的提出及其尝试,不仅有助于环保节能型企业及时获得贷款,对银行完善中小企业贷款的审批流程与风险政策也极具重要意义。

- 贷款损失与分担

IFC 分担贷款损失机制的核心是,如果兴业发放的合格贷款产生损失,一经认定,即可要求 IFC 按一定比例补偿本金损失,这就需要约定未来贷款如何清收以及在什么情况下认定贷款损失的问题。双方最后一致同意,如果银行已经用尽法律上的手段,即使经过必要的诉讼程序也无望回收贷款,即可认定为贷款损失。事实上,谈判工作的焦点之一,就是围绕着信贷人如何提高诉讼清收的效率,尤其是有担保信贷人如何使用抵押资产的价值来清偿担保债务。

银行贷款清收大多需要执行担保财产,《中华人民共和国担保法》明确要求信贷人必须征得债务人同意才能对担保物采取清偿措施。可以预见,很少有债务人会自愿提供这种许可,导致大部分抵押物都必须通过法院才能执行。法院需要审定案件的证据是否充足,并谨慎监督担保物的扣押和公开拍卖程序,其结果是整个执行过程冗长而昂贵。而且银行在执行程序时还必须与其他普通债权人争夺法院精力和资源,同时极力避免法院拖延执行,防止债务人乘机恶意处置担保物。

为确保贷款的正常清收,兴业银行必须在贷款协议中尽量设定自力救济条款。对于与公用事业供应商(如电力、燃气供应商)合作开发的节能项目或设备贷款,IFC 建议应考虑将贷款催收和公用事业费催收相结合,以加强借款人的还款意愿。一旦企业不能正常还贷,银行应有权代表公用事业供应商收取公用事业费。供应商还应根据银行要求,中止向该企业提供公用事业服务,以帮助银行督促企业按时还款。

协议准据法与管辖权的选择

无论协议条款多么完备,违约救济多么周全,只有确定准据法和管辖权,才能最终落实条款解释、争议管辖乃至裁决执行。况且,同一份协议包含的权利义务关系,在不同法律调整和法院管辖下还可能产生相异的结果。为此,当事人一般都希望采用自身最熟悉的本国法律来支配合同,并且由熟悉的特定法院或仲裁机构受理相关的纠纷,避免费力考察陌生的法律体系,从而置身于最大限度的法律保护优势之下。此外,当事人也必须从商业利益上考虑法律依据的内容,尤其要关注所选择法律的稳定性及可预见性对商业安排的影响。

兴业与IFC属于不同国家,能效贷款发放行为地在国内,贷款本金损失分担的履行地在美国纽约,在双方没有明确约定的前提下,既可能适用美国纽约州法律,也可能适用国内法律。兴业银行作为损失分担机制中的主要受益一方,能否获得损失分担支持以保障贷款安全,在很大程度上取决于协议的法律效力依据及法律保障。因此银行需要了解国内法律与作为典型普通法系的美国法律的不同之处,以判断适用其中哪一种法律有助于维护银行的商业利益。

国内法律重条文规范与普通法重意思自治的不同,直接影响损失分担协议的法律效力。普通法严格限制国家干预私权的界限,强调个体利益和最大限度地发挥个体的主观能动性和积极性,以实现社会效益的最大化和社会的公平正义。契约性是意思自治的充分体现,民事协议在本质上基于当事人自愿,只要不违反法律的禁止性规定,即可请求法律支持。在国内民商法领域,无论是民事活动还是司法实践,都存在一种倾向,那就是必须遵从明确的法律规定,只有符合了现有法律中具有约束力的授权、义务与责任等明确规定,才能获得法律保障。实践中若碰到法律并无明文规定的情形,当事人往往就会无所适从,惮于充分自主地进行意思表示和订立契约。

兴业银行与IFC商定的损失分担机制,既不同于合作贷款、援助贷款,也不同于担保和商业保险,而是在综合以上多种法律关系特征的基础上,对国际组织贷款援助及金融企业合作贷款的业务创新。正是这种合作关系的创新,在强调成文法的我国法律制度内,既无明文法律依据,又无司法先例支持,存在着法律效力上的风险。为此,IFC要求受援项目适用普通法国家的法律,以确保协议的有效性。经过艰苦谈判,兴业银行同意适用较为完备的美国纽约州法律。至于司法管辖权的问题，双方一致同意采用仲裁方式，约定在属于第三方国家的新加坡进行仲裁。

发展可持续金融并不仅仅是技术层面的问题，实践中还必须在制度层面上构建可持续金融产品的激励性机制和风险保护机制，以推行环境保护的理念，并形成可持续循环发展的根本途径。兴业银行与IFC在能效融资项目上的合作，既为国际组织贷款开辟了全新的可持续金融发展模式，更重要的是促使兴业银行能够以国际的视野，借助IFC成功的贷款运作经验，在贷款风险评价、合同保护、清收政策等方面对现有制度进行全面的评估和改进，进一步促进中小企业贷款业务的发展，并从新的角度促进对国内信贷人权利保护的研究，推动信贷人商业利益与可持续循环经济的双赢。

【案例讨论题】

结合案例背景资料，简要分析兴业银行与国际金融公司能源合作所面临的金融环境。

第四章　金融市场客户行为分析

【学习重点】

1. 掌握影响消费者购买决策的因素。
2. 理解消费者心理。
3. 理解集团客户与消费者客户之间的差异。
4. 了解金融企业市场调查的组织。

【导入案例】

用趣味、形象的观念关联复杂、抽象的基金产品①

"销售无论作为过程还是结果，最终取决于客户的认知心理和行为。成功永远孕育在客户的认知世界中"，对于客户的认知在销售中的重要性，北京时代之声咨询公司的绳鹏表示。

而这正是基金销售面临的难题之一。"买基金实际上购买的是服务，基金的历史业绩都难以代表未来，何况作为一家首发基金，连可供参考的历史业绩都没有"，中信基金高管汤维清说。而自2006年年底以来，基金的销售对象已经发生了变化：由企业客户向个人投资者转移。但许多消费者只知道现在是负利率时代，购买基金是一种不错的理财手段，但对基金却知之甚少。

为了让基金产品所蕴含的复杂、抽象的内容更加具体，基金公司也使出

---

① 《基金营销：一场财富游戏的初级阶段》，和讯网，http://funds.money.hexun.com/1202_610106.shtml。

了浑身解数。申银万国巴黎基金管理公司就提出了"全天候"的概念,以此说明自己的产品可以做到适应不同的市场环境,在确定选股策略时会根据不同经济、股市周期而调整选股策略。更有些基金公司提出了"优质投资创造优质生活"的宣传口号。

对此,迈迪管理咨询公司的史建明分析说:"基金营销首先是要使抽象的概念变得具体,'优质投资创造优质生活'的提法很不错,但是对这种诉求的展开并不具体、全面,如果提出'优质投资创造优质生活'的口号,就应该为这个口号赋予更实际的意义。举例来说,除了可以从财务意义上帮助客户增值之外,也可以教授客户金融知识,另外还可以创办基金俱乐部,举办社交活动,让客户体验到实质变化。"

另外,基金营销还应该回避令人望而生畏的专业术语,力争通过形象的语言通俗地表达出来。史建明进一步举例说:"就好像卖汽车的如果解释发动机构造,消费者会晕倒,如果称输出功率为多少,也远不如说从时速为零加速到时速100公里需要几秒钟更形象。"

"要想让客户尽快认识新产品,就要将新产品同客户已有的观念相关联,而且是要同有趣味性的、形象的观念相关联",绳鹏说。

而当投资者对基金有了初步认识后,一个基金产品的成功与否更多地取决于客户是否理解他所买入的基金是否符合他的风险偏好,他的风险承受能力有多少,这就需要考虑如何把这个产品的特点用恰当的手段、通过恰当的媒介告诉投资者。

在本章,你将学习到金融企业是如何对客户行为进行分析和把握客户心理的,同时还能帮助客户认识金融市场影响营销的各种因素,以及怎样更好地去选择金融投资企业。

第一节　金融市场个人客户及行为分析

金融市场是指所有为了个人消费而购买金融物品或服务的个人和家庭所构成的市场。金融消费者市场是现代市场营销理论研究的主要对象。

一、影响消费者购买行为的主要因素

毫无疑问,经济收入水平是影响消费者购买行为模式的基本因素。不同收入水平的人的购买行为会有很大的差异。有钱人会购买大量的奢侈品,而低收入者则只能以满足基本生活需求为限;人在有钱时会显得慷慨大方、潇洒自如,而在经济拮据时则会变得唯唯诺诺、斤斤计较;不同收入层次的人甚至连购买商品所选择的地点和商店都会有所不同。所以有人认为消费者是一种"经济人",其购买行为主要受其经济收入水平的影响。然而,在现实生活中,我们不难看到,同一收入水平的人,他们的消费行为也存在着很大的差异。如在外资企业工作的职员同经营服装生意的个体经营者收入都比较高,但两者的消费行为却有相当大的差别。所以,营销学者认为,经济因素对于消费者的购买行为固然有着重要的影响,但消费者并非是纯粹的"经济人",一些非经济因素对消费者的购买行为同样发挥着重要的影响,而且其影响方式更为复杂。

研究发现,影响消费者购买行为的非经济因素主要有内外两个方面:从外部来看主要有:消费者所处的文化环境,消费者所在的社会阶层,消费者所接触的各种社会团体(包括家庭),以及消费者在这些社会团体中的角色和地位等;内部因素则是指消费者的个人因素和心理因素,个人因素包括消费者的性别、年龄、职业、教育、个性、经历与生活方式等,心理因素包括购买动机、对外界刺激的反应方式、学习方式以及态度与信念等(如图4-1所示)。这些因素从不同的角度影响着消费者的购买行为模式。

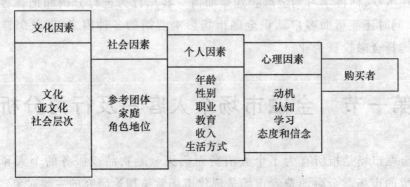

图 4-1 影响消费者购买行为的因素

(一) 文化因素

文化是一个广泛的概念。从广义上讲,文化是指人类在社会历史实践中创造的物质财富和精神财富的总和;从狭义上讲,是指社会的意识形态,以及与之相适应的制度和结构。广义的文化与文明同义,它将社会的经济、政治、科技、法律包含在内;狭义的文化也非仅指人们的文字运用能力和对基本知识的掌握,而是包括语言、文学、艺术、信仰、态度、风俗习惯、教育方式以及社会组织等各方面。

1. 文化影响

文化作为一种社会氛围和意识形态,无时无刻不在影响着人们的思想和行为,当然也必然影响着人们对商品的选择与购买。文化对于人们行为的影响有着这样一些特征:

(1) 具有明显的区域属性。生活在不同地理区域的人们的文化特征会有较大的差异,这是由于文化本身也是一定的生产方式和生活方式的产物。同一区域的人们具有基本相同的生产方式和生活方式,能进行较为频繁的相互交流,故能形成基本相同的文化特征。而不同区域的人们由于生产与生活方式上的差异,交流的机会也比较少,文化特征的差异就比较大。如西方人由于注重个人创造能力的发挥,因此比较崇尚个人的奋斗精神,注重个人自由权的保护;而东方人由于注重集体协作力量的利用,因此比较讲究团队精神,注重团体利益和领导权威性的保护。这种文化意识往往通过正规的教育和社会环境的潜移默化,自幼就在人们的心目中形成。然而,随着区域间人们交流频率的提高和交流范围的扩大,区域间的文化也会相互影响和相互交融,并可能对区域文化逐步地加以改变。如我国自改革开放以来,已融入了相当多的西方文化,例如牛仔裤、迪斯科和肯德基快餐,都已成为中国当代文化不可忽略的组成部分。

(2) 具有很强的传统属性。文化的遗传性是不可忽略的。由于文化影响着教育、道德观念甚至法律等对人们的思想和行为发生深层次影响的社会因素,所以一定的文化特征就能够在一定的区域范围内得到长期延续。对某一市场的文化背景进行分析时,一定要重视对传统文化特征的分析和研究。此外,必须注意到的是,文化的传统性会引发两种不同的社会效应:一是怀旧复古效应,即利用人们对传统文化的依恋,可创造出很多市场机会;二是追新求异效应,即大多数年轻人所追求的"代沟"效应,这提醒我们在研究文化特征时必须注意多元文化的影响,又可利用这一效应创造出新的市场机会。

(3) 具有间接的影响作用。文化对人们的影响在大多数情况下是间接的,即所谓的"潜移默化"。其往往首先影响人们的生活和工作环境,进而再影响人们的行为。如一个长期在农村生活的农民,在家乡时可放任不羁地大声说笑,随地吐痰,进城到某外资企业办事,马上会变得斯斯文文,彬彬有礼。这就是由于外资企业的文化环境对其产生了影响。一些企业注意到了这一点,首先通过改变人们的生活环境来影响人们的消费习惯,这种做法往往十分见效。20世纪80年代中期,一些外国家电企业首先在中国举办"卡拉OK"、"家庭演唱大奖赛"之类的民间自娱自乐活动,形成了单位或家庭自娱自乐的文化氛围,进而在中国成功引进了组合音响、家庭影院等家电产品,这就是利用文化影响的间接作用的典型范例。

2. 亚文化

亚文化是指存在于一个较大社会群体中的一些较小社会群体所具有的特色文化。所谓的特色表现为语言、信念、价值观、风俗习惯的不同。人类社会的亚文化群主要有三大类:

(1) 国籍亚文化群。国籍亚文化群指来源于某个国家的社会群体。在一些移民组成的国家中,国籍亚文化现象显得尤为明显。例如,在美国等西方国家的大城市里都有"唐人街",那里集中体现了中国的国籍文化。但是由于"唐人街"是在美国等国,总体上受着所在国地域文化的影响,所以只能是一种亚文化。

(2) 种族亚文化群。是指由于民族信仰或生活方式不同而形成的特定文化群体。如中国是一个统一的多民族国家,除了占人口90%以上的汉族以外,还有50多个少数民族。由于自然环境和社会环境的差异,不同的少数民族形成了不同的亚文化群。这些亚文化群在饮食、服饰、建筑、宗教信仰等方面表示出明显的不同,如回族人戒食猪肉,男子戴白帽,大多信仰伊斯兰教;藏族人信仰佛教,男子长袍有两个袖子,但只穿一个等。

(3) 地域亚文化群。同一个民族,居住在不同的地区,由于各方面的环境背景不同,也会形成不同的地域亚文化。我国的汉族人口众多,位居祖国辽阔的土地上,汉族人都讲汉语,但各地都有各自的方言。我国北方的汉语比较统一,但到了南方,方言就变得十分复杂。江南人讲吴语,广东人讲粤语,闽南人讲闽南话。各地人在一起,不讲普通话而讲方言,也是无法沟通的。我国各地的饮食文化也有着明显差异,西南和北方人喜欢吃辣,江南人偏爱甜食,广东人特别讲究新鲜;北方人以面食为主,南方人则以米饭为主等。

对于亚文化现象的重视和研究能使企业对市场有更为深刻的认识,对于进一步细分市场、有的放矢地开展营销活动具有十分重要的意义。

3. 社会阶层

社会阶层也属于文化的范畴。主要是由于人们在经济条件、教育程度、职业类型以及社交范围等方面的差异而形成的不同社会群体,因其社会地位的不同而形成了明显的等级差别。

美国的有关人士主要根据经济条件的差异对其社会阶层作了七个层次的分类(如表 4-1 所示)。

表 4-1 美国各社会阶层的划分①

社会阶层	主要成员	占人口的百分比
上上层	老富翁	1
上下层	新富翁	2
中上层	经理专家	12
中中层	白领雇员	32
中下层	蓝领雇员	38
下上层	非熟练工	9
下下层	失业人员	6

这些不同的社会阶层具有明显不同的消费特征。老富豪追求英国贵族式的生活;新富翁喜欢购置豪华的住宅、汽车、汽艇以显示富有;白领雇员只求体面,不求华丽;蓝领工人则喜欢光顾折扣商店、二手汽车市场等。

中国在实行计划经济体制时,因经济条件而形成的社会层次并不明显,但因社会职业和职务而形成的社会层次同样存在,如工人阶层、农民阶层、干

---

① 〔美〕J. 保罗·彼得、杰里·C. 奥尔森:《消费者行为与营销战略》,东北财经大学出版社 2000 年版,第 14 章。

部阶层以及知识分子阶层等。改革开放以后,中国开始走向市场经济,经济条件也逐渐成为形成社会阶层的重要因素。中国也有了百万富翁和亿万富翁,也出现了白领阶层和蓝领阶层之分。同时,以职业、职务、教育程度划分的社会阶层也依然存在,从而使中国的社会阶层划分变得越来越复杂。同样,中国不同社会阶层的消费习惯与购买行为也有很大差异,这不仅体现在衣着打扮、饮食起居方面,甚至在家庭摆设和兴趣爱好方面也会有明显的不同。

社会阶层作为一种文化特征具有这样一些特点:一是处于同一阶层的人的行为比处于不同阶层的人的行为有更强的类似性;二是当人的社会阶层发生变化(如工人考上了大学、个体户发展为私营企业家)时,其行为特征也会随之发生明显变化;三是社会阶层的行为特征受到经济、职业、职务、教育等多种因素的影响,所以根据不同的因素划分而构成的社会阶层也会有所不同。因此,个人社会阶层的稳定归属有时要依据对其最具有影响的因素来定。

社会阶层对人们行为产生影响的心理基础在于人们的等级观和身份观,人们一般会采取同自己的等级、身份相吻合的行为。等级观和身份观又会转化为更具有行为指导意义的价值观、消费观和审美观,从而直接影响人们的消费特征与购买行为。

(二)社会因素

1. 参考团体

人生活在一定的社会群体之中,其思想和行为不可避免地要受到周围其他人的影响。从主动的意义上讲,人们会经常向周围的人征询决策的参考意见;从被动的意义上讲,人们所处的特定社会群体的行为方式会不知不觉地对其产生引导和同化作用。我们把对人们的行为经常发生影响的社会群体称做"参考团体"。

参考团体一般可以分为三种类型:

(1)成员资格型参考团体。人们从事各种职业,具有不同的信仰和兴趣爱好,因此他们分属于不同的社会团体。由于社会团体需要协同行为,作为团体的成员的行为就必须同团体的行为目标相一致。各种团体具有不同的性质,因此它们对其成员行为的影响程度也是不同的。军人必须穿着军装,严肃风纪,这是带有强制性的纪律;文艺工作者穿着打扮比较浪漫,比一般人更丰富多彩,这并不是文艺团体对其成员硬性规定的结果,而是一种职业特征的体现;国外有各种球迷协会,其成员佩戴共同的标志,经常在某一个咖啡馆聚会,甚至购买某一种品牌的商品,这种行为显然也出于自愿。

(2)接触型参考团体。人们能够参加的团体数目是有限的,但是人们接触各种团体的机会却是很多的,人们都有自己的父母、兄弟、亲戚、朋友、同事、老师、邻居,这些人分属于各种社会团体,人们可以通过他们对各种团体有所接触。接触型参考团体对消费者行为同样会产生一定的影响。父母从事文艺工作或教育工作,子女从小耳濡目染爱好文艺,具有一定的艺术鉴赏能力,或注意仪表,酷爱读书;某人的亲戚、朋友是医生,受他们的影响,此人的生活也会比较讲究卫生,对食物更注重其所提供的营养;某人的邻居是一位体育工作者,他就有机会更多地了解国内体育市场的发展状态,观看各种体育比赛,甚至受邻居的影响而参加各种体育活动。

(3)向往型的参考团体。除了参与和接触之外,人们还可以通过各种大众媒介了解各种社会团体。所谓向往型团体是指那些与消费者没有任何联系,但对消费者有很大吸引力的团体。人们通常会向往某一种业务,羡慕某一种生活方式,甚至崇拜某一方面团体的杰出人物。那些对未来充满理想憧憬的年轻人,这种向往的心理就显得尤为明显。当这种向往不能成为现实的时候,人们往往会通过模仿来满足这种向往心理要求。女孩子会模仿歌星、影星;男孩子会模仿著名的运动员;成年人也会模仿某些有影响人物的发型、服饰和生活环境等。向往型团体对消费者的行为影响也是间接的,但由于这种影响与消费者的内在渴望相一致,因此效果往往是很明显的。在产品生命周期的不同阶段,参考团体的影响作用是不一样的。在产品刚刚进入市场的时候,参考团体主要会在产品本身的推荐上对消费者产生影响;而在产品已被市场普遍接受的情况下,消费者则会在品牌的选择方面更多地受参考团体的影响,产品本身的参考需求会逐渐减弱;而在产品已进入成熟阶段时,激烈的竞争会使得品牌的参考需求达到最高的程度。因此企业应当根据不同的时间和阶段,利用参考团体的影响来实现自己的营销目的。

2. 家庭

家庭是社会最基本的组织细胞,也是最典型的消费单位,研究影响购买行为的社会因素不能不研究家庭。家庭对购买行为的影响主要取决于家庭的规模、家庭的性质(家庭生命周期),以及家庭的购买决策方式等几个方面。

不同规模的家庭有着不同的消费特征与购买方式。三代或四代同堂的大家庭的消费量大,但家庭设备与耐用消费品的数量却不会很多;两口之家或三口之家人虽然不多,但"麻雀虽小,五脏俱全",对生活质量的要求更高;单身汉的消费方式更是别具一格,对商品的要求更有其独特之处。一段时期内某一特定市场上不同规模家庭的比例,直接影响到产品需求的类型与结构。如中国城镇家庭从20世纪90年代起随着住房条件的改善,家庭规模出现小型化的发展趋势,从而导致家用电器等耐用消费品的销售量明显上升,而家庭厨房炊具等却出现小型化、精致化的需求;孩子众多的家庭的教育费用并不太多,而独生子女家庭的教育费用却与日俱增。家庭规模的变化会对整个市场带来很大的影响。

家庭也有其发展的生命周期,处于发展周期不同阶段的家庭,由于家庭性质的差异,其消费与购买行为也有很大的不同。一般来说,家庭的生命周期可划分为八个主要阶段,如图4-2所示。

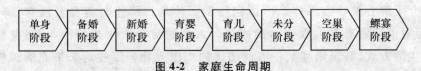

图4-2 家庭生命周期

(1) 单身阶段:已参加工作,独立生活,处于恋爱、择偶期。处于这一阶段的年轻人几乎没有经济负担,大量的收入主要花费在食品、书籍、时装、社交和娱乐等消费上。

(2) 备婚阶段:已确定未婚夫妻关系并积极筹备婚事。处于这一阶段的人们为构筑一个幸福的小家庭,购置成套家具、耐用消费品、高级时装和各种结婚用品,装修新房等成了他们除了工作以外的基本生活内容,从而使此阶段成为家庭生命周期中一个消费相对集中的阶段。应当指出的是,备婚阶段在中国等东方民族比较明显,在西方国家却不太突出。因为西方人的习惯是婚后才逐步添置家庭生活用品,所以此阶段的消费并不十分集中。在西方营销学的著作中一般不将此单独列为一个阶段。

(3) 新婚阶段:已经结婚,但孩子尚未降临人间。这一阶段的家庭将继续添置一些应购未购的生活用品,如果经济条件允许,娱乐方面的花费可能增多。

(4) 育婴阶段(满巢1)：有6岁以下孩子的家庭。有孩子的家庭才是完整的家庭,故称"满巢"。孩子诞生后将成为家庭消费的重点。因此,此阶段的家庭会在哺育婴儿的相关消费上作比较大的投资。

(5) 育儿阶段(满巢2)：有6—18岁孩子的家庭。孩子在逐步长大成人,家庭的主要消费仍在孩子身上。所不同的是,此阶段孩子的教育费用将成为家庭消费的重要组成部分。除学费之外,各种课外的学习与娱乐的开支也会大大增加。

(6) 未分阶段(满巢3)：由18岁以上尚未独立生活的子女的家庭。此时子女已经长大成人,但仍同父母住在一起。此阶段家庭消费的主要特点是家庭的消费中心发生了分化。父母不再将全部消费放在子女身上,也开始注重本身的消费;而子女随着年龄的增长,在消费方面的自主权开始增加;有些子女参加了工作,有了一定的经济来源,消费的独立性会显得更为明显。

(7) 空巢阶段：孩子相继成家,独立生活。这一时期的老年夫妇家庭,由于经济负担减轻,消费数量将减少,消费质量将提高。保健、旅游将成为消费的重点,社交活动也会有所增加。在中国,一些老人经常会毫不吝啬地将钱花在第三代身上。

(8) 鳏寡阶段：夫妻一方先去世,家庭重新回到单人世界,这时最需要的消费是医疗保健、生活服务和老年社交活动。

对家庭生命周期的研究,主要涉及对一个地区或市场的家庭结构与性质的分析,其对市场总体性质的研究具有十分重要的意义。

家庭购买决策的方式对购买行为的研究同样十分重要,其涉及对购买组织和营销对象的认识。因为各个家庭在进行购买决策时,决策方式会有较大差异。

首先是集中决策与分散决策的差异。一些家庭进行购买决策时集中度较高,购买大多数东西都要商量一番;另一些家庭则习惯分散决策,大多数购买决策由当事人自己来作。一般在收入水平较高的家庭,分散决策的倾向比较明显;而收入水平较低的家庭则倾向于集中决策。当然,家庭民主气氛的浓厚与否,也会影响决策的集中与分散。

其次是独断决策与协商决策的差异。对一些重要的购买行为(如选购大件耐用消费品),有的家庭由家庭首要成员一人拍板决定,有的则由全家进行协商后决定。独断决策还是协商决策一方面要看家庭的民主气氛是否浓厚,另一方面也取决于家庭成员对所购买的商品的知识普及程度。

最后是男主型还是女主型的差异。一些家庭的购买决策主要由男主人拍板决定,而另一些家庭则主要由女主人拍板决定。由谁决策除了各种家庭的习惯之外,主要还要看购买何种类型的商品,一般情况下家庭日用消费品的购买决策通常由主妇来作,而耐用消费品的购买决策则通常由男主人作出。

(三) 个人因素

除了文化和社会的差异之外,消费者的个人因素在其购买决策中也发挥着重要的作用。我们可以看到,在相同的社会和文化背景下,消费者的购买行为也存在着相当大的差异。生活在同一个家庭中的姐妹,有的喜欢看书,有的喜欢跳舞;在同一单位工作的同事,有的花钱大方,有的十分节俭。这说明除了文化与社会的因素之外,消费者的个人因素对于其购买行为起着更为明显的作用。个人因素中包含年龄与性别、职业与教育、收入水平以及个性与生活方式等。

1. 年龄与性别

年龄与性别是消费者最为基本的个人因素,具有较大的共性特征。如追求时髦的大都是年轻人,因为年轻人热情奔放,喜欢接受新事物;老年人一般比较稳健,不会轻易冲动,但相对也比较保守。男女之间在购买内容和购买方式上的差异特别明显。例如,购买大件耐用消费品及技术含量较高的商品往往由男士出面,而购买家庭日用消费品则多数是女士的专利。夫妇俩逛街时,女士爱看服装与化妆品,男士却关心音响、图书与设备。购买商品时,大多数男士不挑不选,拿了就走;而大多数女士则要反复挑选,甚至还要讨价还价。了解不同年龄层次和不同性别消费者的购买特征,才能对不同的商品和顾客制订准确的营销方案。

2. 职业与教育

职业与教育实际上是社会阶层因素在个人身上的集中反映。从事一定的职业以及受过不同程度教育的人会产生明显的消费行为差异,这主要是由于一种角色观念的作用。例如,一个大学生,在学校期间喜欢穿运动衫、旅游鞋,背登山背包,骑山地跑车,显得青春焕发,朝气蓬勃;而毕业以后,进大公司当了白领,立刻就换上了西装衬衫,夹起了公文包,坐上了出租车,从衣着打扮到言谈举止都发生了很大的变化。这就是因为运动衫、登山包是大学生的身份象征,而西装革履和公文包则是公司白领的角色标志。这些都会在消费者的购买行为中有强烈的表现。

3. 个性与生活方式

个性是指对人们的行为方式稳定持久地发挥作用的个人素质特征。人的个性在不同场合通过自己的行为表现出来,因此它是消费者行为研究的重要内容。对于人的个性,我们必须用辩证的观点分析。首先,个性是差异性和类似性的统一。每个消费者的个性都是由特定的心理条件和社会影响促成的,因此,我们可以说世界上不存在两个个性完全相同的消费者。但是,一个消费者不论其个性多么独特,他总是有一些地方与其他消费者相似。具有相似个性的人可能是一群,甚至一大群。正因为如此,我们可以通过细分市场来开展营销,而不必面对成千上万的个人;其次,个性是稳定性和发展性的统一。人的个性是在长期的生活过程中逐渐形成的。个性一旦确定就会显示出其稳定性的特征。个性的稳定性正是我们区别不同消费者个性的依据。但个性又不是一成不变的,它随着人的生理变化和外部条件的变化而变化。例如,妇女处于更年期时,会暂时失去以往的乐观、理智;一个人受到较大挫折时,会变得谨小慎微等。

消费者的个性可以从能力、气质、性格三方面进行分析。

(1)能力。消费者在购买商品时需要注意、记忆、分析、比较、检验、鉴别、决策等各种能力。由于个人素质、社会实践、文化教育等方面的不同,使得各人的能力也有很大差别。这种能力方面的不同,使得有些消费者在购买活动中比较自信,能比较迅速地对商品作出评价,从而作出相应的决策;有些消费者则由于能力较差,缺乏主见,对购买犹豫不决,并往往要求助手和参谋人员。

(2)气质。心理学认为人们的气质有多血质、胆汁质、黏液质和忧郁质四种。属于多血质的人好动、灵敏,对某一事物的注意和兴趣容易产生,但也容易消失,他们一般喜欢时新商品,且易受宣传影响;属于胆汁质的人直率、热情、精力充沛,购买商品时愿花时间选择比较;黏液质的消费者冷静、善于思考、自制力强,他们讲究实用,不易受宣传影响;忧郁质的消费者多虑谨慎,对新兴商品反应迟钝,购买决策迟缓。

(3)性格。性格与气质既有区别又有共同之处。两者相比,性格带有更多的社会因素,气质则带有更多的生理色彩,性格更能反映一个消费者的心理特征。人们的性格大致可分为五种:① 外向型。具有这类性格的消费者愿意表白自己的要求,喜欢与售货员交谈。② 内向型。内向型的消费者少言语,感情不外露,丰富的思想集中于内心。③ 理智型。这类消费者善思考,作决策时要反复权衡。④ 意志型。这类消费者的特点是比较主观,购买目的明确,决策比较果断。⑤ 情绪型。情绪型的消费者容易冲动,购买商品往往带有浓厚的感情色彩。

人的个性对于人们的生活方式和消费方式会有很大影响,或者说,人的个性往往是通过其生活方式和消费方式而表现出来的。所以,企业往往可以通过对消费者生活方式的调查来了解目标市场消费者的主要个性特征。日本东京的 R&D 调查公司根据它们所作调查,将人们的个性分为四种不同的类型,并以此来分析人们的生活欲望与生活方式,具有很强的借鉴意义(如表 4-2 所示)。

表 4-2 个性与生活方式的关系

个性特征	欲望特征	生活方式
活跃好动	改变现状 获得信息 积极创意	不断追求新的生活方式 渴望了解更多的知识和信息 总想做些事情来充实自己
喜欢分享	和睦相处 有归属感 广泛社交	愿与亲朋好友共度好时光 想同其他人一样生活 不放弃任何与他人交往的机会
追求自由	自我中心 追求个性 甘于寂寞	按自己的意愿生活而不顾及他人 努力与他人有所区别 拥有自己的世界而不愿他人涉足
稳健保守	休闲消遣 注意安全 重视健康	喜欢轻松自在,不求刺激 重视既得利益的保护 注重健康投资

(四) 心理因素

心理是人的大脑对于外界刺激的反应方式与反应过程。正如我们一开始就指出的,消费者的购买行为模式在很大程度上就是建立在其对外界刺激的心理反应基础之上的。但我们可以发现,人们之间的心理状况是很不相同的。这是因为除了天生就有的无条件反射之外,人的绝大多数心理特征都是在其生活经历中逐步形成的。而由于人们生活经历的千差万别,人们的心理状况也就千变万化,各不相同了。这是消费者购买行为变得十分复杂的重要原因。影响购买行为的心理因素主要包括:动机、认知、学习、态度和信念等各个方面。

1. 动机

动机是一种无法直观的内在力量,它是人们因为某种需要产生的具有明确目标指向和即时实现愿望的欲求。动机是购买行为的原动力,需要是产生动机的基本原因,但需要并不等于动机,动机有其固有的表现形态。

亚伯拉罕·马斯洛著名的"需求层次论"说明了需要和动机在不同的环境条件下的侧重点是不同的(如图4-3所示)。从基本的生理需要出发,人们首先会产生寻求食物充饥和获得衣物御寒等最基本的动机;而当饥寒问题解决了以后,安全又会成为人们所关心的问题,人们不再会不顾一切地去寻求食物等基本生活资料,即使敢冒风险,也绝不是出于生理的需要,而可能是为了更高层次需要的满足(如为了爱情或事业);生活有了充分保障的人们又会把社交作为重要的追求,以满足其社会归属感;而有了一定社交圈的人又十分重视他人对其的尊重,重视自己在社会上的身份和地位;追求自我价值的实现是最高层次的需要和动机,人们会在各种需要已基本满足的前提下,努力按自己的意愿去做一些能体现自我价值的事情,并从中寻求一种满足感。马斯洛认为,低层次需求尚未得到满足的人一般不会产生高层次的动机,然而,这一结论似乎有些机械。事实上,人世间为理想而甘冒风险、为朋友而忍饥挨饿的例子并不在少数。但是,马斯洛的理论对于企业分析和研究市场却

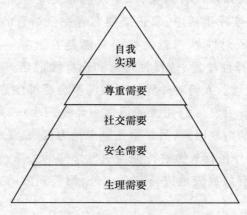

图4-3 马斯洛需求层次论

不失为重要的理论依据。例如,当我们分析顾客购买某种商品的动机时就应当弄清楚,他是为了满足自己的某种需要,还是为了送给朋友,以满足社交的需要。因为对于不同的需要,营销的策略和方法是很不一样的。

弗雷德里克·赫茨伯格的"双因素理论"对于需求动机的研究同样是很重要的。双因素理论认为人们"不满意"的对立面不是"满意",而是"没有不满意";同样,"满意"的对立面也不是"不满意",而是"没有满意",即"没有不满意"只是人们对所获得的商品和服务的基本要求,但并非其购买的原因和动机。如人们选择到某地旅游是由于该地的宜人景色令人满意,而服务是否周到并非人们选择旅游点的主要原因。人们不会由于在服务上没有不满意而到一个不能满足其旅游欲望的地方去旅游。

从商业的角度思考,人们的购买动机又可分为两大类型:

一是本能动机。本能动机又是原始动机,它直接产生于本能需要,如"饥思食,冷思衣,困思眠,孤单思伴侣"等。本能动机是基本的,也是低层次的。

二是心理动机。心理动机是人们通过复杂的心理过程形成的动机。

2. 认知

认知是人们的一种基本心理现象,是人们对外界刺激产生反应的首要过程。人们不会去注意其没有认知的事物,不可能去购买没有认知的商品。只有觉察和注意到某一商品的存在,并与自身需要相联系,购买决策才有可能产生。

认知是一种人的内外因素共同作用的过程,取决于两个方面:一是外界的刺激,没有刺激认知就没有对象;二是人们的反应,没有反应,刺激就不能发挥作用。然而在实际生活中,真正能使两者完全结合的并不多,原因是人们认知能力的局限,对外界刺激的接受只能是有选择的。具体而言,反映在三个方面,即选择性注意、选择性理解和选择性记忆。

(1) 选择性注意。人们对外界的刺激源不会全都注意,有许多可能是视而不见、听而不闻。引发人们注意的因素主要是两个:一是人们的需要和兴趣,这是引发注意的内在因素;另一个是刺激的力度,这是引发注意的外在因素。表4-3反映了外在刺激物的特征与引发感知的关系,说明除了了解消费者的需要和兴趣、有的放矢地进行刺激之外,调整刺激的方式和力度也是很重要的。

表 4-3　刺激与认知的关系

刺激物的特征	容易引起认知	不易引起认知
规模	大	小
位置	显著	偏僻
色彩	鲜艳	暗淡
动静	运动	静止
反差（对比）	明显	模糊
强度	强烈	微弱

（2）选择性理解。人们对所接受的刺激和信息的理解会有一定的差异，这是由于人们在接受外在刺激和信息前，已经形成了自己的意识和观念。他会以自己已有的意识和观念去理解外来的刺激和信息，从而产生不同的认识。如对于"红豆"这样一种标志物，大多数中国人可能都会联想到"相思"这样一种情感，因为他们熟知"红豆生南国，春来发几枝，愿君多采撷，此物最相思"的诗句；但对于大多数外国人来讲，"红豆"可能最多只意味着是一种好看的植物，而不可能产生爱情之类的联想。

（3）选择性记忆。记忆在商业活动中是很重要的，消费者能否对企业的广告和品牌记忆深刻，关系到企业的产品销路和市场竞争力。而人们在记忆方面同样是有选择的。强化记忆的因素有三个方面，除了人们的兴趣、刺激的强度这两个引发注意的因素对于强化记忆同样能发挥作用以外，"记忆坐标"的因素也是很重要的。所谓"记忆坐标"是指，当人们接受某一信息时同时接受的另一信息，可成为人们记住某一信息的"坐标"。如利用某种谐音可使人们记住难记的电话号码，利用某种有特征的环境因素能让人们记住在此环境下发生的事情。积极创立各种记忆坐标是促使消费者记住企业和产品特征的重要方法。

从消费者行为的角度来看，唤起认知的主要是销售刺激。销售刺激分为两种：第一种是商品刺激。刺激源是商品本身，它包括商品的功能、用途、款式和包装等；第二种是信息刺激，即除商品外各种引发消费者注意和产生兴趣的信息，包括通过广告、宣传、服务及购物环境等表现出来的语言、文字、画面、音乐、形象设计等。

3. 学习

消费者的大多数行为都是学习得来的,通过学习,消费者获得了商品知识和购买经验,并把它用于未来的购买行为。

消费者的学习方式大致有四种类型:

(1) 行为学习。人们在日常生活中,不断学得许多有用的行为,包括干活、读书、与人交往等。作为一个消费者,他要不断学习各种消费行为。行为学习的方式就是模仿。通过模仿,人们学会吃饭、喝水、听音乐、看电视、用洗衣机洗衣服、唱卡拉OK、跳舞等。模仿的对象是众多的。孩子模仿父母,学生模仿老师,观众模仿影视人物,还有人们之间的相互模仿等。

(2) 符号学习。借助外界的宣传教育,人们了解了各种符号,如语言、文字、造型、色彩、音乐的含义,从而通过广告、商标、装潢、标语、招牌与生产商和制造商进行沟通。

(3) 解决问题的学习。人们通过思考和见解的不断深化来完成对解决问题方式的学习。思考就是对各种消费行为和各种体现现实世界的符号进行分析,从而形成各种意义的结合。思考的结果便是见解,见解是对问题中各种关系的理解。消费者经常思考如何满足自身的需要,思考的结果常被用于指导消费者行为。

(4) 情感的学习。消费者的购买行为带有明显的情感色彩,如偏爱某个公司、某家商店、某种商品或劳务、某种品牌等。这些来源于消费者的感受。这种感受包括消费者自身的实践体会和外界的鼓励、支持、劝阻、制裁等因素。消费者这种感受的积累和定型便是情感学习的过程。

消费者的基本学习模型由内驱力、提示(线索)、反应、强化四个部分组成(如图4-4所示)。内驱力指人们的心理紧张状态。内驱力分原始驱力和衍生驱力。原始驱力是由生理需求造成的,如饥饿、口渴。衍生驱力是后天学来的,如寻找面包,因为它能够充饥;购买饮料,因为它能够解渴。提示又成为线索,是引导人们寻求满足方式的一种启示。例如,人们饥饿的时候常会为饭店的招牌、食物的香味所吸引。因为以往学习的知识和经验告诉他们那里是解决饥饿的去处,而且一些著名饭店的招牌或广告更能给人们以美味佳肴的提示。反应就是对提示采取的行动,反应有不同的层次,如婴儿饥饿的反应是啼哭或做吸奶的动作,成年人饥饿会买各种喜欢的食品。强化就是使某种反应强化并稳定下来。强化的结果是对某种行为加以肯定,并能不断重复这一行为。如人们对某一品牌的商品产生品牌忠诚度,就是刺激不断强化的结果。

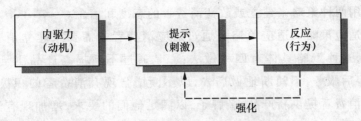

图 4-4　消费者学习模型(刺激反应模式)

4. 态度和信念

消费者的态度是消费者对有关事物的概括性评估,是以持续的赞成或不赞成的方法表现出来的对客观事物的倾向。态度带有浓厚的感情色彩,往往是思考和判断的结果。信念是在态度得到不断强化的基础上所产生的对客观事物的稳定认识和倾向性评价。在信念指导下的行为往往不再进行认真的思考,而成为一种惯性。

态度具有三个明显的特征:

(1) 态度具有方向和程度。态度具有正反两种方向,正向即消费者对某一客体感到喜欢,表示赞成;反向即消费者对某一客体感到不喜欢,表示不赞成。所谓的程度就是指消费者对某一客体表示赞成或不赞成的程度。

(2) 态度具有一定的结构。消费者的态度是一个系统,其核心是个人的价值观念。各种具体的态度分布在价值观念这一中心的周围,它们相对独立,但并不是孤立存在的,而是具有一定程度的一致性,都受价值观念的影响;它们处于不同的位置,离中心较近的态度具有较高的向心性,离中心较远的则向心性程度低,形成时间较长的态度比较稳定,新形成的态度则比较容易改变。

(3) 态度是学来的。态度是经验的升华,是学习的结果,包括自身的学习和向他人学习。消费者自身的经历和体会,如得到过的好处和教训都会建立和改变人们的态度;家人、朋友以及推销人员所提供的意见和看法也是一种间接的经验,同样会对人们的态度产生正面或负面的影响。

相对态度而言,信念更为稳定。使消费者建立对自身产品的积极信念应当是企业营销活动的主要目标。而消费者如果对竞争者的产品建立了信念,就会对企业构成很大的威胁。从某种程度上讲,建立和改变消费者的信念就是对市场的直接争夺。

可采用两种策略来建立或改变消费者的态度和信念。

(1)适应策略。适应策略是通过适应消费者的需要来建立消费者的态度和信念,这种策略具体有四种做法:一是通过不断提高产品质量,改进款式,完善售后服务,不间断地做广告,以不断增强现有消费者的积极态度;二是为现有消费者提供新产品、新牌子,以满足他们的要求,增加现有消费者对企业的好感;三是强调现有产品的特点,吸引新顾客;四是及时了解市场新动向,为新的消费者提供新的产品。

(2)改变策略。改变消费者的态度和信念远比适应消费者的态度和信念困难得多,这种策略的做法主要有:突出强调企业产品的优点;尽量冲淡产品较弱属性的影响,例如可以告诉消费者产品的某一些不足并不像他想象的那么严重,而且无伤大局;采取一些必要的补偿措施,如降低价格、实行"三包"等使消费者的心理得到平衡。

二、消费者购买行为的决策过程

人们购买一种商品的行为并不是突然发生的,在购买行为发生之前,购买者会有思维活动或行为来保证以后购买的商品自己能满意。即使一个消费者把商品买到家里后,他还会进一步研究他所买的商品,看看性能如何、味道如何等。这样看来,与消费者购买行为相关的是一个完整的购买过程。作为参与市场营销的企业来说,了解整个消费者的购买决策过程是很重要的,因为在消费者购买过程中,企业可以制定一些策略来帮助消费者满足自己的需要。

消费者的购买决策是一个动态发展的过程,一般可将其分为五个阶段:确认问题、收集信息、评价方案、作出决策、买后行为(如图4-5所示)。以下分别就这五个阶段进行分析。

图4-5 购买行为的决策阶段

1. 确认问题

这里的问题是指消费者所追求的某种需要的满足。因为需要尚未得到满足,就形成了需要解决的问题。满足的需要到底是什么?希望用什么样的方式来进行满足?想满足到什么程度?这些就是希望解决的问题。确认问题是购买决策的初始阶段,因为消费者只有意识到其有待满足的需要到底是什么,才会发生一系列的购买行为。

需要的满足根据其性质的不同可分为几种不同的类型,如按照问题的紧迫性和可预见性两个指标可将需要解决的问题划分为四种类型(如表 4-4 所示)。

表 4-4 需要解决的问题类型

预见性	紧迫性	
	需要立即解决的	无须立即解决的
在预期之中的	日常问题	计划解决问题
非预期之中的	紧急问题	逐步解决问题

(1)日常问题。日常问题是预料之中但需要立即解决的问题。事实上消费者经常面临大量的日常问题,如主副食品、牙刷牙膏、毛巾肥皂等天天要消费,经常要购买。在解决日常问题时消费者的购买决策一般都比较简单,而且容易形成品牌忠诚性和习惯性的购买。但是,如果消费者感到前一次购买的商品不能令人满意,或发现了更好的替代品,他也会改变购买商品的品牌或品种。

(2)紧急问题。紧急问题是突发性的,而且必须立即解决。如自行车轮胎爆破、眼镜镜片失手打碎、钢笔遗失等。紧急问题若不立即解决就会打乱正常的生活秩序。紧急问题一般难以从容解决。这时消费者首先要考虑的就是如何尽快买到适用的商品,而对商品的品牌、销售的商店,甚至商品的价格都不会进行认真的选择或提出很高的要求。

(3)计划解决的问题。预期中要发生但不必立即解决的问题便是计划解决的问题。计划解决的问题大多数发生在对价值较高的耐用消费品的购买上。例如,一对开始筹备婚事的恋人准备年内购买一套家具,一个已有黑白电视机的家庭准备一年后购买一台彩电等。对于计划解决的问题,消费者从认识到实际解决的时间比较长,因而对于这种类型的购买活动,消费者一般都考虑得比较周密,收集信息和比较方案的过程比较完善。

(4)逐步解决的问题。逐步解决的问题是指既非预期之中,也无须立即解决的问题。它实际上是消费者潜在的有待满足的需求。例如,一种新面料的服装出现在市场上,大部分消费者不必立即购买它,当然也无须计划过多长时间去购买它。然而随着时间的推移,这种面料的服装的优点日益显示出来,这时购买者便会逐渐增多。一旦该种面料的服装得到社会的充分肯定,原先需逐步解决的问题很可能就演变成了日常问题或计划解决的问题。

2. 收集信息

消费者一旦对所需要解决的、需要满足的问题进行了确认,便会着手进行有关信息的收集。所谓收集信息,通俗地讲就是寻找和分析与满足需要有关的商品和服务的资料。

消费者一般会通过以下几种途径去获取其所需要的信息:

(1)个人来源:家庭、朋友、邻居、熟人;

(2)商业来源:广告、推销员、经销商、包装、展览;

(3)公共来源:大众传播媒体、消费者评价机构;

(4)经验来源:产品的检查、比较和使用。

消费者所要收集的信息主要有三个方面的内容:

(1)恰当的评估标准。如某消费者欲购买一块手表,他首先要确定他所要购买的手表应具有哪些特征。这些特征便是评估的标准。消费者一般先根据自己的经验判断一块理想的手表应具备哪些特征。一旦他感到自己的经验有限,就会向朋友打听,查阅报纸杂志,或向销售人员征询。

(2)已经存在的各种解决问题的方法。如目前有多少种手表在市场上出售。

(3)各种解决问题的方法所具备的特征。如目前市场上各种手表的款式、功能、品牌信誉、价格等方面的情况。

消费者所面临的可解决其需要满足问题的信息是众多的,他们一般会对各种信息进行逐步的筛选,直至从中找到最为适宜的解决问题的方法。图4-6描述了一个想要购买洗衣机的消费者对各种有关信息的筛选过程。

从图4-6中我们可以看到,消费者一般不可能收集到有关产品的全部信息,他们只能在其知晓的范围内进行选择;而对于其所知晓的信息进行比较筛选后,会挑出其中一部分进行认真的选择;最终又会在它们中间选出两三个进行最后的抉择,直至作出购买决策。在这个逐步筛选的过程中,每进入

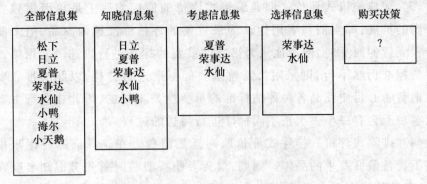

图 4-6 消费者的信息收集与筛选过程

一个新的阶段都需要进一步收集有关产品更为详细的资料和信息。如果某一产品在这一选择过程中被首先淘汰,除其不适应消费者的需要之外,很大程度上是由于所提供的信息资料不够充分。因此,积极向消费者提供产品和服务的有关资料在消费者收集信息阶段是十分重要的。

3. 评价方案

消费者在充分收集了各种有关信息之后,就会进入购买方案的选择和评价阶段。该阶段消费者主要对所收集到的各种信息进行整理,形成不同的购买方案,然后按照一定的评估标准进行评价和选择。

根据消费者进行评价和选择的评估标准和评估方法的不同,此阶段会有以下四种情况:

(1) 单因素独立评价。单因素独立评价的原则就是消费者只用一个评估标准为依据挑选商品(或品牌)。例如,某些消费者选择某一商品时可能会以价格作为唯一的评估标准,在所有同类商品中购买最便宜的一种。实际上商品成千上万,消费者个性及环境差异也很大,因此在具体进行单因素独立评价的过程中,形式是多种多样的。不同的消费者对同种商品会采用不同的评估标准,同一个消费者对不同的消费品也会采用不同的评估标准。单因素独立评价是一种绝对的形式,实践中并不多见。

(2) 多因素联合评价。多因素联合评价的原则就是指消费者在购买商品时同时考虑该商品的各方面特征,并规定各个特征所具备的最低标准。例如,消费者购买耐用消费品时要考虑它的价格、款式、功能、操作方式、售后服务;购买和租赁房屋时要考虑房屋的价格、结构、地段、层次、朝向、内部设备等。

（3）词典编辑式评价。词典编辑式评价的原则实际上是单因素独立评价原则的扩展,即当消费者用他认为最重要的评估标准选购商品,但未能选出令人满意的商品时,便用他认为第二位重要的标准进行挑选。如用第二位重要的标准仍然不行,则采用第三位重要的标准进行选择,以此类推。事实上在消费者心目中商品各种评估标准的重要性是不同的,因此在进行方案评价时客观上会有一个逐次按不同标准进行筛选的过程。

（4）排除式评价。排除式评价原则就是消费者在选择商品时逐步排除那些不具备最低要求的品牌。例如,消费者购买服装时首先考虑知名度高的商品,杂牌的服装不在考虑之列;其次预先设定价格的大致范围,超出这一范围不予考虑;再次是款式;最后是色彩……消费者会不断地把不符合其基本指标的商品一一排除,直到满意为止。但采用这种评价方法的消费者往往会发现,最后没有一件商品能使其感到满意,于是或是放弃购买,或是修改标准、重新选择。

（5）互补式评价。互补式评价原则与上述四种原则完全不同。它不是根据几个因素决定取舍,也不是按照最低标准决定取舍,而是纵观商品的各个特性,取长补短,综合利用,在考虑信息集或选择信息集中挑选一个最满意的商品。如果可以给各个商品的各个评估标准分别打分的话,互补式评价是以总分最高作为购买方案选择原则的。

4. 作出决策

消费者在进行了评价和选择之后,就形成了购买意图,最终进入作出购买决策和实施购买的阶段。但是,在形成购买意图和作出购买决策之间,仍有一些不确定的因素存在,会使消费者临时改变其购买决策。这些因素主要来自两方面:一是他人的态度;二是意料之外的变故(如图4-7所示)。

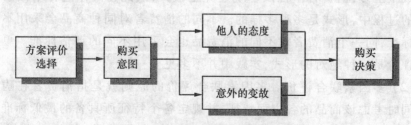

图4-7 对购买决策的影响因素

其他人如果在消费者准备进行购买时提出反对意见或提出了更有吸引

力的建议,会有可能使消费者推迟购买或放弃购买。他人态度影响力的大小主要取决于两点:反对的强烈程度及其在消费者心目中的地位。反对得越强烈,或其在消费者心目中的地位越重要,其对消费者购买决策的影响力也就越大;反之,则越小。

在消费者准备进行购买时所出现的一些意外变故也可能使消费者改变或放弃购买决策。如消费者家中突然有人生重病,需要大量的治疗费用;消费者突然失去工作或稳定的收入来源等都是一些有可能改变消费者购买决策的突变因素。

影响消费者进行最终购买决策的根本问题是消费者对购买风险的预期,如果消费者认为购买之后会给其带来某些不利的影响,而且难以挽回,消费者改变或推迟购买的可能性就比较大。所以企业必须设法降低消费者的预期购买风险,这样就可能促使消费者作出最终的购买决策。

在消费者决定进行购买以后,他还会在执行购买的问题上进行一些决策,大体上包括以下五个方面:

(1) 商店决策:到哪里去购买;

(2) 数量决策:要购买多少;

(3) 时间决策:什么时候去购买;

(4) 品种决策:购买哪种款式、颜色和规格;

(5) 支付方式决策:现金、支票或分期付款。

5. 购买后的感觉和行为

消费者购买了商品并不意味着购买行为过程的结束,因为其对于所购买的商品是否满意,以及会采取怎样的行为对于企业目前和以后的经营活动都会带来很大的影响,所以忠实于消费者买后的感觉和行为并采取相应的营销策略同样是很重要的。图4-8展示了消费者购买后的感觉及行为特征。

满意还是不满意是消费者购买商品之后最主要的感觉,其买后的所有行为都基于这两种不同的感觉。而满意还是不满意一方面取决于其所购买的商品是否同其预期的欲望(理想产品)相一致,若符合或接近其预期欲望,消费者就会比较满意,否则就会感到不满意;另一方面则取决于他人对其购买商品的评价,若周围的人对其购买的商品持肯定意见的多,消费者就会感到比较满意,持否定意见的多,即使他原来认为比较满意的,也可能转为不满意。感到满意的消费者在行为方面会有两种情况:一种是向他人进行宣传和

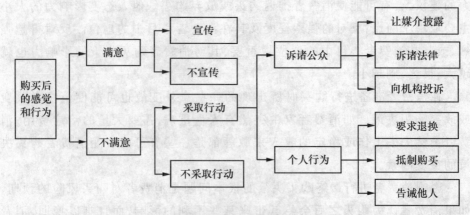

图 4-8 购买后的感觉和行为

推荐;另一种是不进行宣传。当然,消费者能够对企业的产品进行积极的宣传是最为理想的,企业要设法促使消费者这样去做。

感到不满意的消费者行为比较复杂,也有采取行动和不采取行动之分。一般而言,若不满意的程度较低或商品的价值不大,消费者有可能不采取任何行动;但是如果不满意的程度较高或商品的价值较大,消费者就会采取相应的行动。

不满意的消费者所采取的一种可能的做法是个人行为,如到商店要求对商品进行退换,将不满意的情况告诉亲戚朋友,以后再也不购买此种品牌或此家企业的商品等。此时,消费者的个人行为虽然对企业有影响,但是影响的程度相对小一些。消费者的另一种可能的做法就是将其不满意的情况诉诸公众,如向消费者协会投诉,向新闻媒体披露,甚至告上法庭。这样的行为就会对企业造成较大的损失。企业应当尽可能避免这种情况出现。

事实上,即使出现消费者不满意的情况,企业若能妥善处理,也是能够使消费者转怒为喜的。如妥善处理好退换商品的工作,耐心听取消费者意见并诚恳道歉,公开采取积极的改进措施,在必要的情况下,主动对消费者进行赔偿等。

现代营销观念认为,稳定的市场份额比高额的利润更为重要,所以认真对待消费者买后的态度和行为是企业营销活动中的重要一环。

第二节 金融市场机构客户及行为分析

就金融营销而言,组织市场指的是各种组织机构形成的对金融机构提供的各种产品和服务的需求的总和。组织市场是巨大的,为了满足组织市场对金融产品和服务的需要,必须了解组织市场的购买行为。

一、金融机构客户的行为分析

组织市场存在着各种各样的组织机构,这些组织机构都有其各自不同的经营内容和经营方式,现实生活中实在难以找到两家购买行为完全相同的组织机构,但同一类型的组织机构往往具有特征大致相同的购买行为。将组织市场根据组织机构的不同类型加以细分,有助于从中发现客观存在的组织机构购买行为的一致性,从而有利于实现金融企业的营销目标。组织市场根据组织机构的类型,一般可划分为企业市场、事业机构市场和政府市场三大类。

1. 企业市场

企业市场由各种各样的购买金融产品和服务的企业机构组成。不同类型的企业机构,其购买行为各具特色,对出售产品和服务的金融机构也会有不同的要求。为了便于采用适宜的营销策略,企业市场还可根据以下标准作进一步的细分。

(1) 按行业不同划分。如划分为工业企业市场、农业企业市场、商业企业市场、进出口企业市场等。

(2) 按机构大小划分。一般按销售额和营业额划分为大型企业市场、中型企业市场、小型企业市场等。

(3) 按资本结构不同划分。一般可划分为私人企业市场、股份制企业市场、国有企业市场等。

(4) 按地理位置不同划分。一般可划分为国内企业市场和跨国公司市场。国内企业市场还可细分为西部地区企业市场、沿海地区企业市场等。

(5) 按企业潜在风险大小划分。可将企业市场划分为高风险企业市场和低风险企业市场等。

2. 事业机构市场和政府市场

事业机构市场由学校、医院、疗养院、监狱和社会团体等机构组成。这些事业机构的经营资金有的来自政府拨款,有的则由民间投入。事业机构一般不向社会提供有形产品,它们仅在特定的范围内向特定的人群提供服务,如学校的服务对象是学生,医院的服务对象是病人。事业机构一般不以赢利为目的或不以赢利为主要目的。

政府市场由履行政府职能的各种政府机构组成。由于政府机构的庞大和政府为履行其职能所引致的支出的多样性,使得政府市场在组织市场中占有重要的份额。

二、金融机构客户市场的特点

(一) 企业市场购买行为的基本特征

(1) 购买者的数量较少,但交易规模和数量较大。在消费者市场上,购买者是消费者个人或家庭,购买的数量必然较少,但参与的人数却很多。在企业市场上,企业机构的数目较少,但它们的购买行为由于同经营过程相联系,其规模必然较大。

(2) 影响购买决策的人较多,并且过程比较复杂。由于对金融产品的购买直接关系到企业的经营和利益,因此企业往往需要经过多人的决策和较多的论证之后才能最后作出决定。

(3) 购买决策是理性的决策。企业机构购买任何一种金融产品都是出自于其生产经营的需要,有明确的目的性,是在经过多种方案比较、权衡利弊之后作出的选择。因此较少出现情感性购买、随意性购买和冲动性购买。

(4) 供求双方之间的关系密切。企业市场的购买特点之一是购买者的数量较少,但交易的数额和规模较大,在竞争激烈的环境下,任何一家企业机构对金融产品的供应者来说都是重要的,而对于金融产品的需求者——企业而言,便利、稳定地获得它们所需要的金融产品往往是其经营过程不可或缺的重要条件之一。和谐稳定的合作关系对供求双方都是有利的。

(5) 衍生需求。企业机构对金融产品的需求源于其生产、经营和管理的需要。比如,企业购买财产保险既是防患未然的需要,也是获得银行贷款的必备条件之一;企业购买外汇期权合约、外汇期货合约,其目的在于进行套期保值,规避汇率风险。衍生需求的这一特征决定了企业市场购买行为将随着企业经营内容、经营规模和经营条件的变化而变化。

(6)需求是波动的。消费者市场对金融产品的需求也是波动的,但企业市场对金融产品的需求波动更大。企业对金融产品的需求源自于企业生产和经营管理的需要。企业的经营内容、经营规模和经营条件不仅受到企业自身经营能力的限制,也受到各种外部条件的严格制约。当外部条件发生变化时,会影响企业市场对金融产品的需求,影响企业的市场购买行为。

企业市场购买行为的基本特征同样也适用于事业机构市场和政府市场。但是,由于事业机构和政府机构的职能、服务对象和经营内容的特殊性,对金融产品的购买不仅涉及的种类较少,同时,其购买行为也受到较多的制度性约束。

(二)影响组织购买行为的主要因素

组织购买是组织机构的购买决策过程,是指各种组织机构为了确定购买产品和服务的需要,在可供选择的品牌与供应者之间所进行的识别、评价和挑选的决策过程。影响组织机构购买决策的主要因素一般有如下四个方面:

(1)环境因素。是指组织机构所处的外部环境因素,如所处国家的政治制度、经济制度、法律制度、国家的经济前景、市场需求、技术水平的发展变化、市场竞争状况等。例如,当预期经济繁荣时,对投资的需求便会增加,从而对贷款的需求就会增加。当金融市场发达、融资渠道通畅时,金融机构若不适时地革新产品、变换服务手段和服务方法,市场占有额便将缩小。在市场化程度较高、竞争激烈的环境下,组织机构对金融产品供应者的挑选余地便会扩大,同时,同合适的金融机构保持稳定的合作关系的必要性也会相应扩大。文化和风俗习惯也会强烈地影响购买者对营销者的言行和战略的反应,这在国际营销环境中表现得更为明显。

(2)组织因素。是指组织机构本身存在的各种组织因素。每一个组织机构都有自身的经营目标、宗旨、政策、决策程序、制度、组织结构和系统等。这些因素必然会明显地影响组织机构的购买行为。营销人员应当了解机构的组织因素,以便有的放矢,防止事倍功半的现象发生。通常,对于一个组织机构,应着重了解组织机构的经营方式和经营内容、主管部门和上级领导机关、内部职能部门的设置状况、各职能部门之间的相互关系及其职责、权力。

决策程序最注重机构的权力及构成、相关的主要规章制度等组织因素。

（3）人际关系。组织购买是一个决策过程。决策过程通常由多个不同身份但又相互联系的组织机构的成员参加。他们各自的地位不同、职权不同、威望不同、利益关系不同,决策过程中到底是谁在起重要作用?决策成员之间是如何相互影响的?局外人往往难以分辨清楚。这便涉及微妙的人际关系因素。在许多情况下,经理往往不是决策的唯一人选,决策可能由一个决策机构以及一些有技术专长、在群众中享有较高威望的人共同作出。在这些情况下,当决策成员之间存在着较深的成见时,对某一产品或某一购买方案的过分称赞,反而可能招致另一方的反感。决策成员间的这种微妙的人际关系对决策的产生具有不可忽视的影响,营销人员在平时就应寻找机会,通过多种渠道,尽可能多地了解这方面的信息,以便采取相应的对策。

（4）个人因素。在组织购买的决策过程中每个参与者都会把个人的动机、偏好和风格表现出来。这些个人因素受个人的年龄、收入、经历、教育、个性等因素的影响。决策过程是将不同个人的判断进行汇集、比较、筛选和归结的过程,也是参与者表达自身观点和性格特征的场合,因此个人因素无疑将对决策产生影响。

（三）组织市场购买决策过程

1. 组织市场购买决策的参与者

由于组织机构每次购买涉及的金额相对较大,并会对其经营目标的实现产生影响,因此,参与决策的人数较多是其购买行为的特征之一。相对而言,大组织或较重要的购买,其决策过程比较复杂,专业化程度高,参与的人数较多;而较小的组织或涉及金额较小的购买,其决策过程往往比较简单,或者是采取习惯性的做法,参与的人数较少。小组织的购买决策往往由个人作出,而不是由一组人作出。但是,不管决策是由多人作出还是由个人作出,在决策过程中,事实上都会有许多角色参与,并对决策产生各种各样的影响。市场营销中通常将组织购买的决策单位称为购买中心或采购中心,购买中心由所有参与购买决策过程的个人和集体组成。通常包括下列人员:

（1）倡议者。指提出和要求购买的人。他们可能是组织内的使用人或其他人,如正式职员、司机、财务人员等。

（2）使用者。指组织中将使用产品或服务的人。他们在决定是否购买方面具有重要作用。在许多场合,使用者往往还担当着倡议者的角色。

（3）影响者。指能够影响购买决策的人。他们的评价、建议、设想等将对决策产生影响。影响者对决策产生影响作用的大小,视其本人的身份、职务、专业水平和所提供的情报信息的可靠性和重要性不同而有所差异。一般而言,专业技术人员、专家和权威人士等的影响作用较大。

（4）购买者。指正式的有权选择供应商并安排购买条件的人。购买者的主要任务在于选择卖主和进行常规的交易谈判。当然,购买者也可以对是否购买、产品种类等提出看法。在较复杂的购买行为中,购买者还包括参加谈判的组织机构中的高级人员。

（5）决定者。指组织机构中有权决定购买产品和供应商的人。决定者一般是组织中的高级管理人员,但也可以是中级或低级管理人员,这取决于他们的职权范围。在简单的、少量的购买中,购买者往往也就是决定者。

（6）控制者。指有权或能够控制信息流入购买中心有关人员处的人。如组织机构的电话接线员、办公室的接待人员、总经理秘书、技术人员等。他们有权或有能力阻止营销人员同购买中心的有关人士接触,阻碍信息流入购买中心。

由上可见,各种组织机构都以不同形式存在着购买中心,购买中心的人员构成及其对每一次购买活动所产生的作用的大小取决于购买的产品种类、成本大小、购买的相对重要性和复杂性、购买所带来的竞争意义和战略意义以及购买中心成员对风险的态度等。对于每一次或每一种购买,购买中心的成员构成并不可能完全相同,每个成员所起的作用也不会始终不变,因此营销人员应当清楚地知道:谁是决策的参与者？他们将会在决策的哪些方面起作用？其影响力如何？决策者通常采用的评价标准是什么？决策者之间的人际关系如何？……以便采取适宜的方法,有效地影响决策成员。

2. 组织市场购买决策的程序

对于金融产品和服务的购买,一般要经过以下几道程序：

（1）认识需求。组织购买过程是从组织的某些人员认识到需要购买某种金融产品和服务开始的。认识需求是由内部刺激和外部刺激引起的。内部需求是由组织内部的经营管理需要引起的,如资金的筹集和运用,职工对人身安全、生活保障的要求,风险的防范和客户对货币转移方式的需求等。外部刺激则主要来自于媒体的产品推介、营销人员的推销等。

(2)确定需求。确定需求是指组织机构根据组织当前的经营状况、经营条件及未来经济状况的预测和经营目标的要求,确定所需金融产品和服务的品种、数量、交易条件等。金融产品有其不同的特征、价格和限制条件,但金融产品对组织而言,往往具有可替代性。在确定需求这一过程中,组织机构必须根据组织的实际需要、条件和能力,根据金融产品的特点选择最适用于本组织的产品种类。比如,对于需要从市场上筹集资金的企业而言,必然面临如下选择:① 筹资渠道。可以有如下的筹资渠道:发行票据、发行企业债券、利用商业信用、银行借款。② 筹资数量。对同一组织而言,资金筹措并非越多越好,筹资数额取决于组织未来的收入水平和还款能力。③ 价格水平、利率种类。④ 还债期限、还债方式和条件限制等。为了得出正确的结论,组织机构必须多方搜寻信息和进行充分的论证。因此,确定需求事实上也是组织购买的信息搜寻和可行性论证的过程。

(3)物色供应商。物色供应商是组织购买的一个重要环节。因为多个供应渠道可以增强组织在谈判中的地位,有利于组织购买愿望的实现。通过物色供应商这一环节,组织机构可以充分了解供应渠道,增加谈判筹码,增强组织购买时金融机构的约束能力。

(4)征求供应建议书。对于规模较大或较为复杂的购买,购买组织往往会要求被物色为供应商的金融机构提供书面建议,而对于较简单的购买,则也可仅采取口头询问的形式。供应建议书的内容由于组织购买的产品品种不同而有所差异,但一般要求应包括如下内容:供应商的资金力量、规模大小、技术水平、价格、成交条件、优惠服务内容、履约保证、操作程序和有利于购买组织充分发挥所购产品的效能的合理化建议等。征求供应建议书对组织购买而言,不仅有利于组织准确挑选合格的供应商,也有利于组织机构了解和充分利用供应商所愿意提供的优惠条件和资源,提高组织机构的竞争能力。征求供应建议书也向金融机构提供了一个显示其地位、实力、诚意、经营水平以及表达交易条件和意向的机会,金融营销人员应当充分利用这种机会,站在市场营销的角度,书写和提出建议,以便获得购买组织的认可。

(5)选择供应商。在对被物色的供应商进行了解和评价之后,购买组织将会从中确定最有吸引力的一个或多个供应商。购买组织会根据它们各自不同的需求和自身的条件理性地选择金融产品供应商。营销人员必须深入实际,仔细了解购买组织是以什么标准、采用什么方法来评价供应商的。一般而言,下列内容都有可能成为购买组织的评价标准:金融机构的地理位置、员工的素质、与购买组织之间的人际关系、资金力量、信誉、供应条件、产品供应的稳定性和可靠性、对忠诚客户的优惠措施、硬件设施的优劣,以及与购买有关的便利性、价格与安全性等。上述标准的相对重要性,对不同的组织而言是不一样的。比如,对于需要高度依赖银行资金扶持的组织机构而言,资金力量和产品供应的稳定性和可靠性的重要程度将会非常突出,而对于只需要银行代其办理货币结算的组织机构而言,金融机构的地理位置、资金转移的速度和安全性将更重要。又如,对于运输公司办理机动车保险而言,它们将更注重保险公司的信誉、理赔速度和费率,而保险公司的地理位置将会被相对忽视。

(6)确定供求关系。当上述过程完成之后,购买组织便可同被确定的供应商签署供求协议,确定供求关系,以明确双方应尽的权利和义务。

(7)表现回顾。在这一阶段,购买组织将回顾供应商过去的种种表现,以验证供应商履约程度、服务质量及其给组织带来的实际效益,验证所购产品的期望值的实现程度等,从而决定是否继续或适当调整或取消同现有供应商的供求关系。在现实生活中,即便有可供选择的供应商,但购买组织一般不会随意更换供应商。这是因为更换供应商必然会带来人际关系的变更,耗费转换成本,在一定时期内,还可能影响购买组织经营活动的协调性。尽管如此,这一阶段对于金融营销来讲仍然是相当重要的。这是因为,表现回顾不良而失去的客户在短期内将很难重新获得,并且还会给竞争对手提供有价值的反面材料,影响社会形象,失去潜在客户。

以上简要描述了金融产品和服务的购买过程,但实际过程往往更加复杂。对于直接购买和修正后再购买的购买行为,上述过程往往会被加以省略或简化。每个组织都会有自己独特的购买要求,但上述过程也往往被不断地重复。

第三节 金融企业市场调查的组织

一、以客户为中心的组织结构

1. 以客户为中心的原因

21世纪,全球经济趋于一体化,用户需求以及经济的不确定性日益增加,企业之间竞争的焦点从产品的竞争转向品牌的竞争、服务的竞争和客户的竞争。尤其是随着消费者受教育程度的提高、互联网技术的采用、信息有效性的增加,消费者对产品选择的空间越来越大,消费观念也日益成熟,要求提供准确、适合的个性化产品和服务。企业的经营方式从大批量生产向大批量定制转变,与客户之间的关系更加复杂化。在这种情况下,一个公司在研究和拓展产品的物质市场的同时,必须研究和拓展产品在顾客心目中的心灵市场。谁能掌握客户资源、赢得信任、了解客户个性化需求、实现与客户之间的沟通与互动,并建立和保持长期良好的合作关系,谁就能制定出科学的企业经营发展战略和市场营销策略,生产出适销对路的产品,提高市场占有率,获得最大利润。

任何企业无一例外都是通过向客户提供它们的产品来实现利润的,客户是企业的生存之本。但一般的企业还没有意识到新旧客户对企业的贡献率孰重孰轻,一般而言:

(1)向新客户销售产品的成本远高于向老客户销售的成本;

(2)获取一个新客户远超过保持一个老客户的成本;

(3)一个非常满意的客户的购买意愿将远大于一个一般满意的客户;

(4)一个典型的不满意的客户会把他们的经历告诉更多的人;

(5)产品销售给新客户的成功机会远小于产品销售给老客户的成功机会;

(6)如果公司能迅速处理服务的混乱状况,老客户更容易谅解公司的失误。

由此可见,企业维持老客户与获取新客户具有成本差异,并且保留老客户、提高客户满意度可以为企业带来巨大的收益,这和以往企业一贯侧重于获取新客户的理念存在着较大的分歧。

因而,客户关系管理对企业竞争力有至关重要的影响,也就是企业以客户为中心的原因主要表现在以下几个方面:

(1)客户关系管理大大缓解了高度波动的市场环境下企业的经营风险。众所周知,市场波动不断加剧,是当今企业生存环境的特点之一,具体表现在:客户需求的不确定性增加,多元化趋势增强,变化加剧。这样,企业传统的"为产品找客户"、以产品为中心的经营理念将承受极大的风险,因为产品开发一旦失败,企业面临的就是灭顶之灾。在这样的市场环境中,如何缓冲市场波动造成的冲击、降低经营风险,就成了企业必须面对的难题。转变思维观念,"为客户找产品",积极发展与客户长期的互利关系,以客户为中心来经营企业,让"产品成为客户关系上的一个印记",成为缓冲市场波动的影响、最大限度地降低经营风险的有效途径之一。

(2) 客户关系管理极大地提高了企业的赢利能力。客户关系管理对企业赢利能力有巨大影响,主要表现在:① 客户关系管理对客户份额的关注,能为企业带来更高的投入回报。客户关系管理强调企业客户在该行业的高价值客户总体中所占的份额,这个份额越大,企业的赢利能力就越强。② 客户关系管理对长期价值的重视,增强了企业长期的可持续发展能力。有研究表明,长期的客户关系与企业的长期赢利能力具有高度正相关关系。③ 客户关系管理带来的忠诚客户,对企业有巨大的贡献。客户关系管理强调对客户的忠诚培养,而忠诚客户对企业的贡献已经受到关注。

(3) 客户关系管理是企业的独特优势。它不易为竞争者模仿,这就为企业营造了很好的市场壁垒,使其享受创新的垄断收益,对企业的竞争力影响重大。在信息技术的支持下,企业与客户之间的关系是建立在充分沟通的基础之上的,对客户而言,这种沟通独一无二,充满个人色彩,又为企业满足个性化需求提供了机遇。

(4) 客户关系管理大大增强了企业在新经济环境中的竞争力。有研究表明,在新经济环境下,相对于有形资产,无形资产对企业竞争力的贡献更大,而且其贡献份额呈上升趋势。客户资产作为企业的一项重要的无形资产,其重要性已经受到了广泛的关注,成为企业市值的要素之一。客户关系管理战略,对于企业在新经济时代有效地管理企业客户资产,具有重大的作用。

2. 以客户为导向的特点

通过以上的讨论我们可以得知,客户关系导向的企业战略作为一种新的企业战略思维,主要具有以下特点:

(1) 客户关系导向的企业战略是建立在无形资源价值基础上的。传统的企业战略是以企业可获得的资源作为出发点,探讨用什么样的方式,创造出比竞争对手向客户提供的使用价值更多的价值。战略的核心内容是资源的使用价值,竞争优势主要是通过对自然资源型生产要素的直接拥有而在企业经营的终端产品市场上显现出来的。在客户关系导向的企业战略管理思想指导下,企业战略强调高的客户满意度和客户保有率,强调企业要调配资源以尽量满足客户的需求,认为企业的核心能力来源于企业独具特色并为企业带来竞争优势的为客户创造更大使用价值的能力,强调企业组织的协调能力、资源整合能力和灵活性。决定企业产品竞争力的不仅是价格,更多的是包含在产品中的通过技术和知识等无形资源形成的使用价值。顾客所购买的并不是产品本身,而是产品中凝结的技术和知识的使用价值。

(2)客户关系导向的企业战略强调竞争合作,追求非零和合作博弈的竞争结果。传统的企业战略强调通过竞争对抗获取竞争优势,强调以竞争对手为参照,建立超过竞争对手的能力,获取竞争对手所不具有的优势资源,竞争对抗的目的是要使竞争对手丧失优势乃至消失。网络经济条件下,技术日益分散化,企业想在某一领域长期进行垄断已不可能。企业仅依靠自己的力量很难掌握竞争主动权,必须与他人合作,才能获得持久的竞争优势和可持续生存和发展。客户关系导向的企业战略强调企业改变市场竞争的基本观念,将从零和非合作博弈向非零和合作博弈转变。其实质是向经济主体提供基于相互依存的制度供给。实践中的外包、合资、合作、企业联盟、虚拟制造等都是这一战略观的体现。同时,信息网络技术的发展也为企业间的竞争合作提供了有力的技术支持,创造了客观条件。

(3)客户关系导向的企业战略具有更多的柔性,可以随着环境和客户需求的变化而迅速调整适应。随着技术变化速度的加快以及顾客需求的个性化、多样化,企业面临的环境越来越不稳定。企业面临的挑战是,如何通过并善于使自己在连续的挫折中不断成长,来为自己创造成功的空间。传统的企业战略仅考虑外部环境变化中的威胁和机会,结合企业自身的资源优劣势来寻求战略、环境、资源的协调一致,企业被动地随着环境的变化而调整战略,使企业战略具有一定的滞后性,对企业的发展不利。客户关系导向的企业战略注重愿景在环境变化中的导向作用,强调战略中的客户需求因素,通过预测环境和客户需求变化的趋势,主动改变旧环境,创造新环境,引导客户和竞争者行为,使企业始终处于有利地位。

(4)客户关系导向的企业战略偏重于动态分析,更加注重环境方面的动态化,即注重外部环境不连续变化时的企业的竞争优势分析。传统的企业战略理论在研究竞争优势上,都是一种静态分析或者比较静态分析,即竞争优势是相对于竞争对手的优势地位或者优势实力与能力,是一种历史的、静态的比较优势,适宜于环境较为稳定、变化缓慢的情况。客户关系导向的企业战略偏重于动态分析,更加注重环境方面的动态化,特别是客户需求的动态化,即注重外部环境不连续变化时的企业的竞争优势分析。同时,客户关系导向的企业战略更注重企业愿景、战略、组织能力和内部系统与过程等不同内容之间的相互联系和动态适应。客户关系导向的企业战略使企业能够迅速理解和把握客户的需求及需求变化,使企业有足够的柔性来调整自身各种资源的组合,并通过与竞争者之间的竞争与合作来不断扩展企业的生存和发展空间。客户关系导向的企业战略以客户关系为基础,在一个追求多赢、竞争与合作并重的知识经济时代里,从客户需求出发,以价值创新来满足客户需求,驱使企业不断地创新与变革,以适应不断变化的环境和顾客需求,这更符合知识经济条件下企业战略制定的需求。

3. 依据客户导向构建组织结构

随着我国经济体制改革的逐步深入和市场化进程的不断加快,中资银行所面临的外部经营环境发生了根本性变化:服务市场由过去的以产品为主转向以客户为主;服务功能由过去的单一性转向全面性。这一切均催促着中资银行改革的步伐。组织结构市场化再造就是要适应经营环境的变化,在现有的体制框架下,通过经营范式的转换,提高经营管理水平。

为实现中资银行向"以市场为中心、以客户为导向"的经营格局转变,以中国工商银行为例,根据中国工商银行组织结构市场化重构的基本原则和主体思路,其组织结构可按以下模式重新架构(如图4-9所示)。

二、金融企业客户忠诚度的维护

忠诚顾客管理是顾客关系管理的核心和关键。所谓忠诚顾客,是指对特定的金融企业或其某位员工、经理、某种产品/服务产生较深厚的情感,长期地、经常性地来企业办理业务,表现出特有的喜爱与惠顾,而对竞争者企业的营销活动具有免疫能力,并能主动地向其周围的人推荐该企业及其主管、产品/服务的老顾客。忠诚顾客以其理性的、情感性的行为为基础。增进顾客忠诚度,可以为企业带来更多的利益、稳定的财物和更高的员工稳定性,减少营销费用,降低风险。

1. 管理忠诚顾客的注意点

(1)了解影响顾客忠诚度的因素。主要有:金融机构的覆盖面与顾客流

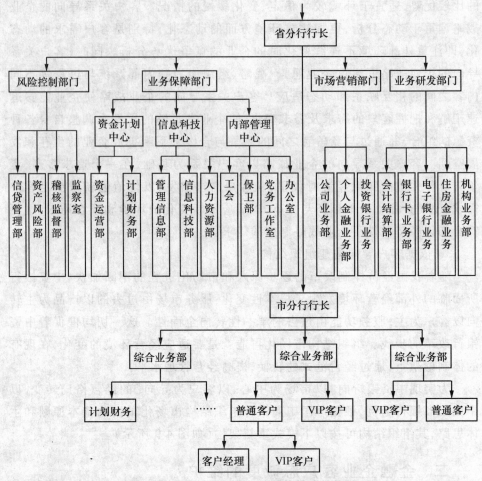

图 4-9　中国工商银行组织结构模式架构图

动性——一般情况下,顾客与覆盖面广的金融机构保持联系的可能性更大。现有业务——如果顾客现在与金融企业存在着正常的业务关系,则今后保持联系的可能性更大。

（2）在顾客与本企业发生业务联系和顾客生命周期的每一个阶段,都抓住开发顾客忠诚度的机会。特别要在创造、开发新顾客的早期（如儿童阶段）就开始培养顾客的忠诚度。

（3）促成顾客偏好。顾客对金融企业或其产品/服务形成偏好,有多种因素:一是顾客对本企业或其某种产品/服务与竞争者企业相比较后,感到强烈的满意;二是顾客对本企业或其某种产品/服务与其他企业相比较后,发现有所不同且更好;三是顾客在重复交易过程中,越来越感到满意。顾客偏好高,就会成为忠诚顾客。

(4) 建立顾客信赖关系。争取顾客的认同,通过多种方式、方法、媒体,让他们经常感觉到你、你所在的企业、你的企业的金融产品/服务就在其身边。保证提供全面优质的产品/服务以满足顾客需要。企业进行各项活动与业务时,应优先考虑顾客的利益,周密安排。面对顾客应切实提供事实真相。一切交易活动都必须讲信用,兑现承诺。只允诺有把握兑现的承诺。以宽阔的胸怀认真地倾听顾客的心声。让忠诚顾客直接与企业及其客户经理沟通。

2. 建立金融企业的忠诚文化,培养忠诚的员工

忠诚的员工与顾客是企业的资产,知识与信息是企业的原料。有关研究表明,员工对工作和公司的态度是决定员工在顾客面前的行为表现的重要因素,忠诚的顾客来自于对公司满意的和忠诚的员工。如果员工相信企业忠于自己的使命和价值观,员工就会忠于企业。要重视一线员工,使其拥有必要的工具、接受必要的培训、得到上级的全力支持和授权。要不断了解和提高员工的满意度。

3. 确定以忠诚为基础的关系战略

管理忠诚顾客不仅要掌握顾客心态与行为,更要注意建立长期、互信的顾客关系,这就需要制定明确的关系战略。一般情况下,这种关系战略包括如下内容:

(1) 确定目标,即为保持顾客忠诚的营销方案设计定量化的目标与指标体系,以便评估绩效。

(2) 识别顾客需要及其忠诚倾向。

(3) 建立顾客忠诚的途径。找出最好的顾客忠诚增强器,即确定营销服务中能够最有效地加强和建立顾客忠诚的因素,如在服务上如何对待顾客、管理顾客需要、与顾客交流信息、创造顾客满意等,而这些均是建立与保持顾客忠诚的关键。找出最有价值的顾客忠诚增强器,即确定营销组合中顾客认知价值最高、提供成本相对较低的因素。

(4) 确定资格标准与细分市场,即通过市场细分,确定目标市场,明确希望为哪些顾客群提供忠诚利益和如何分配这些利益。

(5) 保持关系营销能力,即保证关系营销所必需的支持性基础设施、工

具、方法等。

（6）测试效果，即在管理顾客忠诚过程中和相应阶段上，实时与长期相结合地评价有关结果。

【思考题】

1．文化因素对消费者市场的购买行为会产生哪些影响？
2．描述组织市场购买行为的主要特征。
3．心理因素对消费者市场的购买行为会产生哪些影响？
4．影响组织购买行为的主要因素有哪些？
5．以客户为导向的经营战略的特点是什么？

【本章小结】

本章对消费者购买行为和组织市场购买行为进行了比较深入和全面的对比分析。不同类型的市场购买行为其行为特征、制约因素和决策过程不尽相同。了解这些内容对于金融营销来说至关重要，它将为营销人员制定各种营销策略提供基础的客观依据。

案 例

花旗银行——银行服务营销的领头羊[①]

花旗银行迄今已有近200年的历史。进入新世纪，花旗集团的资产规模已达9 022亿美元，一级资本545亿美元，被誉为金融界的至尊。时至今日，花旗银行已在世界100多个国家和地区建立了4 000多个分支机构，在非洲、中东，花旗银行更是外资银行抢滩的先锋。花旗的骄人业绩无不得益于其1977年以来银行服务营销战略的成功实施。服务营销在营销界产生已久，但服务营销真正和银行经营相融合从而诞生银行服务营销理念，还源于1977年花旗银行副总裁列尼·休斯坦克的一篇《从产品营销中解脱出来》的文章。花旗银行可以说是银行服务营销的始作俑者，同时也是银行服

---

① 贾凯君：《花旗银行：服务营销的创新者》，载《西部论丛》，2005年第10期。

务营销的领头羊。

花旗银行能成为银行界的先锋,关键在于花旗独特的金融服务能让顾客感受并接受这种服务,进而使花旗成为金融受众的首选。多年以来,银行家们很少关注银行服务的实质,他们强调的是银行产品的赢利性与安全性。随着银行业竞争的加剧,银行家们开始将注意力转移到银行服务与顾客需求的统一性上来。银行服务营销也逐渐成为银行家们考虑的重要因素。

自20世纪70年代花旗银行开创银行服务营销理念以来,就不断地将银行服务寓于新的金融产品创新之中。而今,花旗银行能提供多达500种的金融服务。花旗服务已如同普通商品一样琳琅满目,任人选择。1997年,花旗与旅行者公司的合并,使花旗真正发展成为一个银行金融百货公司。在20世纪90年代的几次品牌评比中,花旗都以它卓越的金融服务位列金融业的榜首。今天,在全球金融市场步入竞争激烈的买方市场后,花旗银行更加大了它的银行服务营销力度,同时还通过对银行服务营销理念的进一步深化,将服务标准与当地的文化相结合,在加强品牌形象的统一性时,又注入当地的语言文化,从而使花旗成为行业内国际化的典范。

花旗的银行服务营销的新内涵

金融产品的可复制性,使银行很难凭借某种金融产品获得长久的竞争优势,但金融服务的个性化却能为银行获得长久的客户。著名管理学家彼得·德鲁克曾指出:"商业的目的只有一个站得住脚的定义,即创造顾客","以顾客满意为导向,无异是在企业的传统经营上掀起了一场革命"。花旗银行深刻理解并以自身行动完美地诠释了"以客户为中心,服务客户"的银行服务营销理念。在营销技术和手段上不断推陈出新,从而升华了花旗服务,引领了花旗辉煌。

花旗银行通过变无形服务为有形服务,提高服务的可感知性,将其服务派送到客户手中。花旗银行在实施银行服务营销的过程中,以客户可感知的服务硬件为依托,向客户传输花旗的现代化服务理念。花旗银行以其幽雅的服务环境、和谐的服务氛围、便利的服务流程、人性化的设施、快捷的网络速度以及积极健康的人员形象等传达着它的服务特色,传递着它的服务信息。

花旗银行在银行服务营销策略中,鼓励员工充分与顾客接触,经常提供上门服务,以使顾客充分参与到服务生产系统中来。通过"关系"经理的服务方式,花旗银行建成了跨越多层次的职能、业务项目、地区和行业界限的人际关系,为客户提供并办理新的业务,促使潜在的客户变成现实的"用户"。同时,花旗银行还赋予员工充分的自主服务权,在互动过程中为客户更好地提供全方位的服务。

通过提升服务质量,银行服务营销赋予花旗服务以新的形象。花旗银行在引导客户预期方面绝不允许作过高或过多的承诺,一旦传递给客户的允诺就必须按质按量地完成。如承诺"花旗永远不睡觉",其实质就是花旗服务客户价值理念的直接体现。花旗银行规定并做到了电话铃响10秒之内必须有人接,客户来信必须在两天内作出答复。这些细节就是客户满意的重要因素。同时,花旗银行还围绕着构建同顾客的长期稳定关系,提升针对性的银行服务质量。通过了解客户需求,针对客户需求提供相应的产品或服务,缩短员工与客户、管理者与员工、管理者与客户之间的距离,在确保质量和安全的前提下,完善内部合作方式,改善银行的服务态度,提高银行的服务质量,进而提高客户的满意度,提高服务的效率并达到良好的效果。

花旗的银行服务营销的启示

花旗银行服务营销的成功实施,拓展了服务领域,强化了服务质量,从而使得花旗品牌深入人心,客户纷纷而至,以至于每四个美国人中就有一个是花旗银行的客户。在当今信息技术引发的金融创新浪潮中,各个银行之间试图通过网点优势、人缘优势、技术优势、产品优势拉开与竞争对手差距的时代已成为过去。银行服务营销开展的优劣将成为银行竞争成败的关键。

在当前我国积极实施国有商业银行市场化改革的进程中,花旗的银行营销给我国国有商业银行的市场改革进程带来了许多重大的启示。诚然,银行大楼是越盖越高,装修是越来越好,服务项目也越来越多,但人们总能发现某个储蓄网点不是ATM机不好用,就是POS机出了问题,不是大堂经理不在,就是窗口"暂停服务"。由此可见,缺乏现代银行服务内涵的金融产品竞争已失去了先前的魅力。因此,在推进国有商业银行市场化体制建设的同时,要给宛如希腊神庙般的银行建筑、深色凝重的服务摆设、冰冷的面容、单调的语言等注入现代银行服务内涵,这也将成为国有商业银行真正与市场接轨的关键标志。

国有商业银行在推行银行服务营销的过程中,要积极地将"以产品为中心"的产品推销观念转化为"以客户为中心"的银行服务营销观念。在实践中,要将银行服务营销观念与策略导入银行服务业,通过差别化、个性化的服务，营造具有自己特色的金融品牌。同时，要根据客户需求的变化相应调整银行的服务。正如花旗银行合理引导客户预期并提供迎合客户预期的银行服务一样，国有商业银行也要在推行银行服务营销的实践中，根据客户需求，积极开发与之相符的并具有自身特色的便利服务和支持性服务，从而将银行服务营销真正融于具体的银行经营实践中。

【案例讨论题】

通过花旗的服务营销理念的转变，我们可以看出，金融企业应该"以客户为中心"，关注客户，注重客户的行为研究和分析，这样，才能更好地把握市场、赢得市场。试讨论花旗银行对客户行为的理解。

第五章 金融企业的目标市场管理

【学习重点】

1. 掌握市场细分的基本原理,理解金融市场细分的必要性。
2. 掌握金融市场细分的基本方法。
3. 理解金融企业确定目标市场的原则。

【导入案例】

广发银行的金融服务社区[①]

2004年5月,广发银行北京分行与顺天通集团公司签订了银企合作协议,双方联手致力于把天通苑社区打造成北京规模最大的金融服务社区。业主可通过广通卡实现个人外汇交易、银行卡转账及代缴物业管理费、市话费、手机费等一系列银行自助服务。同时,作为配套设施,广发行还在社区建立了3家自助银行。

点评:天通苑社区是北京市乃至全国规模最大的经济适用房住宅小区之一,入住户数达6万户。广通卡作为一种媒介,使广发行在"天通苑"社区文化的金融主角地位得以强化。通过这张卡片,广发行在社区还开办了"家多好"理财型房屋贷款业务、信用卡业务、299电话缴费业务等,还即将设立天通苑支行,将联合证券公司、保险公司、基金公司、期货公司推出"银证通"、

[①] 万云:《卡超市》,载《中国经营报》,2005年9月10日,转引自新浪财经,http://finance.sina.com.cn/money/bank/bank.card/20050910/14421958087.shtml。

第五章
金融企业的目标市场管理

"银保通"、"银基通"、"银期通"等业务,为社区居民量身定制金融产品。

在商业银行开展全方位竞争的今天,研究探讨市场营销理论,指导地方性商业银行的经营工作具有重要的现实意义。通过本章的学习我们将会了解到市场细分理论及其细分标准、细分战略,市场定位理论及其定位过程、定位战略等知识。

第一节 金融市场的市场细分理论

一、市场细分理论

金融市场细分是指金融企业按照客户的需要、爱好及对金融产品的购买动机、购买行为、购买能力等方面的差异性和相似性,运用系统方法把整个市场划分为若干个子市场。市场细分的目的是使金融企业针对不同子市场的特殊但又相对同质的需求和偏好,有针对性地采取一定的营销组合和营销工具,以满足不同客户群的需要。属于同一细分市场的客户,他们的需要和欲望具有相似性;属于不同细分市场的客户,对同一产品的需要和欲望存在明显的差别。可见,与一般企业的市场细分相同,金融企业市场细分的核心也是区分不同客户群的需求差别。

市场细分是为了选择更有利可图的目标市场和设计更为合理的市场营销组合,提供更有效的服务;同时,也是为了使金融企业有限的资源更集中地运用于选定的市场部分,发挥更好的效果。

值得一提的是,市场细分是有一定客观条件约束的,这包括两个方面:其一是客户需求的差异性。无论业务性质如何,客户对金融企业产品和服务需求的差异性始终是存在的,这种差异性的存在正是市场细分的基础。其二是客户需求的相似性。以个人客户为例,居住环境、文化背景、年龄基本相同的客户,对产品和服务的需求存在着一致性或相似性,正是这种相似性的存在,才导致了市场的出现。

金融市场细分是商品经济发展到一定阶段的产物,是金融市场不断发展与人们对金融产品需求多样化的客观要求,是金融企业一项十分重要的市场

营销策略,其作用表现在以下方面:

(1) 它是选择目标市场与制定营销组合策略的基础,有利于金融企业制定科学的营销策略。在实际应用中,金融企业选择目标市场与制定市场营销组合策略,主要有两种途径:一是从市场细分到营销组合策略,即先将一个异质市场细分为若干个子市场,再从中选定目标市场,针对目标市场设计有效的市场营销组合策略。二是从营销组合策略到市场细分,即已先期建立市场营销组合策略,将新开发的金融产品投入市场试营运,搜集反馈的各种信息,分析不同客户对营销组合策略的反应。无论通过哪种途径,金融企业都要根据特定的细分市场开发和提供不同种类的产品。

(2) 能更好地满足社会各阶层对金融产品的需要。金融企业运用市场细分原理来分析研究市场,可以较细致地了解各个细分市场中客户的不同需要,从而有针对性地开发金融产品,更好地满足不同层次顾客的需要。

(3) 有利于发挥竞争优势,提高金融企业的经济效益。金融市场细分后,金融企业可有针对性地选取较小的子市场开展营销活动,而这种建立在市场细分基础上的营销,不仅易于及时把握客户需求的特点和变化,而且可集中有限的人力、物力、财力对重要的子市场进行投入开发,形成局部优势并进而带动全局发展。

二、金融市场细分应遵循的原则

金融市场细分的实施,应有利于金融企业制定最佳营销战略,取得最好的经济效益;有利于满足客户的差异性要求;有利于营销活动的具体操作。因此,应遵循以下原则:

(1) 可量性原则,即各细分市场的规模、效益及可能带来的业务量的增加是可以被具体测量的,各考核指标可以量化。

(2) 可入性原则,即市场细分后,能通过合理的市场营销组合战略打入细分市场。如果细分后的目标市场不能进入,可望而不可即,这对金融企业是一种浪费,从而也失去了其细分的意义。

(3) 差异性原则,即每个细分市场的差别是明显的,每个细分市场应对不同的促销活动有不同的反应。

(4) 经济性原则,即所选定的细分市场的营销成本是合理的,市场规模是合适的,金融企业介入该市场必须是有利可图的。

三、金融市场细分标准

金融市场细分的标准是指影响客户需求差异性的诸因素,主要包括客户因素、环境因素、时间因素、区域因素等。对金融企业而言,根据不同类型客户的需求差异对市场进行细分是基本的选择,一般可分为个人客户和公司客户。

(1) 个人客户市场细分。个人客户是相对于公司客户而言的,这里的个人即自然人。个人客户市场细分标准主要有人口因素、地理因素、心理因素、行为因素。其中,人口因素是指人口变数,包括年龄、性别、家庭人数、收入、职业、文化程度、宗教信仰等。不同的人由于上述差别的存在,对金融产品的需求、爱好、使用频率是不同的,从而形成了不同的子市场。地理因素是指客户所在地的地理位置。按地理位置细分市场,然后选择目标市场是金融企业通常采用的方法。

(2) 公司客户市场细分。引起公司客户对金融产品和服务需求差异的因素也很多,这里主要介绍公司规模和公司所处的行业两大因素对市场细分的影响。公司规模因素主要指公司的职工人数、年营业额、资产规模等因素,根据这些因素进行市场细分,可将公司分为小型、中型、大型三种类型,每种类型的公司对市场细分的要求是不同的。行业因素是指对公司客户进行市场细分时,以公司所处的行业差异作为分类的标准。不同的行业有着不同的发展前景,其投入和产出的效益比存在较大的差别。按行业标准进行市场细分,有利于金融企业正确选择目标市场。

四、金融市场细分流程

从理论上说,金融企业对市场进行细分的依据是消费者的需求。但从实际操作看,金融企业是根据影响或反映消费者需求的因素对市场进行细分的。这些因素又可以分为两大类:一类是反映消费者特征的因素,如地理因素、人文因素和心理因素;另一类是消费者对产品的反应情况,如消费者购买商品所追求的利益、消费者使用商品的时机、消费者对品牌的忠诚程度等。根据金融企业市场细分的原理,其细分流程可以归纳为:

(1) 明确金融企业的业务范围;
(2) 分析、归类、列举潜在客户的基本要求;

（3）分析潜在客户需求上的共性和差异性；

（4）初步细分市场；

（5）评价、细分市场并进一步细分和调整；

（6）细分市场的确定。

五、金融市场细分策略

金融市场细分策略，即通过市场细分选择目标市场的具体对策，主要包括集中策略和差异性策略。

1. 集中策略

集中策略是指金融企业把某种产品总市场按一定标准细分为若干个子市场后，从中选择一个子市场作为目标市场，针对这一目标市场，只设计一种营销组合，集中人力、物力、财力投入到这一目标市场。集中策略的重要特点是：目标集中，并尽全力试图准确击中要害。这一方法的优点表现在：能更仔细、更透彻地分析和熟悉目标顾客的要求，能集中精力、集中资源于某个子市场，效果更明显，其所设计出的营销组合能更贴近客户的需求，使顾客得到较满意的结果，从而使金融企业能在子市场或某一专业市场获得垄断地位。这一方法适合于资源不多的中小金融企业采用。

当然，集中策略也存在缺陷，主要表现在这种方法所导致的高度的专门化，使资源投入过于集中，增大了经营风险，同时，也可能造成金融企业进入其他市场的障碍。

 案例

德国施豪银行专攻住房金融[①]

在德国从事住房金融业务的主要金融机构有四大类型，即信贷银行、储蓄银行、抵押银行和住房储蓄银行。其中，住房储蓄银行是专业办理住房储蓄业务的金融机构，其贷款额占全部住房贷款额的23%左右。

施豪银行成立于1931年，是德国34家住房储蓄银行中最大的一家，截至

---

① 杨春福：《全球著名银行营销谋略》，珠海出版社2004年版。

2001年底,资产总额为324亿欧元。2001年度施豪银行新签合同89万份,合同额达207亿欧元,市场份额占25.8%,位居同行业第一名。目前,每13位德国公民中就有一位是施豪银行的客户,每4个家庭便有1个与施豪银行签订了住房储蓄合同,施豪银行被客户誉为最友好的银行。

施豪银行经过70多年的实践积累形成的经营技术及经营管理体制,已成为施豪银行的无形资产,并已在捷克、斯洛伐克、匈牙利等国家通过与当地银行建立合资银行,将其独有的技术诀窍和经营管理体制注入合资银行,在当地开展住房储蓄业务,取得了较好的经营业绩。

在斯洛伐克,施豪银行于1992年与当地及奥地利的合作伙伴合作,建立了该国第一家住房储蓄银行,到2001年底,市场占有率达到68%。在捷克,施豪银行于1993年与当地的两家银行合作建立了合资住房储蓄银行,到2001年底,该银行的市场占有率是41%,已成为捷克最重要的提供住房融资的机构,现已是欧洲第二大住房储蓄银行,仅位于施豪银行之后。在匈牙利,施豪银行于1997年与当地最大的合作银行建立了合资住房储蓄银行,到2001年底,市场占有率达到31%。

从1999年起,施豪银行就希望与中国建设银行合作建立住房储蓄银行,将其技术诀窍及管理优势与建行的网络优势结合起来,在中国开展住房储蓄业务。

2. 差异性策略

差异性策略是指银行把某种产品总市场分成若干个子市场后,从中选取两个或两个以上子市场作为自己的目标市场,并分别为每一个目标市场设计一个专门的营销组合。市场细分差异性策略的风险相对较小,能更充分地利用目标市场的各种经营要素。其缺点表现在成本费用较高。所以,这种策略一般为大中型银行所采用。

案例

差异化竞争策略成就中国银行产品创新[①]

为了保证2008年奥运会门票代售、奥运特许商品销售,以及奥运会现场

---

① 卓尚进:《差异化竞争策略成就中国银行产品创新》,载《金融时报》,2007年4月13日。

金融服务工作的顺利进行,中国银行北京分行已经制订了详细的计划。预计在 2008 年之前,中行北京分行将新增网点 80 家,新增 ATM 机 600 台,新建自助银行 26 家,网点总数接近 300 家。在中行为北京奥运提供越来越丰富的多元化服务的同时,奥运也正如一架强劲的助推器,带动着中行服务、产品、业务发展的全面提升。中行以奥运为核心打造的差异化竞争优势随着北京奥运的迫近正在日益凸显。截至 2007 年 2 月末,中行已有 154 家网点经由北京奥组委批准参与了奥运特许计划。继中行澳门分行成立海外奥运特许零售店之后,香港特别行政区市民也即将在中国银行(香港)设立的奥运特许零售店里购买到奥运特许商品。不久前,中行还获准向在奥运会之前和期间来华的境外机构和个人办理银行业务提供"绿色通道"支持,成为国内唯一一家能够为符合条件的非居民法人开立临时账户的金融机构。

差异化竞争策略在中行产品创新过程中体现得尤为明显。翻开中行奥运金融产品创新名录,发现在不到两年的时间内,先后有十余款奥运金融产品推向市场。从第一款奥运题材的金融产品——长城 VISA 欧元卡雅典奥运珍藏版,到致力于实现青少年理财梦想的"携手奥运成长账户",连同中银 VISA 奥运信用卡、奥运礼仪存单等,每一款产品的推出都立足于客户的不同金融需求,力求给客户带来超越性的金融体验。

奥运提升中国银行品牌价值

2007 年 3 月 6 日,在中国品牌研究院发布的"2006 年奥运营销年度报告"中,中行成为 2006 年奥运营销最为成功的企业之一。

2007 年 3 月 26 日,北京迪纳市场研究院和北京有关媒体联合开展的针对全国 7 大主要城市进行的奥运行销调查结果显示,中行在"消费者心中的北京奥运会赞助商品牌"中以略高于可口可乐的票数名列第三名,成为北京奥运会唯一银行合作伙伴。中行第一次将自己的品牌与奥运会联结起来,奥运品牌战略为"中国银行"这一历久弥新的百年品牌增添了新的品牌内涵和品牌价值。

从赛事营销、媒体合作到广告营销、公关活动,中行的奥运营销手段不断翻新:推出杨扬作为中行奥运合作伙伴形象大使、赞助 2006 年体操世界杯以及 2006 年第十一届世界女子垒球锦标赛,并分别与《金融时报》、《人民日报》、《中国日报》、《人民日报》(海外版)等媒体开展奥运专栏合作。

"对中国银行来说,成为奥运合作伙伴,为我们提供了进一步审视和考验品牌属性、提升品牌扩张能力、提高品牌号召力和影响力的机会",中行副行长华庆山在2007年"第九届北大光华新年论坛"上这样表示。

实施差异化竞争策略

奥运首次在中国举办,对于中国银行业而言这意味着巨大的商机。北京奥运会市场开发计划的激烈竞争筑高了"门槛",只有少数行业翘楚才能成为北京奥运会赞助企业。随着奥运商机变得日渐炙手可热,其他银行也逐渐开始利用隐性营销手段打起"奥运擦边球",其中不乏发行奥运产品、开展奥运主题活动,甚至发布"奥运战略"等颇具规模的隐性营销活动。

根据北京奥组委反隐性市场计划,除北京奥运会银行业唯一合作伙伴中行外,其他银行在从事对外宣传和活动及商业行为中,不得通过任何手段来宣传该银行与奥运的关联。而一些银行的隐性竞争行为确实给中国银行带来了很多困扰。

对此,中行的态度冷静而客观。中行奥运办主任徐辰表示:"部分银行隐性营销行为的出现源自于同业竞争的日趋激烈,但是这种行为无益于该银行品牌的长远发展,也会扰乱公正合理的银行业整体发展环境。中国银行除通过正当手段捍卫自身赞助权益的同时,也在加快实施差异化奥运竞争战略,集中打造中国银行奥运品牌形象。"

北京奥组委将对上述侵权行为予以严重警告。北京奥组委市场开发部负责人介绍,赞助企业权益的保护和反隐性市场工作是奥组委2007年的重点工作之一,维护奥林匹克知识产权的严肃性是有法可依的。

奥运权益是中行在2008年年底之前所独有的、区别于其他同业竞争者的不可复制的稀缺资源。这为中行实施差异化竞争策略提供了重要支点,为今后的产品与服务创新开辟了独特路径。2007年中行全力推出的奥运客户回馈计划,便立足于以创新的营销手段,邀请更多的市民和客户走进中行,在与中行一起迎接奥运、分享奥运、共赢奥运的同时,巩固中行品牌与奥运的更深层次的契合,带动中行奥运品牌号召力和影响力的总体提升,促进业务发展。3月27日,奥运倒计时500天之际,中行全面启动了"迎接奥运中行与您同行"大型客户回馈计划。随着这一回馈计划的实施,越来越多的金融消费者开始享受到中行提供的新颖的奥运金融服务。据了解,此次中行的奥运客户回馈计划主要采取以奥运会门票、奥运特许商品和其他奥运赞助企业产品作为奖品,回馈和答谢广大客户对中行的支持。

第二节 金融企业的目标市场

一、金融企业目标市场概述

目标市场是指金融企业为满足现实或潜在的客户需求,在市场细分基础上确定的将要进入并重点开展营销活动的若干细分市场,也就是金融企业营销活动中所要满足需求的特定市场。目标市场与市场细分是两个不同的概念,两者既有联系又存在较大的区别。如前所述,市场细分是按照一定标准划分客户群体的过程,而目标市场是根据市场细分标准选择的一个或一个以上的细分市场。金融企业选择目标市场,是在市场细分的基础上进行的,可以说,市场细分是目标市场确定的前提和基础,而目标市场确定则是市场细分的目的。

在金融市场营销活动中,任何金融企业都应选择和确定自己的目标市场。因为,对金融企业来说,所面临的市场机会有很多,但并非所有的市场机会都对其具有同等的吸引力,从资源利用的角度来看,并不是每个子市场都是其愿意进入或能够进入的。一个金融企业受主、客观条件的限制,所开展的营销活动必然限定在一定范围内,在作出营销决策之前,必须确定好具体的服务对象,即选定目标市场。

目标市场按照业务的经营范围可分为:

(1) 单一业务目标市场。单一业务目标市场是金融企业针对金融市场,制定专门的金融产品或服务等来满足市场的特定需求。在金融企业进入市场的过程中,都要经历单一业务目标市场这一过程,因为通过该市场,能增强企业的竞争实力。

(2) 混合业务目标市场。金融企业混业经营的市场即为混合业务目标市场,是金融企业稳定市场态势后进行全面竞争的结果。在该目标市场里,企业全面推行自己的金融业务,明确竞争对手,以经济实力说话,是在稳定之后逐渐扩大多个目标市场的必然。实力较强的金融企业都会选择同时对多个目标市场开展营销。

二、金融企业目标市场的选择

1. 目标市场选择的战略

金融企业在选择目标市场战略时,应考虑产品条件、产品市场寿命周期、市场性质、竞争状况、资源条件等诸多因素的影响,同时根据目标市场需求特点的不同,采用不同的目标市场营销战略。

(1)无差异目标市场营销战略,即以一种产品、一种市场营销组合策略满足市场上所有顾客的需求。其实质是金融企业不进行市场细分,把整个市场视做一个大的、同质的目标市场。这一战略着眼于市场需求中的共性而忽视其差异性。这一战略的优点是:产品单一、批量大,有利于金融企业创名牌和节约营销费用。其缺点是适应性差,同时,单一产品也难以满足客户日益增长的多样化需求。

(2)差异性目标市场营销战略,即在市场细分的基础上,选择若干细分市场作为目标市场,针对每个细分市场,分别设计和制定不同的营销组合策略,以适应各个细分市场的需要。该战略的出发点是:认为客户的需要是各异的,不可能以完全相同的、无差别的产品去满足各类客户的需要。该战略的优点是:可以增强金融企业产品的竞争力,扩大其影响面,提高其声誉,从而扩大金融企业产品的市场占有率。但这一战略模式的推行会增加金融企业组织管理工作的难度,并导致经营成本费用的增加。

恒生银行切割市场蛋糕[①]

恒生银行在1995年切割理财市场蛋糕时,针对拥有高资产的客户推出优越理财,针对拥有中等资产的女性客户推出悠闲理财,针对男性客户推出翱翔理财,针对大客户推出纵横理财,为不同的客户提供不同的服务。

"针对不同的特殊消费族群提供特定的需求满足",恒生银行在这样的目标市场营销策略下,开发出许多新类别的产品,而且使每一个产品都只能够

---

① 赖丹声:《银行营销实战原理》,清华大学出版社2006年版。

满足一个特定的具有不同需求的目标客户市场。

差异性目标市场营销策略帮助恒生银行扩大了市场份额,2002年在恒生银行的业务中,个人理财占整体赢利的49%,2002年6月恒生银行被《亚洲金融》评为"最佳本地银行"和"扩展理财业务最有成效的银行"。

(3) 集中性目标市场营销战略,即在众多的细分市场中,选择一个或少数几个细分市场作为其目标市场的战略。其出发点是:将金融企业有限的资源分散投入各细分市场的效率很低,不如将力量集中起来,投入一个或几个重要的细分市场,在选择的目标市场中获得绝对优势的市场占有率。其优点是:营销对象相对集中,有利于金融企业详尽了解目标市场,在特定细分市场上获得有利地位。当然,这一战略也潜伏着较大的风险,尤其是在经济不景气的情况下,会导致金融企业陷入困境,这是其不足的地方。

金融企业目标市场营销战略的选择,应根据自身实力状况、市场变化情况及其他外部条件的动态变化进行灵活选择,而不能照搬书本经验。一般而言,只要是有利于金融企业长远发展、能提高其经济效益和产品市场占有率的战略模式就是可选的较优模式。

2. 选择目标市场应具备的条件

金融企业能否有效地选择目标市场,直接关系到金融营销的成败以及市场占有率。究竟采用哪一种目标市场选择战略,应综合考虑金融企业实力、金融产品和服务的特点及竞争对手状况等因素。

(1) 金融企业实力。也就是金融企业是否具有一定的购买力。对金融企业来说,有利可图的细分市场很多,受自身实力的影响,只得放弃部分有利可图的细分市场,而选择获取最大收益的细分市场作为目标市场。如果金融企业人、财、物资源充足,实力强大,则可采用扩张型战略;否则,宜采用谨慎型战略。

(2) 金融产品和服务的特点。金融企业推出的金融产品和服务是为了满足客户需求的,能否得到客户认可的关键是看金融产品的性能和特点。对相似性大和形似程度低的产品可分别选择不同的营销战略模式。

(3) 竞争对手的状况。如果市场竞争还不激烈,竞争对手实力不强,尚未能控制市场,就可全面竞争,乘势开拓市场并占有一定的市场份额;如果竞争对手实力很强,则可实施局部目标市场的竞争。

3. 选择目标市场的操作程序

为了提高市场细分和选择目标市场的质量,应该设计一个严格的操作程序,并进行严格的控制。这一市场细分流程包括:

(1) 确定细分的市场是异质市场,即该市场客户的需求有差异,并且是客户已察觉或认可的差异。

(2) 确定市场细分的依据。市场细分的依据不能太少,否则难以细分或分类较粗;但也不能过多,否则会增加风险和成本。

(3) 市场细分过程。把总市场按细分依据和标准划分为若干个子市场。

(4) 给子市场命名。了解其市场容量、市场增长的可能性和需求特点。

(5) 分析银行自身实力和所处的外部环境状况,为选择目标市场组织材料。

(6) 选择目标市场,即按一定的标准和要求,选择和确定一个或几个子市场作为目标市场。

(7) 设计市场营销组合,即根据目标市场的需求特点和目标客户的意愿,对产品、价格、营销渠道、促销策略等进行设计。

第三节　金融企业的市场定位

所谓金融企业市场定位,是指金融企业设计自身形象,按其实际业务范围把自己同其竞争对手区别开来,以成为某一细分市场中的较佳金融企业,显示出自己吸引客户的特色。定位的目的在于帮助客户了解竞争金融企业之间的真正差异,这样客户就能挑选对他们最适宜的、能为他们提供最大满足的企业。

定位的本质内涵是金融企业在众多属性中挑出一个或几个被许多客户重视的特性,并把自己放在这个恰当的位置上以满足特定客户需求的过程。恰当的市场定位能使金融企业充分利用自身的资源和优势,从而在市场中取得持久的竞争优势。

一、金融企业市场定位过程

与目标市场的选择类似,金融企业市场定位战略同样建立在对竞争对手和客户需求的分析的基础之上。也就是说,在金融企业确立市场定位战略之前,首先应该明确竞争对手是谁,竞争对手的定位战略是什么,客户构成及其对竞争对手的评价如何。

1. 确定定位层次

确定定位层次是定位的第一步。确定定位层次就是要明确所要定位的客体,这个客体是行业、公司、产品组合,还是特定的产品或服务。对商业银行而言,一般有以下四个层次:

(1) 行业定位,即金融企业整体的定位。在整个金融业中,商业银行只是其中的一个部分,而且随着市场竞争的日趋激烈以及伴随中国资本市场发展而出现的金融"脱媒"程度的逐步加深,可以预见,未来的金融业中各行业间的竞争将会愈演愈烈。

(2) 机构定位,即把商业银行作为一个整体寻求在银行业中的定位。这是考察某商业银行在与其他同业竞争对手比较时,本来和应该处于的一个位置。

(3) 产品和服务部门定位,即对商业银行所提供的产品和服务的定位,是将银行产品和服务分成几个大类,然后确定各类产品的定位。这一层次的产品和服务大致可按照资产、负债、中间业务等来划分,是一种粗线条的划分。

(4) 个别产品和服务定位,即对商业银行某一项特定产品和服务的定位。如商业银行推出信用卡业务时的市场定位就属于这一层次的定位。现阶段我国金融业实行的是"分业经营、分业监管"的管理体制,因此,对于商业银行而言,其在行业层次上的定位是没有多少操作性的,商业银行的市场定位主要在后三个层次上进行。

2. 定位选择

与一般企业的市场定位相同,金融企业的定位选择主要有以下三种基本方法:

(1) 正向定位。金融企业根据客户的需求和偏好的不同,为企业的产品培养相应的特色,并采取各种方式努力向客户传递这些特色的信息,就是正向定位方法。金融企业通常在推出新产品时采取这种市场定位战略。例如,当发展信用卡这种新兴业务时,各金融企业都陆续推出自己各具特色的信用卡,而金融企业向客户显示其信用卡的特色就是一种正向定位。

(2) 反向定位。这是指金融企业以竞争对手为参照物,根据竞争对手的产品和服务特色来决定自己的产品和服务特色,并运用各种方法努力传递这些特色的定位方法。这种定位方法包括三种形式：一是针锋相对式的定位，即金融企业采取与其他企业相同的市场定位方式，以夺取同样的目标客户；二是填补空缺式的定位，即金融企业避开与竞争对手直接的对抗，将其位置定位于某一市场空隙的方法；三是另辟蹊径式的定位，是指企业改变目标客户对其原有的印象，建立新形象的定位。

 案 例

万贝银行——市场补缺定位[①]

万贝银行是荷兰较为典型的中等规模的商业银行。由于其资金实力与荷兰三个金融巨头相差悬殊，因而其只能以该银行累积数十年的专有技术优势资源为支撑，奉行所谓"缝隙市场"的定位战略。

尽管按照现行荷兰金融法律，万贝银行完全可以经营零售银行业务，但该行从未试图涉足零售银行业务领域。其核心业务之一——私人银行业务就是一种对服务质量要求高、需要专门技术支撑的具有高回报的银行业务。而且，私人银行业务对银行分支机构的要求不高，非常适合中等规模银行受资本规模约束和成本考虑不能广设分支机构的特征。事实上，万贝银行在荷兰只设了三家分行，其目标客户就是高收入阶层。

为了更好地在竞争激烈的市场上谋求生存和发展，万贝银行确立了为数不多的两个核心业务。贸易和商品融资是该行引人注目的核心业务之一，万贝银行因此成为该类投资银行业务领域的佼佼者，甚至荷兰目前规模最大的 ABN. AMRO 银行集团、ING 银行集团在该业务领域内也只能居于其后。与荷兰金融业三巨头相比，万贝银行在国际金融市场上的姿态相对较低，该行通常通过合资的形式或以建立咨询代理机构的形式进入海外市场，这与该行处理风险能力相对较弱有关。就实质而言，寻求缝隙战略就是反向市场定位战略的一种表现形式，万贝银行市场定位战略的成功可视为中等规模银行执行反向市场定位战略的成功范例。

（3）重新定位。重新定位通常是指对那些不受客户欢迎、市场反应差的

[①] 熊元俊：《银行营销实战兵法》，清华大学出版社 2006 年版。

产品进行二次定位。一般来讲,重新定位是金融企业为了摆脱经营困境,寻求重新获得竞争力和增长的手段。不过,重新定位也可作为一种战术策略,并不一定是因为陷入了困境,相反,可能是由于发现新的产品市场范围引起的。例如,某些专门为青年人设计的金融产品在中老年人中也开始流行后,这种产品就需要重新定位。

(4)执行定位。定位最终需要通过各种沟通手段如广告、员工的着装、行为举止以及服务的态度、质量等传递下去,并为客户所认同。金融企业的定位理念需要贯彻到所有与客户内在和外在的联系中,这就要求金融企业的所有元素——员工、政策与形象都能够反映一个相似的并能共同传播希望占据的市场位置的形象。实践中,企业期望的位置经常会与实际传递的位置不一致。这往往是由不一致的营销组合所造成的。事实上,成功的定位取决于协调一致、整体的内部和外部营销策略。

二、金融企业市场定位战略

在金融企业定位的目标市场中,可能存在其他企业的产品,这些产品已在客户心中占有一定的位置,在此情况下,要想成功树立起自己产品的独特形象,就必须考虑到竞争企业的存在,并针对竞争企业的产品特征,制定科学、合理的目标市场定位战略。

(1)特色定位。这是指金融企业通过分析市场中现有的产品定位情况,发掘新的具有鲜明特色的市场位置来为自己企业的产品定位。这一定位战略主要是突出新产品的特色,以特色取胜,赢得客户,从而占据目标市场。

(2)拾遗补缺定位。这是一种较为保守的定位方式,是指金融企业通过分析市场中现有产品的定位状况,从中找出尚未被占有但又为许多客户所重视的空缺位置,从而为本企业产品确定市场位置。采用这一定位策略,可避免与同行企业的过度竞争,但应考虑以下因素:是否有足够数量的、确定的顾客需求;空缺产品的推出在技术上是否可行,经济上是否合理;金融企业是否有开发与经营能力。

(3)竞争性定位。这是指金融企业产品定位在与现有竞争者产品相似的市场位置上,与竞争对手针锋相对,争夺同一市场位置。这是一种进攻型的战略方式。这种定位方式的选择应考虑的因素有:产品的外观及内在质量是否具有优势;是否为顾客普遍认可;市场潜力与市场容量是否足够吸纳两个企业的产品;企业的经营实力是否比对手更强等。

【思考题】

1. 金融市场的市场细分理论有哪些?
2. 金融企业如何选择目标市场?
3. 目标市场定位战略的基本内容是什么?
4. 简述金融企业市场定位的具体过程。
5. 金融市场细分的标准有哪些?
6. 金融企业的定位选择有哪些基本的方法?

【本章小结】

与一般企业相同,金融企业的目标市场管理同样分为市场细分、目标市场搜寻及市场定位。具有特殊性的是,金融企业将面对几乎所有的产业,包括金融服务业本身,这对金融企业本身提出了更高的要求。本章在一般性的目标市场管理理论下更多地运用案例进行讲解。

 案例

工行挑战花旗"洋理财"①

没有谁会忽视"注意力经济"。2002年5月17日,中国工商银行上海市分行首次推出面向高端客户的理财中心,地址选在中山东一路24号,离花旗银行浦西支行仅几步之遥。高端客户、贵宾理财室、知名人士打头阵,工行的一招一式都令人联想到花旗。工商银行上海市分行副行长张琪对外界的"抄袭花旗说"颇不感冒:"说我们学花旗没有理由,工行从1987年就开设了中国最早的理财中心,从本土意义上说,我们的优势更加明显。"

身边银行盯上"富人"

状告花旗"歧视小客户"余音尚未了,长期定位于"市民身边银行"的工商银行也公开宣布成立专门为"富人"服务的理财中心。消息传出后,平静的市

---

① 卫容之:《推出面向高端理财中心工作 挑战花旗洋理财》,载《国际金融报》,2002年5月20日。

场反应有些出乎意料,一位正在办理储蓄业务的林女士看了一眼前方的贵宾室,坦然地说了句:"每个人都有自己的需要,很正常。"一个月前,在被问到工行对状告花旗的看法时,该行有关人士的话语中带着些许得意:"国内居民一边希望银行尽快赶上全球化步伐,一边却对国际通行的收费大呼不解。花旗提出收费,至少在观念上对国内居民是个彻底冲击,为今后国内银行收费扫清了障碍。"

尽管没有人指责工行"歧视小客户",但"身边银行"的牌子是否会因此动摇还是引起了大家的兴趣。张琪表示,工行仍是面对广大客户的商业银行,细分客户是银行的战略规划手段,商业银行不能不赚钱,所以作调整也是争取效益最大化的方式。如果不为高端客户专门打造理财工作室,说不准,他们真的全跑到一墙之隔的花旗去了。对于敏感的收费问题,工行相关人士明确表示,目前暂时没有收费考虑,但收费是必然趋势。

差别服务成趋势

据介绍,每一个持VIP卡的贵宾,不但可在专辟的贵宾室办理业务,而且将获得专门配备的私人客户经理,在利率、费率上享有减免和优惠等待遇,并能在第一时间获得工行的新产品信息和量身定做的书面理财建议。

曾听说过一个故事:美国的银行取款可以预约,一个电话打过去,10分钟内银行就会将现金送过来。中国银行的巴曙松博士对此评价:"从全球范围内看,银行客户的80%左右是不能给银行带来综合效益的,只有20%左右的客户能给银行带来效益。因此银行应该为20%的客户提供重点服务。从这个意义上说,国内对于大多数客户一视同仁,是商业化程度不高的表现。"张琪也反复提到"细分客户"的概念。她说,工行其实早在1997年就率先开设了个人理财工作室,但由于把产品开发置于客户管理前,使得理财业务没有更快地发展起来。而差别化服务是国际趋势,工行这次并不是简单把理财中心搬到一个漂亮的房间里,而是下工夫留住高端客户。和花旗"10万美金存款额的分水岭"不同的是,"工行贵宾理财室"并非只要达到一定的存款额就能准入。

据介绍,该行有一套客户评估体系,包括有形评估和无形评估两方面。评估体系中是否可以包括无形评估是中外银行的最大区别,据说评估细则并不复杂,但工行人士以"商业机密"为由拒绝透露。

【案例讨论题】

试讨论本土金融企业与外资企业在面对中国市场时的优劣。

第六章 金融企业产品策略

【学习重点】

1. 理解金融产品的复杂性。
2. 理解金融整体产品的含义,思考不同金融产品之间的联系,并以此为基础理解金融产品生命周期的意义。
3. 建立对金融产品开发初步的市场观念。

【导入案例】

金融产品的设计[①]

一家基金管理公司通常掌管着一家或多家基金产品,每一个基金产品由于具体投资领域的不同,其风险和预期收益也不尽相同。但放眼望去,各种所谓"精选"、"优选"、"成长"、"增长"、"增利"的字眼充斥在各种基金中,几乎令投资者无所适从。有基金业内人士就曾经调侃地说:"到底'精选'和'优选'有多少区别,恐怕连专业人士都说不清楚。"

再比较一下目前几只货币市场基金的产品说明,雷同的投资对象、一样的费率标准、差不多的赢利预期,几乎让人看不出它们的"个性"来。

---

① 巴曙松:《基金大势——2007 基金发展报告暨投资方向》,载《中国商业评论》(增刊),转引自 http://funds.money.hexun.com/2655、2212689A.shtml;《中国杰出营销奖服务类三等奖:中信魔力信用卡》,新浪财经,2006 年 7 月 7 日,http://finance.sina.com.cn/hy/20060707/11592714084.shtml。

"同国外相比,目前国内基金的投资渠道还明显偏窄,因此基金在营销中也不得不多在名字上动脑筋了",某基金业内人士对此分析说。

然而这在营销专业人员的眼中却是另一种印象。专家分析说:"基金产品设计人都是金融专家,设计产品时难免更多地从自己的角度出发,没有对消费者作深入的研究。因此虽然在设计产品时有想法,但是在推广产品时,往往感到茫然,这是明显的'产品导向型'。"

2005年9月1日,Visa国际组织与中信实业银行携手打造的"Visa中信魔力卡"正式问世。这是一款专为女性量身定做的产品。所谓魔力,是指该卡片采用了闪亮夜光和魔幻温变技术。卡面上的女性造型在阳光或灯光等照射下吸收能量,在夜晚或黑暗中将自动发出闪亮迷人的夜光;卡面上的"魔力"字样可随外部温度的变化而变化,只要手指轻轻擦过,紫色瞬间淡化,若隐若现。

调查数据显示,我国现阶段透支群体中大多是中青年职业女性。她们的消费力旺盛,信用普遍比男性好,欠贷情况远比男性少。Visa中信魔力卡不仅具备标准的双币种信用卡特有的一卡双币、全球通用、境外消费、人民币还款等强大功能,而且还提供24小时女性健康保险,帮助女性抵御四大高发疾病,保险金额更是高达人民币1万元,其他的功能还包括:一元一分的超值积分、长达56天的免息还款期、密码和签名双重确认方式、短信服务以及多达12种还款方式等。

金融机构从事金融产品的开发和组合工作,实行适宜的品牌策略,是开发业务品种、开拓市场机会的重要途径和具体方法,也是开展营销活动的首要和关键环节。本章通过对金融产品基本特点和现有金融产品类型的介绍引入金融产品的开发策略、组合策略以及品牌策略,并从金融产品的生命周期角度阐述不同时期的营销策略,从而使读者对金融产品的开发过程以及如何根据不同的经营环境与不同的要求来创造和组合金融产品、满足相应需要有比较充分的了解。

第一节 金融企业的整体产品

一、金融企业整体产品的概念

金融产品是指金融市场的交易对象,是金融活动中与资金融通的具体形式相联系的载体,即金融工具。由于金融产品与金融服务在大多数情况下可以互换,所以金融产品与金融服务难以截然分开。因此,我们认为,金融产品可以被定义为:金融机构向市场提供的使顾客可以取得、利用或消费的一切事物。它既包括各种金融工具,也包括与各种金融工具有直接关系或间接关系的各类金融服务。

同时,我们还可以从外部与自身两个角度,将金融产品划分为更为细致的部分。从外部看,金融产品包括:核心产品——客户希望得到的金融产品系列中最具关键性的、主要的产品;基础产品——依业务种类不同而有不同特点的成套业务;扩展产品——配套解决客户的全部问题的系列化业务。从其自身看,金融产品包括:核心部分——顾客希望得到的某一种金融产品中的最适合需要的利益和好处(如较高的利息收入);有形部分——产品中可让顾客看得见、抓得着的内容(如品牌、形体、包装、质地等);附加部分——包括服务附加、知识附加、方便附加、省时附加等各种附加内容。

二、金融企业产品分类

金融产品的类型很多,依据不同的标准可将其作不同的分类。例如,可以根据产品的利率、期限的长短以及利率的关联程度,将金融产品作如下分类,如图6-1所示。还可以根据金融产品的自然形态进行分类:一种是有形产品,包括支票、大额可转让定期存单、存折、回购合同、政府债券、公司债券、股票、保险单等具有一定外在载体或形式的金融产品;另一种是无形产品,即由金融机构提供的各种类型的金融服务,包括放款、结算、储蓄、汇兑等。当然,有形金融产品与无形金融产品在使用过程中常常是结合在一起的。

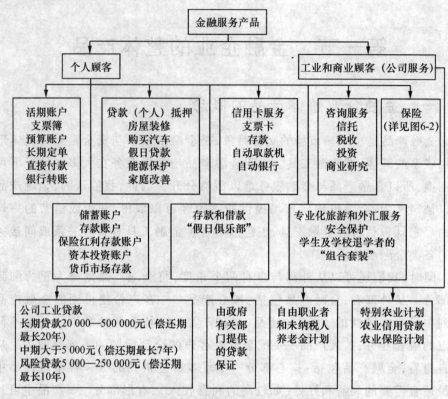

图 6-1　金融服务产品按客户对象不同分类

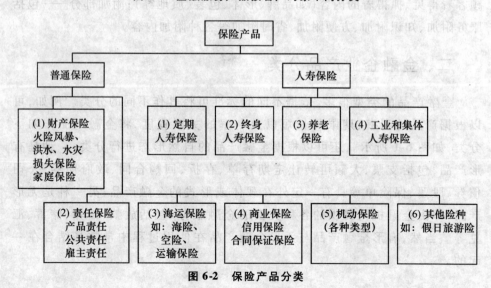

图 6-2　保险产品分类

英国金融营销学家亚瑟·梅丹将金融服务产品依据客户对象不同分为两大类,如图6-1、图6-2所示。

商业银行目前是各国金融机构中数量最多、影响力最大的一类金融机构,在此以图6-3、6-4、6-5来概括性地描述一般商业银行最常见的金融业务服务类型及金融产品。

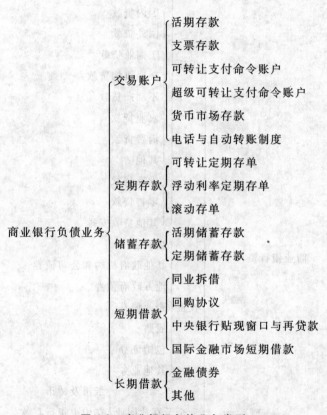

图6-3 商业银行负债业务类型

商业银行资产业务
- 贷款
  - { 短期贷款 / 中期贷款 / 长期贷款
  - { 抵押贷款 / 信用贷款
  - { 国内贷款 / 国外贷款
  - { 工商业贷款 / 金融机构贷款 / 不动产贷款 / 农业贷款 / 消费贷款 / 其他
  - { 批发贷款 / 零售贷款 / 其他贷款安排
- 投资
  - 政府公债
  - 其他政府机构和公司债券
  - 地方政府债券
  - 企业债券
  - 股票
  - 包销证券
  - 其他业务
- 现金及存放同业
  - { 纸币及铸币 / 在中央银行存款 / 存放同业存款
- 其他资产

图 6-4　商业银行资产业务分类

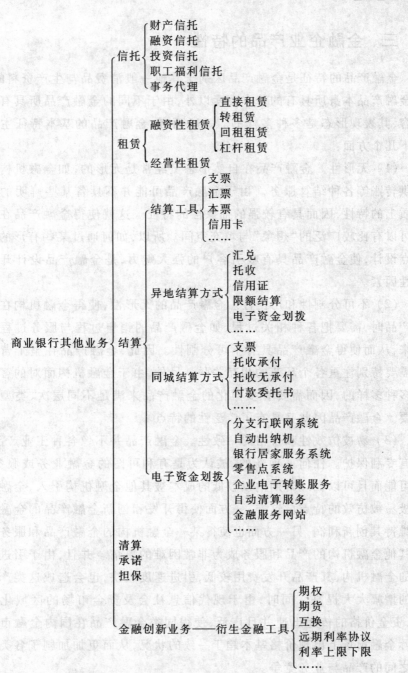

图 6-5 商业银行其他业务分类

三、金融企业产品的特性

金融产品的特征是金融产品区别于其他一般消费品与生产资料的特点。除金融产品本身所具有的基本要素以外,由于不同的金融产品所具有的特殊内容,其表现形态是多种多样的。一般而言,金融产品的基本特征主要包括以下几个方面:

(1)无形性。金融产品在自然形态上经常是无形的,如金融机构为客户提供转账等各种结算服务。由于金融产品可能并不具备某些鲜明的物理或物质上的特性,因而具有较强的抽象性的特征。这就使得金融产品在扩展方面可以有比较广泛的"想象"与填充空间。所以,如何通过某些有形的形式与特点设计,使金融产品具有吸引客户的强大魅力,是金融产品设计开发的关键性因素。

(2)不可分割性和广泛性。金融产品的无形性,使得金融机构在提供金融产品时,需要把各种相关过程,如金融产品的销售过程与服务过程等联系起来,从而使得金融产品具有不可分割性。因此,金融产品在整个营销过程中需要特别注重各个环节的相互关联。另外,由于金融机构面对的客户需求是多种多样的,因而需要有多样化的金融产品来满足不同层次、类型的客户需要。金融产品因此又具有了广泛性的特点。

(3)易被仿效性和价格的一致性。金融产品并不像各种工业产品一样,具有专利保护。任何一项新的、被认为是有利可图的金融业务或服务品种,都可能而且可以在短时期内以较低的成本被其他金融机构引入,金融产品具有极易被仿效的特点。这样,一方面使得开发和创新金融产品的金融机构极难维持其创新利润,另一方面也使得某一金融机构的金融产品和服务想区别于其他金融机构的产品和服务成为非常困难的事情。并且,由于引进金融产品的金融机构,其产品开发费用较低,引进速度较快,也会造成这类产品和服务的增幅大大提高。同时,由于现代信息社会及资金市场的区域化与全球化,资金价格的传递迅速并且广泛,使得同类金融产品在国内金融市场甚至国际金融市场上出现价格基本趋于一致的状况,从而更加加剧了各类金融机构之间的产品与业务竞争。

四、可供金融机构选择的产品策略

（1）优质产品或服务取胜策略。金融机构市场形象的树立，首先取决于其产品和服务的信誉。因为消费者和顾客只有通过产品和服务才能真正认识和了解金融机构。优良的产品和优质的服务，会使金融机构名声大振；而劣质的产品和不良的服务，只能使金融机构的名誉扫地。金融机构产品和服务质量的优劣，是消费者和顾客认定的，是在消费和购买同类产品和服务中比较、鉴别的结果。优良的产品和服务能够为消费者和顾客带来更多的利益，也是金融机构与消费者和顾客建立良好公共关系的桥梁。因此，利用优质的金融产品，可以帮助形成金融机构的忠实消费者群和顾客群，从而有助于金融机构在竞争中取胜。金融机构可以通过创建、推广具有鲜明特色、有代表性的金融产品或金融品牌，通过优质的金融产品及优良的金融服务来树立其在市场上的独特形象，以吸引客户，占领市场。

（2）以新取胜策略。金融机构的生命力在于不断创新，不断地开发新产品和服务。现代科学技术日新月异，市场瞬息万变，金融机构要在激烈的竞争中树立自己的市场形象，取得既定的经营目标，其出路就在于开发出让消费者和顾客愿意接受、使用甚至是追求的金融产品。同时，金融机构也只有不断地开发出适应市场需要的新产品，或者根据客户需要，提供新的业务与服务，才能在竞争激烈的市场环境中把握主动权；才能树立良好的市场形象，提高其信誉和地位；才能既满足消费者的需求，又能达到金融机构获利与自我发展的目的。

（3）以快取胜策略。兵贵神速，以快取胜，这是金融机构迎接和应付竞争的重要手段之一。金融机构的产品和服务要想在激烈的竞争环境下为消费者和顾客所接受，除了要有优异的质量、合理的价格、有效的促销外，还要把握住准确的市场信息，在适宜的时机迅速推出新的产品和服务。特别是对于某些在一个较为特定的阶段非常流行的产品和服务，更是如此。这类产品与服务的时间性强，机会转瞬即逝。如果推出速度慢或者当将其推向市场时已时过境迁，就会成为"短命"的产品或服务，很可能很快就被淘汰。

（4）以廉取胜策略。大多数的消费者和顾客都有一种偏见，愿意购买低价产品或服务，因为这样他们可以获得一定的消费剩余。因此，金融机构要想使自己的产品或服务迅速占领市场，在推销阶段，可以考虑将产品和服务的价格适当定得低一些,必要时甚至可以低于成本。当产品和服务的销路畅通后,结合产品质量和服务水平的提高等,逐步地将价格提高到预期的水平上。另一种考虑是:以产品和服务的低价出售和提供为手段,把利益让给消费者和顾客,从而树立起良好的市场形象,招徕更多的忠实者,牢牢地占领市场,战胜竞争对手。

(5) 高档产品策略与低档产品策略。所谓高档产品策略是指在一条产品线内,增加高档、高价产品项目,以其来提高金融机构现有产品的声望,这样一方面增加了现有产品的销售,另一方面又可以吸引高收入者购买这类产品。所谓低档产品策略是指在高价产品线中增加廉价产品项目,目的是利用高档名牌产品的声望和地位,吸引无力购买高档产品的顾客,使其慕名来购买名牌产品线中的低价产品。因此,经营高档产品可使金融机构的整体业务获得声誉;而经营低档产品则可增加销量,提高收益。金融机构可以根据自身情况,选择其中之一或两者同时使用。

(6) 系列产品策略。就是通过为顾客提供"全套"金融产品或"一站式"服务,使顾客能够获得系列的产品或全套的金融服务。这样,一方面可以满足顾客对不同金融产品的不同需求,使顾客可以在一家金融机构处理其大部分甚至全部的金融活动,留住客户;另一方面,通过增加产品线、扩展产品组合的广度和深度,能够达到金融机构经营上的规模经济和分散金融业务风险的目的。如目前在世界金融界大量出现的全能银行业务,即为金融机构系列产品策略实施的最好例证。

第二节　金融企业产品组合

一、金融企业产品组合的概念

从一般的企业营销角度看,很少有企业只生产和销售一种产品。多数情况下,企业是生产和销售许多种产品,从而形成一系列产品。这就是所谓的产品组合。

产品组合的主要目的在于促进销售、提高利润、分散风险。同时应注意的是,一般情况下,各企业增加其产品组合多是从自己在某行业中的领先优势开始,先扩大与其相关的产品系列,再逐渐将其扩展到更宽广的范围。

金融产品组合是指金融机构所经营的全部产品线和产品品目的组合或搭配。其中,产品线是指金融机构提供的具有同种功能或服务的一组产品,如商业银行的储蓄存单就是一条产品线,其包含了活期存单、一年期存单、三年期存单、大面额可转让定期存单等产品。产品品目是指金融产品线内各种不同品种、规格、质量和价格的特定产品,如大面额存单产品包括不同起存金额或不同存款期限的具体存单品种等。所有的产品品目和产品线便构成了金融机构的金融产品组合。

金融机构将其产品进行合理有效的组合,在产品营销方面所起的突出作用是:

(1) 产生金融产品广告的规模经济效应。金融产品的合理组合,有利于发挥产品广告的规模经济效应。因为将同一条产品线中的几种产品放在一起进行宣传,可以节省宣传、广告费用,并带动产品线上各类金融产品的销售。

(2) 有利于树立金融产品的形象。将金融产品进行合理组合,进而可以统一相关金融产品的包装,对金融产品线的产品销售会有益。产品线中的所有产品外观包装相同,却又保留了自己的独特特点,可以使客户对该类金融产品有深刻的印象。

(3) 有利于金融产品高效率的销售和分销。金融产品的产品线,能使金融机构的销售人员有向消费者提供最大选择范围的余地。从一般企业的情况看,如果企业提供产品线的全部产品,则分销人员和零售商会更愿意"储存"该企业的产品;并且,一个产品线的产品运输和仓储成本也要比相同数量的、单独的产品项目低。对金融机构来说,系列的金融产品会使客户有更大的选择空间,从而刺激其购买欲望。

(4) 有利于金融机构以点带面,扩大其产品销售。一般买主通常会认为一个产品线的所有产品的质量大体相同。如果一家金融机构及其产品线上的某类金融产品非常吸引人,投资者出于好感或信任,会对其同系列产品或同类产品进行购买或投资。

二、金融企业产品组合策略

对于产品组合策略,可根据其宽度、深度、长度和关联度四个要素来描述。所谓宽度,是指金融机构提供的金融产品线所包含的产品大类和服务种类。所谓深度,是指金融机构所提供的某一类金融产品所具有的具体品种数量。所谓长度,是指金融机构能够提供的所有产品品目的总数。所谓关联度,是指各个金融产品线在产品的功能、类别、服务方式、服务对象和营销方面的相关性、接近性和差异性。

从理论上讲,一个金融机构的产品组合的宽度越广、深度越大、长度越长、关联密度越高,对企业的发展就越有利。这是因为,金融产品组合的宽度越广,越有利于其分散风险,提高利润;金融产品线的加深,可以使其吸引不同品味、不同要求的客户,有利于金融机构进一步细分市场,并增加其细分的目标市场的销售额和利润,还可以使金融机构利用规模经济效应,降低成本;金融产品线的适度、适时延伸,有利于增强金融机构自身在金融行业中的市场竞争能力;金融产品的关联度越高,越有利于金融产品的推销及交叉销售。

但在实际中,金融机构对于产品组合策略的选取,不仅受相关金融法规的限制,还受金融机构的经营规模、竞争力、市场前景和市场发展方向及自身管理水平、能力等诸多条件的限制。因此,金融机构在进行产品组合选择时,应考虑多方面的影响因素,并考察自身的实力、目标和条件。如果金融机构具有较强的实力,且经营目标在于占有更多的市场份额和增加产品销售,则其在金融产品的组合中,就应增加可提供的产品品目的数量,也即增加其产品组合的宽度与深度,多开发新的金融产品;反之,则应选择较窄的金融产品组合,将营销的重点放在某一种或几种金融产品上。

金融机构可以采用的产品组合策略主要包括:

(1) 全线全面型。指金融机构着眼于向所有的细分市场提供其所需要的一切产品或服务。采取该种策略的金融机构必须有能力照顾整个市场的需要。全线全面型策略有狭义与广义之分:狭义的全线全面型策略,是指提供某一类行业所需的全部产品,产品组合的关联性很强;广义的全线全面型策略,是指尽可能增加产品组合的广度和深度,而不受产品线之间关联性的约束,力图满足整个市场的需要。

(2) 市场专业型。指金融机构着眼于向某专业市场提供其所需要的各种产品。金融机构采用这种策略,强调的是产品组合的广度和关联性,但产品组合的深度一般较小。

(3) 产品线专业型。指金融机构专注于某几类产品或服务提供,并将它们推销给各类顾客。金融机构采用这种策略,强调的是产品组合的深度和关联性,产品组合的广度一般较小。

(4) 有限产品线专业型。指金融机构根据自己的专长,集中提供和经营有限的甚至是单一的产品线,以适应有限的或单一的市场需求。金融机构采用这种策略,特别强调产品组合的深度和关联性,而较为忽视产品组合的广度。

(5) 特殊产品专业型。指金融机构根据自身所具备的特殊资源条件和技术专长,专门提供或经营某些具有优越销路的产品或服务项目。金融机构采用这种策略,其产品组合的广度极小,深度不大,但产品组合的关联性极强。产品或服务的特殊性决定了金融机构所能开拓的市场是有限的,但竞争对手的威胁一般也是较小的。

(6) 特殊专业型。指金融机构凭借其自身拥有的特殊的经营、技术等条件,提供能够满足某种特殊需要的产品。金融机构采用这种策略,其产品组合的广度较小、深度较大、关联性较强,而且通常可以有效地避免竞争。

显然,金融机构需要根据竞争环境的要求与变化、自身经营状况、客户状况等来决定适宜的产品组合策略,以加强其在市场上的占有率与吸引力。

三、金融企业产品创新

金融企业新产品是指金融企业为了适应市场新需求而开创的与原来产品有着显著差异的一切产品,也就是说,只要金融企业产品中任何一个层次发生了更新或改变,使得产品增加了新的服务或功能,并能给客户带来新的利益或需求的满足,都可以称为金融企业新产品。

金融企业新产品应该具有以下特点:

(1) 优越性。新产品必须能为客户带来更多的新利益。

(2) 针对性。新产品要能满足客户某方面的需求。

(3) 易用型。新产品的使用方法要简便易学,容易为客户所接受。

(4) 适应性。新产品要与客户的价值观念和习惯相一致。

(5) 赢利性。新产品推出的最终目的是增加金融企业的赢利,在开发创新过程中必须注意长期成本和收益的对比。

案 例

2005年信托产品创新经典案例[①]

首个银行股权信托——渤海银行股权投资信托

天津信托发行的渤海银行股权投资信托计划,开创了集合资金信托产品的诸多先例。第一,股权投资方面的制度创新;第二,信托财产管理模式上的创新;第三,收益模式上的创新;第四,信托合同标准化方面的创新。

※　　　　　　　※　　　　　　　※

首个股改信托计划——深国投·农产品股改信托

深国投为了配合上市公司"农产品"进行股权分置改革,推出了市场上第一个股改信托计划——深国投·农产品股改信托,这是信托公司首次在上市公司的股权分置改革中分得一杯羹。该信托计划对信托行业如何参与股改具有积极意义。股改一直被认为是证券公司的专利业务,信托公司此次的参与无疑有了新的突破,为其他信托公司参与股改提供了借鉴。股改的全面铺开,特别是股权激励制度的即将出台,又为信托公司带来了更多的机遇。

※　　　　　　　※　　　　　　　※

外汇信托:金汇﹡结构性存款集合资金信托计划(一期)

平安信托推出了华南地区第一只也是2005年全国唯一一只外汇信托计划——"金汇﹡结构性存款集合资金信托计划(一期)",该计划中美元集合资金运用于法国兴业银行的美元结构性存款,外汇信托数量和规模都远不如其他信托产品,原因在于:一方面国家外汇管理局准许开展外汇资金信托试点的信托公司,目前为止只有中信信托、江苏信托、上海国投和平安信托等寥寥数家;另一方面受外管局《关于信托投资公司外汇管理有关问题的通知》等政策限制,信托公司外汇资金的投资渠道依然相对狭窄,具有可操作性的也就是将外汇资金用于结构性存款,另一个渠道就是贷款给境内企业,用于购买设备或者偿还到期外债。

---

① 《2005年信托产品创新经典案例》,载《证券时报》,2006年2月14日。

第三节 金融企业产品的生命周期

一、金融企业产品生命周期的概念

金融产品和其他任何一种产品一样,在市场上的销售情况和获利能力并不是固定不变的。从被投入市场开始,金融产品的销售能力与获利能力会随着时间的推移和市场环境的变化而发生变化,并可能最终被市场淘汰。这个过程有如生物体一样,历经诞生、成长、成熟和衰亡的生命过程。我们把金融产品从进入市场到最后被淘汰的全过程,称为金融产品的生命周期。从市场营销的观点看,金融产品的生命周期亦即其市场演进进程。

二、金融企业产品生命周期各个阶段的特点和营销策略

1. 导入期

导入期是指银行产品投入市场的初期,即试销阶段。这一阶段的特点是:客户对金融产品不怎么了解,购买欲望不大,金融企业要花费大量资金来做广告和宣传;金融产品还未定型,企业要收集客户使用产品后的意见,不断改进产品,所以也还要投入一定的产品研制费用。在这一阶段销售增长缓慢,银行赢利很少,甚至会发生亏损。

这个时期市场营销的特点是:客户对该金融产品还不太了解,大部分客户对过去的金融产品都已形成消费习惯和选择定势。因此,处于导入期的金融产品,其销售量肯定不大;针对该产品建立的分销模型、营销渠道也还有一个过程;价格决策难以建立;广告费及其他营销费用开支相对较大。因此该时期金融产品的利润相对较少。另外,此时金融机构承担的风险较大。但同时也存在有利的一面,即这个时期的市场竞争者较少。

因此,金融机构应尽可能采取有效行动来控制成本,并在经过选择的市场上用统一的推广信息和风格,促进市场了解新产品的特征和特点,建立有效的营销系统等,将新的金融产品迅速推到成长期,从而进入市场发展阶段。

根据产品导入期的特点,金融机构可以在导入期的价格和促销水平的组合方面采取相应的市场营销策略。

（1）高价格、高促销的"双高"策略。该策略是以高价格配合大量促销和大张旗鼓的推销广告活动将金融产品推上市场，以引起客户的注目。这样的策略可以先声夺人，使金融产品能够迅速占领市场。在市场潜在需求量大、金融产品新颖且有特色、客户求新心理强烈的情况下，此策略比较容易奏效。

（2）可选择性渗透策略。该策略是以适当高价位、低调促销活动推出新的金融产品的策略。采用这种策略的条件是：市场规模较小，竞争威胁不大。对客户来说，可供选择的金融资产品种少，因而适当调高价格，也仍然能为客户所接受。

（3）低价格、低促销的"双低"策略。该策略是以低价位、低促销的方式将金融产品引入市场。低价位，可促使市场很快接受该产品，迅速打开市场局面；低促销，则可以节约推销和广告费用。该策略适用的条件是：金融产品的市场规模较大，价格弹性大，促销弹性小，已为众多客户所了解。显然，该策略适用于金融机构模仿其他金融机构已开发的金融产品的推广。

（4）密集型渗透策略。该策略是以低价位和高调促销来推出新的金融产品，以最快的速度进行市场渗透和提高市场占有率的策略。采取该策略的条件是：金融产品的市场规模较大，市场上对该产品还不太了解，同业间因看到较大的潜在预期收益而使得竞争非常激烈。

2. 成长期

成长期是指金融产品通过试销打开销路，转入成批生产和扩大销售的阶段。这一阶段的特点是：银行产品已基本定型，研制费用可以减少；客户对产品已有一定的了解，企业的广告费用略有下降；产品销售量呈现迅速上升的态势，企业利润不断增加。但是，随着其他企业仿制品的不断出现，产品竞争日趋激烈。

在成长期，金融机构可能会面临高的市场占有率与高利润率之间的选择。一般来说，实施市场扩张策略，会减少金融机构的眼前利润。但从长远上看，两者应是相辅相成的。

金融企业在这一阶段可以采取的措施主要有：

（1）不断提高产品质量，改善服务。为了能使自己的产品异军突起，金融企业必须不断开拓产品的新用途与特色服务，改善产品的性能，赋予其新的活力。

（2）扩大广告宣传，为产品树立良好的形象，提高声誉，让客户信任产品。

（3）适当调整价格，增强产品的竞争力。

（4）利用已有的销售渠道积极开拓新市场，进一步扩大销售。

3．成熟期

成熟期是指金融产品在市场上的销售已达到饱和的时期。这一阶段的特点是：金融产品已被客户广泛接受，销售量的增长出现下降。但这一阶段的成本与费用较少，所以企业的利润较稳定。另外，这一阶段市场竞争更为激烈，仿制产品层出不穷，价格战与促销战也愈演愈烈，最后可能引起企业利润的下降。

金融企业在这一阶段可以采取这样一些措施：

（1）市场改革策略，即市场多元化策略。实现的方式有：开发产品的新用途，寻求新的细分市场，刺激现有客户，增加使用频率，重新为产品定位，寻求新的客户等。

（2）产品改革策略。这是指整体产品概念的任何一个层次的改革，也可视为金融产品的再推出，具体包括提高产品质量、为客户提供新的产品用途等。

（3）营销组合改革策略。指通过改变定价或销售渠道及促销方式来加强服务，延长产品的成长期和成熟期。一般是通过改变一个因素或者几个因素的配套关系，来刺激或扩大客户的购买欲，进而扩张产品的销售。

4．衰退期

衰退期是指银行产品已滞销并趋于淘汰的时期。这个阶段的特点是：市场上出现了大量的替代产品，许多客户减少了对老产品的使用，产品销售量急剧下降，价格也大幅下跌，金融企业的利润日益减少。

金融企业在衰退期可以采取的措施：

（1）持续策略。当产品进入衰退期时，大量竞争对手会退出市场，金融企业可以继续沿用过去的策略吸引部分老客户使用老产品。

（2）转移策略。由于不同市场、不同地区客户需求的发展程度不尽相同，一些产品在这个市场上趋于淘汰，而在另一市场上可能还处于成熟期，所以金融企业可以对各个市场进行比较，将产品转移到一些仍有潜力的市场上进行销售。

（3）收缩策略。金融企业缩短营销战线、精简人员、降低营销费用，把人力、物力、财力集中于某些最为有利的市场上,以获取最大的利润。

(4)淘汰策略。彻底地将产品驱逐出市场,用新产品取代老产品,以维持或扩大市场占有率,增加产品销售。

第四节　金融企业的新产品开发

一、金融企业新产品开发策略

金融产品的开发方法即产品的开发手段与途径是多种多样的。如可以通过新技术来开发新产品;可以通过对现有产品的不足进行改进与修正,进行新功能的挖掘和创造,从而改进与革新金融产品;还可以通过仿效与模拟或者进行重新组合和包装等来开发新产品。

总的来说,金融机构在开发金融产品时可根据需要采用以下不同策略,或将几个策略交叉使用,以达到其产品开发的目的。

1. 扩张型开发策略

金融机构在确立了自己在金融市场中的位置,建立起一定的业务发展空间,提供了传统或主要的业务之后,通过扩展现有服务、增加交叉销售的方法,将其业务向更广阔的市场推进,使其业务类型、产品品种和服务向纵深方向发展,使客户能够在一家金融机构中获得所有的服务项目。

扩张型开发策略的好处是比较便于操作,对客户具有较强的吸引力,且能使客户获得一定的利益。如目前很多金融机构对客户提供"一站式"金融服务,商业银行向全能式、综合式"金融百货公司"方向发展等,均可看做扩张型开发策略的结果。

2. 差异型产品开发策略

由于金融产品的特性与金融营销的要求,金融产品的开发永远以金融企业所关注和实现的市场细分区分析为出发点,这意味着产品创新开发者必须关注每一个重要的市场细分,明了哪里存在着金融服务需求,确信他们所提供的金融产品和服务最适合于这个市场细分,并可以使客户和金融企业的效用、效益获取程度达到最高。金融机构可以同时为几个细分市场服务,并且按照每个市场的不同需要,分别设计不同的产品和运用不同的市场营销组合。

差异型产品开发策略,就是指金融机构根据细分市场进行特殊产品开发的一种策略。金融机构采取这种策略,是以提高自己选定的目标市场占有率为目标的。在市场细分和市场定位的基础上,金融机构放弃不相关的或无竞争力的产品或服务,而把着眼点放在少数细分市场上的有特色和竞争力的产品或服务上,这样既可以减少不相关的服务所带来的成本,又可通过垄断优势提高特色产品或服务的价格。

差异型产品策略的特点是:根据金融机构市场细分的结果进行设计,每个产品一般只适应特定人群的某种或某几种需要。因此,金融机构需在经营特色上下工夫,并且在推销宣传中注重特色宣传,以使产品特点突出、明确,易于被人们接受。

3. 卫星产品策略

卫星产品策略是指金融机构开发出一种独立的产品,它的购买者或使用者无须是该金融机构核心账户的持有者,或者可能根本就是该金融机构的非账户持有人。这种产品策略的实质是:创造一种脱离金融机构核心服务的独立产品,目标是增加对非开户客户的产品销售。

卫星产品策略比较适合于没有庞大的分支机构网和资金雄厚的大客户的小型金融机构。对于一些大中型金融机构来说,这种产品策略也有一定的好处:一方面提高了金融机构对非账户持有人的产品销售额,增加了其对该金融机构的了解与认同;另一方面也有利于增强金融机构的总体服务,增加对账户持有人的产品交叉销售额。

4. 提高金融产品竞争力策略

提高金融产品竞争力,其核心是提高金融产品的质量和功能,进一步满足市场需求。主要包括以下策略:

(1)抢先策略。金融机构抢先研制、开发出新产品,并领先"上市",从而使其在市场上占据某种主导地位。要做到这一点,金融机构必须要有较强的产品研制与开发能力,还要有足够的人力、物力、财力,并能承担相当的开发与推广风险。

(2)周到服务策略。服务周到性是构成金融产品竞争力的一个重要因素。金融机构要想运用该策略,一则应提高对金融产品服务周到性的认识,二则需要有研究和服务的能力。应能做到:立足于取得经济效益,并在品种上求最新、质量上求最优、成本上求最低、服务上求最好。

（3）低成本策略。金融产品的价格是金融机构竞争力的基本组成部分。金融机构采用该策略,关键是要通过各种可行措施与方法,切实提高工作效率。如金融机构可以通过提高金融业务电子化服务的程度,来扩大和挖掘目标市场的服务规模等。

（4）跟随策略。跟随策略是指当金融机构发现市场上出现极具竞争力的金融产品时,可以充分利用金融产品易于仿效性的特征,迅速仿制有关产品并快速打入市场,以在较短时间内取得最好的效益。

二、金融企业新产品开发的程序

1. 形成创意

金融产品设计开发的第一步,即为产品创意。具体是指对能够满足现有客户和潜在客户某种需求的新产品所作的设想和构思。创意是新产品形成和退出的基础,但并不是每一个创意都能与真正的市场需求相吻合。金融产品的创意是否能够最终成为现实,与产品创意过程的长短、难易程度及金融机构本身所拥有技术的先进程度、营销管理水平的高低,以及创意的来源渠道甚至创意数量的多少,存在着重要的关系。

2. 创意优选

产品创意对于发展新产品是必需的,但有了产品创意并不一定能使其付诸实施,也不一定能使这种金融产品成为有发展前途的新产品。对此,金融机构可以根据其具体目标和经营能力进行创意优选,主要目的在于尽可能早地发现好的创意,并放弃不可行的甚至可能是错误的产品创意。

金融机构在进行创意优选时,可考虑以下因素:新产品的市场空间;新产品的技术先进性与开发可行性;新产品开发需要的资源条件与其配套服务的要求;新产品的上市促销、营销能力;新产品的获利能力和社会效益评价。

3. 具体分析

在对金融产品的创意进行优选后,金融机构会得到一些有初步可行性的创意,但这些创意是否真正可行,还应经过一些具体的分析:

（1）产品概念的形式与测试。产品概念是指已经成形的产品创意,可用一定的文字或模型来表示。对产品概念的测试是指金融机构对这种成形的金融产品创意进行一定范围的客户调查。在调查中,可以要求客户对产品概念的描述是否清楚、产品特点是否便于了解、上市后是否想购买、产品特征是否需要改进等提出意见和建议。

（2）营销分析。产品的营销分析是从市场需求出发，仔细分析产品概念的测试结果，主要是确定目标市场，以确定产品价格及销售量。

（3）商业分析。商业分析主要是就新产品的适宜性与有益性，从经济效益和财务项目、指标等方面来进行分析，包括：市场调查分析、财务分析（如成本与销售额预测、现金流量分析、投资回报分析）等。

4．产品开发

金融产品的开发包括以下三个并列的、相互关联的过程：

（1）第一步是产品样品的设计与开发。

（2）第二步是在宣传刊物、合同书、推销材料等中向预期客户解释该金融产品及其特点。

（3）第三步是进行金融产品的设计、包装，甚至进行金融产品的商标注册。

5．产品试销和使用调查

经过以上阶段的工作后，新产品基本设计完毕，但新产品在实践中是否可行仍不得而知，因此可以对其进行小规模、小范围的试销，即在选定的一定地区实际销售产品。

6．正式推出

新产品经过试销后，如果从信息反馈和试销的实际情况看新产品的开发是成功的，金融机构即可大批量地进行产品的商业性生产，并将其投放市场。

在此阶段，金融机构需要根据情况，适时适宜地作出以下决策：产品的推出、销售时间；新产品的投放地区和扩散地区；目标市场的选择与产品的最终定位；具体的市场营销策略。

比较理想的产品开发程序是上述六个阶段循序渐进，逐步进行。但是金融机构也可根据情况采取相应的步骤，不要过于呆板、僵硬地实施以上各步骤。

三、金融企业的品牌策略

金融品牌的创建可以是多层次、多角度的。金融机构实施品牌战略，可以从创立品牌金融产品和创建品牌金融机构等方面来进行：

1. 创立品牌金融产品

品牌金融产品应该符合下列基本条件：

（1）在同类产品中，为最大多数顾客所欢迎、喜爱、期盼，即忠诚顾客群最大或市场占有率最高。

（2）最先开发、最先上市，并成功营销，市场知名度很高，长期为顾客所信赖。

（3）在市场上具有导向作用或领导地位，有较多的追随者或仿制者，能够为金融机构带来较为丰厚的利润。

另外，品牌金融产品的品牌在特殊性、恰当性、记忆性、灵活性上应达到较高的测试等级；其品牌特征要素要一致，要在所有的媒介上使用一致，品牌决策应以科学研究为基础。

2. 创建品牌金融机构

品牌金融机构应具备以下基本条件：

（1）拥有1—2个品牌金融产品，并以其为中心组成多品种的、合理的金融产品结构，使其数量、质量、规模、效益等在同行业中保持领先地位。

（2）拥有与新科学、高技术发展同步的、先进的金融理论和精良的技术设备，可以与世界上主要的金融市场及先进金融机构的主要业务进行对接。

（3）其各种金融产品和服务的品种、数量、质量和其他营销组合因素，能够适合社会环境的变化与要求，适合市场需要与顾客需求，并具备快速、灵敏的市场应变能力。

（4）拥有比较稳定的和逐步扩大的市场份额，具有一定的时空控制力量。例如，具有较强的融通资金的能力，可以适应市场需要与顾客需求，并具备快速、灵敏的市场应变能力。

（5）拥有明显的人才优势。应有一支结构合理、素质高、能力强的领导人才队伍、管理者队伍、科技信息人才队伍和员工队伍。

（6）拥有明显的特色优势，在多方面异于、优于、新于其他金融机构。例如，具备总体上的质量优势；赢利稳定上升，成本明显低于同行业；员工待遇较高，工作安心；金融机构形象良好，顾客满意等。

【思考题】

1. 简述金融产品的特征。
2. 可供金融机构采用的产品策略有哪些？你认为它们可以从哪些角度

考虑金融产品的开发?

3. 金融产品开发的程序是什么?

4. 试说明金融产品组合的方式及其对产品营销方面的作用?

5. 金融机构可以采用的产品组合策略有哪些?

6. 金融产品生命周期各阶段应采取什么营销策略?为什么?

【本章小结】

金融产品的特殊性在于其极强的时效性以及未来的不确定性,产品策略的目标就是帮助顾客利用时间差异获得收益并最大限度地避免未来的不确定性带来的损失。

案例

巴林银行的破产与金融衍生产品①

巴林银行集团是英国伦敦城内历史最久、名声显赫的商人银行集团,素以发展稳健、信誉良好而驰名,其客户也多为显贵阶层,包括英国女王伊丽莎白二世。该行成立于1762年,当初仅是一个小小的家族银行,后来逐步发展成为一个业务全面的银行集团。巴林银行集团的业务专长是企业融资和投资管理,业务网络点主要在亚洲及拉美新兴国家和地区,在中国上海也设有办事处。到1993年底,巴林银行的全部资产总额为59亿英镑,1994年税前利润高达1.5亿美元。1995年2月26日巴林银行因遭受巨额损失无以为继而宣布破产。从此,这个有着233年经营史和良好业绩的老牌商业银行在伦敦城乃至全球金融界消失。目前该行已由荷兰国际银行保险集团接管。

巴林银行破产的直接原因是新加坡巴林公司期货经理尼克·里森错误地判断了日本股市的走向。1995年1月,里森看好日本股市,分别在东京和大阪等地买了大量期货合同,指望在日经指数上升时赚取大额利润。谁知天有不测风云,日本阪神地震打击了日本股市的回升势头,股价持续下跌。巴林银行最后的损失金额高达14亿美元之巨,而其自有资产只有几亿美元,亏

---

① 根据网上的相关资料整理得到,可见 http://wiki.hexun.com/view/1391.html 或 http://news.sohu.com/20080125/n254875874.shtml。

损巨额难以抵补,这座曾经辉煌的金融大厦就这样倒塌了。那么,由尼克·里森操纵的这笔金融衍生产品交易为何在短期内便摧毁了整个巴林银行呢?对此我们首先需要对金融衍生产品(亦称金融派生产品)有一个正确的了解。金融衍生产品包括一系列的金融工具和手段,买卖期权、期货交易等都可以归为此类。具体操作起来,又可分为远期合约、远期固定合约、远期合约选择权等。这类衍生产品可对有形产品进行交易,如石油、金属、原料等,也可对金融产品进行交易,如货币、利率以及股票指数等。从理论上讲,金融衍生产品并不会增加市场风险,若能恰当地运用,比如利用它套期保值,则可为投资者提供一个有效的降低风险的对冲方法。但其在具有积极作用的同时,也有自身的致命危险,即在特定的交易过程中,投资者纯粹以买卖图利为目的,垫付少量的保证金炒买炒卖大额合约来获得丰厚的利润,而往往无视交易潜在的风险,如果控制不当,这种投机行为就会招致不可估量的损失。新加坡巴林公司的里森,正是对衍生产品操作无度才毁灭了巴林集团。里森在整个交易过程中一味盼望赚钱,在已遭受重大亏损时仍孤注一掷,增加购买量,对于交易中潜在的风险熟视无睹,结果使巴林银行成为衍生金融产品的牺牲品。

巴林事件提醒人们加强内部管理的重要性和必要性。必须合理运用衍生工具,建立风险防范措施。随着国际金融业的迅速发展,金融衍生产品日益成为银行、金融机构及证券公司投资组合中的重要组成部分。因此,凡从事金融衍生产品业务的银行均应对其交易活动制定一套完善的内部管理措施(包括交易头寸(指银行和金融机构可动用的款项)的限额、止损的限制、内部监督与稽核),扩大银行资本,进行多方位经营。随着国际金融市场规模的日益扩大和复杂化,资本活动的不确定性也愈发突出。作为一个现代化的银行集团,应努力扩大自己的资本基础,进行多方位经营,作出合理的投资组合,不断拓展自己的业务领域,这样才能加大银行自身的安全系数并不断赢利。

【案例讨论题】

透过巴林银行倒闭事件,我们应怎样看待金融产品(衍生金融工具)?

第七章 金融产品的定价策略

【学习重点】

1. 理解金融产品定价的基本原则,并了解金融产品定价的基本方法。

2. 掌握影响企业价格调整的因素,并理解在这些因素影响下企业的定价策略。

【导入案例】

诚泰银行的信用卡策略[①]

为了在烽烟四起的中国台湾地区信用卡大战中杀出一条路,2003年4月10日,中国台湾地区的诚泰银行刊登广告,与威士国际组织(Visa)合作推出"无限卡",声明不收年费,信用额度70万元新台币以上;只要年薪超过200万元新台币,或持有他行信用卡额度40万元新台币以上的卡友都可申请。这是全球第一张免年费的"无限卡"。

"无限卡"是Visa产品线内顶级的信用卡,除了台新银行已发行"无限卡"外,国泰银行与万事达卡合作的"世界卡",也都标榜限量邀请有钱人,并需收取年费2万元新台币。顶级卡在全球发行量不多,中国台湾地区提早进入免年费时代,反映出市场竞争异常激烈。

Visa台湾区总经理柯如龙对此表示:诚泰银行的"无限卡"最低限额70万元新台币,符合Visa"无限卡"2万美元底线的要求,其他的服务与优惠都

---

① 熊元俊:《中国实战兵法——银行营销战》,珠海出版社2004年版。

没有变。至于诚泰银行不收年费,这是每一家会员银行策略的不同。

从定价策略上来看,诚泰银行推出"无限卡"免年费,明显是为了扩大持卡人户数,通过牺牲无限卡的短期利润来增加市场份额,期望在客户的长期透支刷卡消费中得到回报。

对诚泰银行的免收卡年费之举,中国台湾地区部分银行同业表示在意料之中,但大多无意跟进。这显示价格战只有在行业营销策略趋向一致或者价格成为产品的决定性因素之时,才会成为同类产品市场的最后一次决战。

第一节 金融产品定价的基本原理

一、金融产品价格的特性

(一)金融产品价格的特征

与实体资产的价格相比,金融产品的价格具有明显的虚拟特征。

(1)从定价方式上说,金融产品是"心理预期定价"。在实体经济当中,产品的价值往往存在实物支撑,产品的价格比较稳定(稳中有降)。相反,虚拟资本特别是现代衍生金融产品只不过是规定了相关权利的一纸契约,缺乏实物依托,在很大程度上取决于人们对未来的预期。因此,金融产品的价格是一种观念上的价格,要受到投资者信念、心理及所带来的行为方式的影响。由于投资者心理状况很容易受到外部因素的影响,其行为也很容易被其他投资者感染,从而形成所谓"集体的歇斯底里",导致市场的狂热和恐慌,加剧金融产品价格的波动。金融资产的"心理预期定价"方式是导致金融脆弱性的重要根源。

(2)从价格的内涵上说,虚拟资本产品的价格是一种"平均价格"。也就是说,金融产品的价格标注了目前存在的所有相同产品的价格水平。而对一般商品而言,价格仅仅标明了当前买卖产品的价格水平。以股票为例,目前的交易价格(不管参与交易的有多少股)就是每只股票的价格,这样就会产生杠杆效应,少数股票价格的变化使所有持有该股票的投资者立刻感觉到手中财富的增加或减少,产生买进和卖出的动力或压力。而一般商品的价格是

"边际"上的,当前价格的变化直接影响的仅仅是那些潜在的购买者,对那些已经买入该商品的人基本没有什么影响。可见,金融产品价格变动的相对影响面要大得多,特别是在人们财富中金融资产的比例越来越大的现代经济条件下,金融产品价格的细微变化有可能被不断放大,最后导致金融形势的巨大变化。

上述两个特点反映了金融产品价值的"虚拟"特征,决定了虚拟资本价格的内在不稳定性。不仅如此,由于电子和网络通信技术在金融领域的广泛采用,金融产品在存在形式上也日益虚拟化,这极大地降低了交易费用,为投机创造了更为便利的条件,进一步加大了金融产品价格的不稳定性。此外,金融产品需求的弹性为其价格创造了更大的波动空间。对于一般产品而言,其吸引力无论如何之小,人们通常也有一个最低需求量,以适应消费或生产之需;其吸引力无论如何之大,人们对它的需求也是有限的,受人们消费或生产能力的限制,这样就决定了其价格波动是有限的。而金融产品没有类似的限制,从理论上讲,只要吸引力足够大,人们对它的需求就可以无限大。

(二) 金融产品价格的种类

金融市场是以金融资产为交易对象而形成的供求关系及其机制的总和。金融市场是金融资产进行交易的一个有形和无形的场所,它反映了金融资产的供应者和需求者之间所形成的供求关系,在金融资产交易过程中发挥主要作用的是价格机制。金融市场按其不同的属性可以划分为不同的种类,如按标的物划分可以分为货币市场、资本市场、外汇市场和黄金市场等。由于不同金融市场影响企业定价的因素不同,因此,金融产品价格的种类也可分为:

1. 按标的物划分:货币市场价格、资本市场价格、外汇市场价格和黄金市场价格

(1) 货币市场价格。货币市场是指以期限在一年以下的金融资产为交易标的物的短期金融市场。在这个市场,企业的主要行为是保持金融资产的流动性,以便随时转换成现实的货币。该市场用做交易的金融工具有国库券、商业票据、银行承兑汇票、大额可转让定期存单、回购协议等,银行短期贷款也可归入货币市场的业务范围。在货币市场上,企业定价策略首先要受中央银行货币政策的影响。此外,由于在货币市场上交易的金融资产总量大于在资本市场上交易的金融资产,巨额的交易使得货币市场实际上成为一个批

发市场,企业在价格制定上的灵活性受到极大的限制,同时由于该市场的职能是变现,需求价格弹性相对较低,约束了企业定价的上下限。就一般而言,金融企业往往是价格接受者。

(2)资本市场价格。资本市场是指期限在一年以上的中长期金融资产交易的市场。资本市场包括两大部分:一是银行中长期存贷款市场,另一个是有价证券市场。但由于在世界各主要发达国家的资本市场中,证券市场更重要,而且融资证券化也已成为一种潮流,所以,一般说的资本市场更侧重于证券市场。证券市场主要包括债券市场和股票市场。在这个市场上,所谓企业定价实际上包括两种,其一是金融企业为上市企业发行股票准备的价格(即收取的费用)以及在募集资金时向股东提供的价格,其二是多种放款形式所确定的价格,例如远期贷款利率。

(3)外汇市场价格。外汇市场是对不同国家之间的货币进行交易的场所。如同货币市场一样,外汇市场也是以短期金融资产为交易标的物的。外汇市场上的参与者主要有各国中央银行、外汇银行、外汇经纪人及投资者等。外汇市场包括批发市场和零售市场,既进行现货交易,也进行期货交易。在此市场形成了外汇市场价格。

(4)黄金市场价格。黄金市场是集中进行黄金买卖的交易场所。由于黄金仍被作为国际储备工具之一,在国际结算中占据着重要的地位,因此,黄金市场仍被看做金融市场的组成部分。黄金市场在19世纪初就已形成,是最古老的金融市场。现在,世界上已发展到有四十多个黄金市场。其中伦敦、纽约、苏黎世、芝加哥和香港的黄金市场被称为五大国际黄金市场。在此市场上形成了黄金市场价格。

2. 按金融资产的发行和流通特征划分:一级市场金融产品价格和二级市场金融产品价格

(1)一级市场又称发行市场、初级市场,是指资金需求者将金融证券首次出售给公众时所形成的交易市场。一级市场是金融证券的批发市场。在一级市场上,资金需求者将金融证券以批发价格出售给证券的最初购买者,即证券承销商,而证券承销商再将金融证券推销给最终购买者。金融证券的发行方式主要有包销价格和代销价格两种。包销是指金融资产的发行人与承销商协商,由承销商按照商定的费用及其他条件把全部证券承接下来负责对公众销售,承销商承担全部发行风险。代销则是发行人自己承担全部发行

第七章
金融产品的定价策略

风险,只将公开销售事务委托给承销商等办理的一种方式,承销商仅收取一定的费用,由于不承担任何风险,价格相对较低。

(2)二级市场又称流通市场、次级市场,是已经发行的证券以市场价格在投资者之间买卖流通所形成的市场。二级市场可分为两种:一种是场内市场即证券交易所,另一种是场外交易市场。证券交易所是证券集中竞价的有形场所,而场外交易市场又称柜台交易市场,是在证券交易所之外进行证券买卖的市场。原来在场外交易的证券以未上市的证券为主,而现在不少上市证券也纷纷涌入场外交易市场进行交易。二级市场上,金融企业提供的交易服务常由于竞争者众多而被迫接受市场价格,而金融企业在提供咨询、分析等服务时可根据自身特点灵活定价。

3. 按交割方式划分:现货市场价格、期货市场价格、期权市场价格

(1)现货市场指市场上的买卖双方成交后,须在若干个交易日内办理交割的金融交易市场。现货市场的交易方式是金融市场上最普遍的一种,交易的付款与交割可在交易发生的当天完成,也可在交易后数天内完成。交易的成交日和结算日在同一天的称为现金交易,而成交日和结算日之间相隔几个交易日的,称为固定方式交易。另外还有一种保证金交易,它是投资者在资金不足,又想获取较多投资收益时,采取交付一定比例的现金,其余资金由经纪人贷款垫付买进证券的一种交易方法。现货市场中的金融企业既有交易者也有提供代理服务的企业,前者的价格通过企业对市场的预测及近期市场行情决定,后者则属于服务产品价格,企业根据其营销策略制定。

(2)期货市场是衍生市场的一种。在期货市场上,证券交易双方以合约方式协定在未来的既定时间和条件下,完成既定数量证券的交易。期货市场是以期货合约为交易工具的市场,这些合约价值是由其交易的金融资产的价格决定的。值得注意的是,尽管远期市场与期货市场有很大差异,其价格特点却是相似的,即由交易的金融资产的价格决定。

(3)期权市场是以期权合约为交易对象的市场。期权是一种选择权,持有者有权在某一确定时间以某一确定价格购买或出售标的资产,他也可以放弃这个权利。期权价格受交易对象价值的影响。

通过市场定义产品价格种类的方法,是比较符合市场实际情况的,因此,其具有很大的实用价值。

综合上述价格,如果仅根据金融企业提供的产品不同,金融产品的价格

也可简单分为以下两类：

1. 利率

利率是银行等金融企业产品最主要的价格。商业银行主要从事的是信用业务，即通过吸收存款、借入款项等途径取得资金，再通过贷款与投资等活动进行资金运用。在这个过程中，对于银行资金的提供者，商业银行需要支付利息；而对于资金的应用，商业银行可获得收益。因此，借款与贷款之间的利率差形成的利息构成了商业银行维护正常运转的收入。

2. 手续费

商业银行除发挥资金融通职能，进行最基本的负债和资产业务外，还可利用自身在机构、技术、信息、人才、资金、信誉等方面的优势开发和运用多种金融工具，为客户提供多种多样的其他金融服务，从而取得手续费或佣金收入。这些业务的开展一般无须动用银行资金，只是代客承办收付及多种委托事项，通过收取手续费的方式获取收益。

二、金融产品定价的主要依据和定价方式

按照市场供求理论，市场是供给与需求的统一体。任何商品的价格都与其供给和需求状况密切相关，或者说取决于供需双方的作用。从理论上说，商品的价格应该是由供需双方共同接受和认可的均衡价格，也就是说，是商品的供给曲线与需求曲线的交点。但事实上，由于多种因素的共同影响，商品的价格是在经常波动的，商品的供需曲线都难以保持稳定。因此，在实际的商品定价分析中，需要寻找一个或几个主要因素作为考虑的重点，并据此来选择相应的定价策略和方法。

（一）金融产品定价的主要影响因素

1. 资金成本

如何弥补成本支出是商业银行金融产品定价必须首先考虑的因素。商业银行的成本主要包括资金筹集成本、运营成本和劳动力成本等。商业银行的经营只有在充分补偿成本支出后，才能实现赢利。定价与成本之间的差额即为商业银行实现的利润。成本越低，金融产品的定价弹性越大。

2. 市场需求

金融产品与其他产品一样受到供求规律的制约，当某种金融产品受客户

强烈追捧时,价格的走势必然向上;反之,价格会走低。因此,商业银行在制定金融产品的价格时必须充分考虑其产品的市场需求弹性,在推出金融产品或服务的同时,需要对产品的价格弹性进行认真的估计和测算。

3. 竞争对手状况

在由市场需求和成本所决定的可能价格的范围内,竞争者的成本、价格水平和可能的价格反应与产品定价的关联度极大。因此,商业银行在制定产品价格时,必须将其产品的成本和功能与竞争者进行仔细比较,以了解自己的产品有无竞争优势。如果自己提供的产品与主要竞争对手的产品相似,则可把价格定得接近于竞争者;若自己的产品功能欠缺,就不能像竞争者那样定价;倘若自己的产品功能优越,定价就可以比竞争者高。

4. 客户的价值

根据"二八"定律,20%的高端客户为商业银行带来了80%的利润,为维护优质客户的忠诚,降低经营风险,商业银行在产品定价时,必须对客户的价值进行客观评价,包括客户给银行带来的收益、信用等级、期限长短、利率高低、风险大小等。具体来讲:一是对于给银行综合回报率高的优良客户,商业银行可在基准价格上给予适当补贴,包括优惠的贷款利率和手续费等;二是根据风险收益对称原理,定价要充分反映客户蕴涵的风险水平。

5. 宏观经济政策和货币政策

从一些实行利率市场化国家的实践来看,利率市场化并不等于利率完全自由化。在美国,联邦储备委员会通过制定联邦基金利率,实现对市场利率的引导,体现货币管理当局的意图。利率市场化以后,出于熨平利率频繁变动、确保经济稳定的需要,政府和央行仍需通过经济政策和货币政策对利率进行宏观调控。政府调控的手段主要是靠产业政策、投资政策来影响金融产品价格;央行则通过制定基准利率、公开市场、再贴现、存款准备金等多种途径来影响市场利率水平。

当然,上述因素的影响常常是综合的,需要作综合分析。

(二) 金融产品定价方式

对于调整和确定商业银行产品和服务的收费标准,国家发改委、银监委和人民银行等决策部门都正在酝酿出台新的措施。商业银行产品和服务的价格用什么方式来确定主要有下面几种说法:

1. 作业成本定价法

作业成本制度的应用已由最早的美国、加拿大、英国向澳洲、亚洲、美洲以及欧洲国家扩展,在行业领域上,也由最初的制造业扩展到商品批发零售业、金融保险机构、医疗卫生等部门,美国已有90%以上的银行正考虑或已采用作业成本制度。以作业成本计量指标计算单位成本,其公式为:

$$单位作业成本 = \frac{某项作业的总成本}{该项作业的总数量(以作业计量指标为单位)} \quad (7-1)$$

利用单位作业成本,对某项产品和服务而言,能够确定较为准确的价格,即:

$$单位产品价格 = 单位作业成本 + 预期收益 \quad (7-2)$$

对产品和服务成本的计算,首先,必须对产品和服务进行界定,而产品和服务的定义往往是不确定的,如营销人员认为活期账户或支票账户和资金转账服务是同一种产品,而操作人员则将它们作为几种需要单独处理的不同产品,在这方面必须达成一致,并在此基础上建立统一的产品编码。其次,按产品成本计算要求界定作业,确保作业的层次能满足计算成本的需要,同时能使作业成本与产品和产品组合相结合,或者能把作业成本确定为整个机构运营所必需的维持性成本。最后,按产品确定利息费用、营业成本,分配呆账准备金,分配间接费用或维持性费用。

2. 以客户关系管理为基础的贷款定价法

在贷款定价方面,西方商业银行应用较多的是客户赢利分析模式,基本含义是:来源于某客户的总收入要大于或等于为该客户提供服务发生的总成本加上银行的目标利润,即:客户总收入≥银行为客户提供服务发生的总成本+预期利润。通过客户赢利分析模型,银行可以得到较低的贷款利率。采用这种模式,需测算的内容很多,如总收入要测算贷款利息收入、客户存款账户收益、结算手续费收入等;服务成本要测算资金成本、贷款费用、客户违约成本和客户存款的利息支出等;目标利润则一般由既定的产权资本(或经济资本)的收益率、贷款额、贷款的资本支持率等综合确定。以客户关系管理为基础的贷款定价法,要求商业银行必须全面推行管理会计,会计业务系统必须实行分客户核算。

3. 非利息收入业务定价法

实施这种定价法的前提是在全行范围内建立"风险加权的全成本核算"管理会计制度。其核心组成部分包括:

（1）科学规范的内部转移价格的确定。

（2）全行范围内间接费用的分摊。

（3）完善的资本管理制度和办法，即根据各项业务活动的风险度计算所占用的经济资产额，然后根据资本成本率计算该项目业务或活动所耗费的资本成本额。

（4）以电脑为操作手段的定价模式。

（5）照顾到包括股东（投资者）、银行管理层、银行员工以及银行客户等各关系人利益的价值衡量标准尺度，即风险加权成本核算所得到的经济增加值或股东价值增加额。

（6）打破传统财务会计以地理区域和业务单位进行核算的局限，建立既能按区域又能按客户或单个业务品种同时进行核算的多层面的核算体系。商业银行能够较为科学地核算各项业务的固定成本、流动成本加上既定的期望回报率，将其计算到各项业务的收费价格上，并在此基础上综合考虑市场发展阶段、其他市场的竞争价格等因素，最终确定对客户实际收取的具体业务收费标准。

4．中间业务成本补偿法、需求导向法和关系定价法

（1）成本补偿法。中间业务虽然没有资金成本，但研发、维持成本比较高，操作风险大，意外赔付多，账户管理复杂，人员素质要求高。鉴于此，中间业务定价至少应保证银行收回开展该项业务所付出的成本，并获得利润。成本补偿法的价格公式为：

$$中间业务产品价格 = 研发成本 + 维持成本 + 风险成本 + 管理成本 + 预期利润 \tag{7-3}$$

（2）需求导向法。客户愿意为所享受的服务支付多大代价，实际上取决于客户需求的满足程度，即产品效用的大小。一种中间业务产品，给予客户的效用越大，客户愿意支付的费用就越高。在运用需求导向定价法时，价格敏感度测试是非常重要的，商业银行必须准确地了解产品价格变化造成的需求量的变化。

（3）关系定位法。以银行与客户的关系为基础，根据关系的远近来确定银行产品的价格水平。其实质是：通过交叉销售和最大限度地销售其他种类的产品，建立银行与客户的关系，银行不单独为某个产品定价，而是以一篮子产品的总成本加上预期的平均利润确定产品的关系价格。

5．服务价格的"三位一体"定价法

商业银行任何一项服务价格都必须包括成本、收益和风险三个要素。银

行服务价格的公式为:

$$商业银行服务价格 = 成本 + 预期收益 + 风险成本 \quad (7-4)$$

"三位一体"定价法和中间业务成本补偿法并无本质差别,实施此办法也是以管理会计为基础的。

三、国家金融政策对金融产品定价的作用

在经济活动中,各个国家为维护正常的生活秩序和经济运行秩序,为使企业有序地、公平地进行价格竞争,为优化资源配置,兼顾社会各阶层、各社会团体的经济利益和社会稳定、政治安定等要求,必然通过政策、法律法规来对社会商品价格进行宏观调控,对企业的价格行为进行规范。金融业由于对一国金融、经济甚至政治产生较大的影响,一般会受到各国政府较为严格的价格管制。因此,作为金融产品,在定价时必须考虑国家政策与法规,金融产品的价格水平必须符合国家价格政策和有关法律的规定。这里主要探讨各金融政策和经济指标对金融产品价格的影响。经济指标分为三类:

(1)先行性指标(如利率水平、货币供给、消费者预期、主要生产资料价格、企业投资规模等),这些指标的变化将先于产品价格的变化。

(2)同步性指标(如个人收入、企业工资支出、GDP、社会商品销售额等),这些指标的变化与产品价格的变化基本趋于同步。

(3)滞后性指标(如失业率、库存量、单位产出工资水平、服务行业的消费价格、银行未收回贷款规模、优惠利率水平、分期付款占个人收入的比重等),这些指标的变化一般滞后于产品价格的变化。

除了经济指标之外,主要的经济政策有:货币政策、财政政策、信贷政策、债务政策、税收政策、利率与汇率政策、产业政策、收入分配政策等。

第二节 金融产品定价的方法

一、金融产品定价的特殊性

1. 金融产品定价需考虑因素的特殊性

金融产品定价是一项十分复杂的系统工程,在确立定价目标之后,还必

须考虑其他一系列因素,这样才能制定出符合自身目标并被市场接受的合理价格。一般来说,金融企业定价所要考虑的主要因素有:

(1) 成本。成本是金融企业能够为其产品设定的底价。每一项金融服务、每一种金融产品其实都包括了一定的固定成本与变动成本。一般来讲,金融产品的价格应该能够补偿其固定成本与变动成本,并要有一定的赢利空间,除非出于特殊原因考虑,比如新产品推出时想吸引更多客户而压低价格,甚至低于成本价。其实,在后一种情况下,非营利性产品的成本应该由其他产品的利润来弥补。总之,成本的测定对于合理定价具有十分重要的意义。

(2) 客户。客户最终决定着金融产品的定价是否正确。金融企业的经营活动必须要以客户为中心,金融产品的定价更要注重客户因素。反映客户需求变动对价格变化的灵敏程度的量化指标是客户需求的价格弹性,它从数量上反映了价格变动所引起的需求量的变化程度。如果客户需求的价格弹性小,说明客户对产品的价格变动反映不强烈,需求量的变动幅度小于价格变动的幅度,金融企业对产品提价能够增加收入;如果价格弹性较大,表明客户对产品的价格变化比较敏感,需求量的变动幅度超过价格的变动幅度,此时,金融企业降价会因需求量增加而使总收入增加。不同的客户对价格的敏感程度是不同的,如低收入的客户对价格变化就比较敏感,对于这类客户,银行就要推出一些价格低廉、风险较小的产品;而收入水平高的客户一般对金融产品价格变动的反应就不如前者明显,这类客户往往更看重服务的质量和效果。因此,在了解产品成本的基础上掌握客户需求对合理制定价格非常重要。

目前,我国的利率市场化正遵循着"先外币,后本币;先贷款,后存款;先长期、大额,后短期、小额"的总体思路稳步推进。其中,商业银行贷款利率可在央行规定的幅度内浮动,并正通过进一步扩大浮动范围,以最终实现商业银行产品定价的自主化。随着利率逐步市场化,产品定价权将逐渐从中央银行转移到商业银行,而目前我国国有商业银行的产品定价管理基本上还处于一个比较粗放的、初级的阶段。加强产品定价管理,合理、准确地定价,是提升金融企业竞争力的重要手段之一。

2. 利率影响和金融市场的多变性

利率市场化后,中央银行不再决定商业银行的存、贷款利率,商业银行将成为自由定价的主体。无论是对传统业务产品进行定价,还是对金融衍生创新产品进行定价,都将成为商业银行经营中的核心问题。产品定价对于银行的获利水平、竞争能力、市场份额、未来发展等都极为重要。因此,在利率市场化不断推进之际,商业银行应完全摒弃规模至上的经营理念,主动而有效地进行资产负债管理,这就要求商业银行具备较高的自主定价能力。

与在计划管制条件下不同,随着利率市场化的推进,当监管机构逐步把定价权转移到商业银行手中时,各家商业银行几乎同时遭遇了不同程度的"定价困境":缺乏足够的数据、经验、激励约束、投入等。产品是银行赖以生存的基础,产品价格的合理与否直接影响到产品的生命力。我国商业银行的产品定价能力将直接影响其未来的生存和发展,直接关系到我国金融业改革的成败。如何通过科学有效的定价来合理确定产品价格,是我国商业银行谋求发展、取得银行价值最大化的重要前提。

因此,作为金融企业,产品定价有其市场的一般规律,但是政策对金融产品定价的影响力要更强,此外影响金融产品定价的因素的特殊性也不容忽视。

二、金融产品定价的方法

怎样定价才能保证金融企业的市场份额和在竞争中的优势地位呢?这就有必要研究一下金融产品定价的基本方法。加入世界贸易组织、运行原则的国际化,要求我国进一步放开利率。利率市场化后,金融企业可以根据客户给企业带来的收益、利率风险大小、筹资成本等因素,自主地对金融产品进行合理的定价。

一般来说,金融企业在制定金融产品的价格时往往采取如下方法(一般金融产品定价法):

(一) 成本导向定价法

成本导向定价法以产品成本为基础,在成本之上设定目标利润,从而确定价格。对安全性强且操作方便的金融产品采取低价格策略,可以薄利多销,提高产品的竞争能力;反之,则要采用高价格方法来补偿高风险而形成的潜在损失。具体细分为三种方法:

1. 成本加成定价法

这种定价法就是以成本为基础,在单位产品的总成本上加上一定的利

润,作为产品的价格。计算公式为:

$$产品价格 = 单位产品总成本 \times (1 + 成本加成率) \quad (7-5)$$

其中,产品成本由固定成本和变动成本构成,成本加成率是指预期利润占总成本的百分比。采用这种定价方法,加成率的确定是关键。在目前的银行业,加成率在各个品种已形成一个标准的利润厚度,超出或者低于该标准都会对产品造成不利影响,从而波及产品的市场占有率。因而这种定价方法比较适用于无差别市场。理想的状况是产品价格应该包含一部分固定成本、可变成本和适当的边际利润。

成本加成定价的主要优点是:① 操作性强,定价过程明了、简便;② 竞争程度降低,市场上的竞争者都采用这种定价方法,成本和加成比例很相近;③ 比较公平,帮助商业银行简单化定价,无须针对需求来频繁作出反应,尤其适合零售业务。该定价方法的缺陷在于:① 没有考虑市场竞争和需求,形成的价格不是最佳选择;② 成本结构复杂,定价工作显得很复杂。

2. 目标利润定价法

这种定价法是考虑到银行在一定时期的总成本和总收入,确定一个合适的目标利润率,以此作为核算定价的标准,也就是银行一定时期所追求的利润率。计算公式为:

$$单位产品价格 = (产品总成本 + 目标利润额) / 预计销售量 \quad (7-6)$$

银行开办信用卡业务时会经常用到这种方法。比如,银行把开办卡业务总投资额的 15%—20% 作为每年的目标收益率,然后摊入信用卡的每项服务中。它的优点在于:① 计算简单,操作方便;② 目标确定,可以保证银行实现既定的利润目标。缺点在于:① 没有考虑价格与需求之间的关系。值得指出的一点是,客户更关心银行为什么要提高价格,而不是提高价格本身。② 没有考虑到市场竞争者对本产品价格的反应。竞争对手可能会根据金融产品的需求弹性如何来作出反应。

3. 收支平衡定价法

它是指以盈亏平衡分界点作为基础的定价方法。金融企业对一项产品或服务的投入与将来的预期收入相等,即为盈亏平衡分界点,也叫保本点。考虑到金融企业的经营目标是获得利润,因而引入预期利润对该价格进行纠正后得到的公式为:

实际价格=(固定成本+预期利润)/盈亏平衡点销售数量+单位可变成本

(7-7)

这种做法的优点是:当完成预计销售数量时,保本价格可以保证金融企业不受损失,实际价格则能使金融企业实现预期利润。

金融产品种类繁多,金融创新产品层出不穷,而且银行的客户服务是一个持续、长期、多方面的过程,这些复杂情况的出现,使得其难以对产品进行准确的成本计算,因此需要多种方法配合使用。

(二) 需求导向定价法

需求导向定价法是以客户对金融产品的认知程度和需求作为基础的,客户有需求才能产生金融企业营销产品市场,价格是客户决定的,金融企业在一定程度上是价格的被动接受者。因此,金融企业要扩大影响,提高产品的畅销度,扩大市场占有率,必须通过改善产品质量、促销、分销等多种渠道来实现。只有产品的实际价格在客户心理价位之下,才能有效地促进产品的销售。具体的计算方法有两种:觉察价值定价法和需求区别定价法。客户的价值判断是主观的,随着外界环境的变化而变动,因而可以运用各种非价格因素,如增加广告力度等来引导客户的消费倾向和价值判断。

运用这种方法就要考虑产品的需求价格弹性。虽然抬价可以提高金融企业的利润,但这不是凭空想象的。要战略性地而非战术性地对产品定价,因地制宜说的就是这个道理。对于弹性小的产品我们就可以把价格抬高,增加总收益;反之,则要降低产品价格,通过总量销售来实现利润率的提高和市场占有率的扩大。我们来看看一些影响产品价格弹性的因素:

(1) 产品的可替代性。一般来说,产品的可替代品越多,相近程度越高,则该产品或服务的价格弹性往往就越大;相反,价格弹性往往就越小。例如,银行开展网上银行服务,为客户提供汇划即时通、代发工资等新兴服务,如果该银行对此项产品从构思到研究再到最后的投产使用,均包含特性和创新的思想,那么对于这样的服务,可替代品就很少。

(2) 产品和服务用途的广泛性。一般来说,产品的用途越是广泛,其需求价格弹性可能就越大;相反,用途越是狭窄,其需求价格弹性可能就越小。

(3) 购买的意义和频率。产品的成本较低,其价格的制定空间就不可能很大,尤其是当有些人不经常购买该产品时更是如此。银行服务不涉及重复购买的问题,有时候客户转换一次银行可能是因为住址的搬迁。相比之下,客户更可能频频要求增加个人服务,而决定购买一项银行产品不是很经常的事情。所以,银行业与其他业务相比,价格弹性较小。

(4)产品对客户工作的重要程度。一般来说,与公司日常业务息息相关的产品的价格弹性较小,非必需品的需求价格弹性较大。

(三)竞争导向定价法

竞争导向定价法是根据同行业产品的价格定价的方法。这种定价方式在一定程度上减少了经营风险,又可以与其他金融企业保持和睦。但竞争定价不能真实反映自己的价值和成本,处于被动地位,也影响金融企业创新的积极性。具体又分为竞争性定价法和随行就市定价法两种。

定价方法多种多样,市场时时都在变化,在市场经济下,要一切从市场出发,一切从客户的需求出发,根据不同的客户,采用不同的定价方法。在细分市场的基础上,根据客户的性质、业务量、信用状况、所属行业及对金融企业利益的大小等变量来确定产品的价格。单独地考虑某个产品或服务的价格,会对金融企业产生这样或那样的不利影响。

重点客户始终是金融企业利润的主要来源,所以对重点客户的定价,要通过综合分析,在全面分析客户使用的各种产品及业务量的基础上确定价格组合,从而确定组合定价方法。利率市场化后,金融企业可以根据客户给金融企业带来的收益、信用风险、各种筹资、运营成本等因素,自主地对金融产品进行合理定价。

(四)通行价格定价法

在通行价格定价法中,企业的价格主要基于竞争者价格。企业的价格可能与其他主要竞争者的价格相同,也可能高于竞争者或低于竞争者。在少数制造商控制市场的行业中,企业通常收取同样的价格。这种方法是很常见的,在测算成本有困难或竞争者不确定时,企业会感到通行价格定价法是一个有效的解决方法。就这种价格产生的一种公平的报酬和不扰乱金融企业间的协调这一点而论,该方法反映了行业的集体智慧。

利率市场化后,中央银行不再决定商业银行的存、贷款利率,商业银行将成为自由定价的主体。无论是对传统业务产品进行定价,还是对新产品进行定价,都将成为商业银行经营中的核心问题。产品定价对于银行的获利水平、竞争能力、市场份额、未来发展极为重要。

1. 针对单一贷款产品的综合定价

贷款业务带来的收入除直接的利息收入之外,还有结算资金沉淀(以下简称"回流存款")的间接收益,同时还有人民币和外币结算等中间业务收益。贷款业务的成本支出有贷款资金成本、贷款应摊入的各项费用等。

单笔贷款税前收益率可用以下公式来表示:

贷款实际税前收益率
$$= [贷款额 \times 合同利率 - 贷款额 \times (单位资金成本 + 应摊入各项费用) + \\ 回流存款 \times (单位资金成本 - 企业活期存款利率) + 中间业务收入] \div \\ (贷款额 - 回流存款) \times 100\% \tag{7-8}$$

根据式(7-8),我们可以计算出贷款利率为:

$$贷款利率 = [贷款目标税前收益率 \times (贷款额 - 回流存款) + \\ 贷款额 \times (单位资金成本 + 应摊入各项费用) - \\ 回流存款 \times (单位资金成本 - 企业活期存款利率) - \\ 中间业务收入] \div 贷款额 \times 100\% \tag{7-9}$$

2. 考虑风险附加后对贷款定价的调整

银行在进行贷款定价时,不仅要考虑贷款的资金成本和综合收益,还要考虑对风险因素的补充。可表示为:

$$贷款利率 = 无风险贷款利率 + 风险附加 \tag{7-10}$$

无风险贷款利率可以直接确定为按上述公式计算出的贷款利率(即考虑了客户的综合收益、成本和银行目标收益率的贷款利率),而风险附加则与该客户贷款本息损失的概率有关,此原理可以用公式表示为:

$$1 + 无风险资产利率 = (1 + 贷款利率) \times (1 - 贷款本息损失概率) \tag{7-11}$$

也就是说,投资于该项贷款获得的本息收入剔除发生坏账损失的可能性以后,应该等于该笔资金投资于无风险资产的收益。将式(7-11)变形可得到新的考虑了风险附加的贷款定价公式:

$$贷款利率 = (1 + 无风险贷款利率) \div (1 - 贷款本息损失概率) - 1 \tag{7-12}$$

在实际工作中,针对信用风险较高的客户,单纯地提高贷款利率的方式有时并不能达到风险补偿的目的,反而会适得其反。这是因为较高的贷款利率有时会促使客户采取一些成功可能性较小的高风险经营策略以试图偿还成本较高的贷款成本,而这些高风险的商业策略可能会导致违约,从而大大降低银行的实际收益。因此,可同时使用价格(贷款利率)和信用分配(不管利率如何高都拒绝某些贷款)的方式来管理其贷款组合。也就是说,对于某些风险较高的客户,银行根本不予贷款,即使客户愿意承受的利率很高。

由于篇幅所限,本章在详细介绍一般的定价方法的基础上,对风险模型定价法——资本资产定价模型(CAPM)进行简单的介绍。

马克维茨(Markowitz,1959)投资组合理论的创立奠定了资本资产定价模型的理论基础。在这一具有巨大影响的研究中,他用期望收益率和收益率的方差来刻画投资者的投资组合。马克维茨认为,从理想上看,投资者将持有一个均值-方差有效的投资组合,即在方差既定的情况下具有最高收益率的投资组合。夏普(Sharp,1964)与林特纳(Lintner,1965)在马克维茨的基础上将 CAPM 应用于更广范围的经济现象研究中。他们经研究证明,如果投资者具有相同的预期并理想地按均值-方差准则持有有效的投资组合,那么在不存在市场摩擦的情况下,所有投资财富所构成的投资组合,或叫市场投资组合,其本身就是一个均值-方差有效的投资组合。通常的资本资产定价模型方程,就是具有均值-方差有效的市场投资组合的一个直接应用。

夏普与林特纳推导出的资本资产定价模型,是在假定投资者可以无风险利率借贷资金的情况下作出的。对这个 CAPM 模型,资产 i 的期望收益率为:

$$E[R_i] = R_f + \beta_{im}(E[R_m] - R_f) \qquad (7\text{-}13)$$

$$\beta_{im} = \frac{\text{Cov}[R_i, R_m]}{\text{Var}[R_m]} \qquad (7\text{-}14)$$

其中,R_m 为市场投资组合收益率,R_f 为无风险资产收益率。上述的夏普-林特纳方法还可以表示为超过无风险利率的收益率,或者用术语称为"超额收益率"的形式简洁地表达。令 Z_i 表示第 i 种资产超过无风险利率的收益率,即 $Z_i \equiv R_i - R_f$,那么,对于夏普-林特纳的资本资产定价模型,我们有:

$$E[Z_i] = \beta_{im} E[Z_m] \qquad (7\text{-}15)$$

$$\beta_{im} = \frac{\text{Cov}[Z_i, Z_m]}{\text{Var}[Z_m]} \qquad (7\text{-}16)$$

其中,Z_m 为资产市场投资组合的超额收益率。由于无风险利率被看做非随机的,所以方程(7-14)与(7-16)是等同的。在实证运用中,用以代替无风险利率的变量是一个随机变量,因此 β 可以有多个值。与夏普-林特纳模型有关的许多实证研究都应用"超额收益率"方法,因此经常使用式(7-16)。

有关夏普-林特纳资本资产定价模型的实证检验主要集中于检验方程(7-15)的以下三个方面:(1) 截距项为零;(2) β 能够完全反映期望超额收益率的截面变动;(3) 市场风险溢价 $E[Z_m]$ 为正。

在市场上不存在无风险资产的情况下,布莱克(Black)导出了有关资本资产定价模型的一种更广义的方法,称为布莱克方法。在这种方法中,资产 i 超过零 β 收益率的期望收益率与其 β 值线性相关。具体地说,对于资产 i 的期望收益率 $E[R_i]$,我们有:

$$E[R_i] = E[R_{om}] + \beta_{im}(E[R_m] - E[R_{om}]) \quad (7\text{-}17)$$

其中,R_m 为市场投资组合收益率,R_{om} 为与市场投资组合 m 相关联的零 β 投资组合的收益率。该投资组合被定义为是所有与市场投资组合不相关的投资组合中方差最小的一个(其他不相关的投资组合虽然也会具有相同的期望收益率,但是却具有较大的方差)。由于实际的财富水平才是重要的,所以在布莱克模型中,收益率通常都是经过通货膨胀调整后的收益率,因此 β_{im} 也是根据实际收益率计算出来的。

$$\beta_{im} = \frac{\text{Cov}[R_i, R_m]}{\text{Var}[R_m]} \quad (7\text{-}18)$$

布莱克资本资产定价模型的计量分析中将零 β 组合收益率看做一个不可观测的量,这使得对该方法的分析要比对夏普-林特纳方法的分析更加复杂。布莱克方法可以看做对实际收益率市场模型检验的一种限定(或约束)。对于实际收益率市场模型,我们有:

$$E[R_i] = \alpha_{im} + \beta_{im}E[R_m] \quad (7\text{-}19)$$

应用布莱克方法意味着:

$$\alpha_{im} = E[R_{om}](1 - \beta_{im}) \quad (7\text{-}20)$$

简言之,布莱克模型限定,具体资产实际收益率市场模型的截距项等于期望零 β 投资组合收益率乘以 1 减去该资产的 β 值。

资本资产定价模型是单期模型,因此,式(7-15)与式(7-17)没有时间维度。对于模型的经济计量分析来说,有必要增加一个有关收益率时间序列行为的假定,然后再对模型进行估计。我们假定,收益率随时间的变化服从独立同分布(IID)和多元联合正态分布。这个假定既适用于夏普-林特纳方法中的超额收益率,也适用于布莱克方法中的实际收益率。但是这个假定是很强的,它具有与逐期持有的资本资产定价模型在理论上相一致的优点,同时,对于以月为观测间隔的数据来说,这种分布假定又是一个较好的经验近似。

资本资产定价模型在股票期望收益率的测度方面有较好的应用。一些具体应用包括资本成本估计(cost of capital estimation)、投资组合业绩评估(portfolio performance evaluation)和事件研究分析(event-study analysis)。作为一个例子,我们简要介绍一下资本资产定价模型在资本成本估计方面的应用。在公司资本预算决策及一个受管制的公用事业企业公平收益率的决定中,都要用到股权资本成本的数据。资本资产定价模型的应用需要三个输入变量:股票的 β 值、市场风险溢价(market risk premium)以及无风险资产的收益率。股票 β 值的估计,是超额收益率市场模型中斜率系数的普通最小二乘(OLS)估计量,即下列回归方程中的 β。

$$Z_{it} = \alpha_{im} + \beta_{im} Z_{mt} + \varepsilon_{it} \tag{7-21}$$

其中,i 代表资产,t 代表时期,$t=1,\cdots,T$,Z_{it} 与 Z_{mt} 分别指资产 i 及市场投资组合在第 t 期实现的超额收益率。通常,以标准普尔 500 指数(S&P500)作为市场投资组合的替代物,用美国国库券(treasury bill)的利率代替无风险利率。模型通常用五年的月度数据($T=60$)进行参数估计。已知一个 β 估计值,资本的成本就可以利用 S&P500 指数收益率与国库券收益率之差即超额收益率的历史平均数计算出来。当然,这种应用只有在资本资产定价模型较好地描述了现实的数据关系时才是合理的。

通过一般金融产品定价法和风险模型定价法相结合,我们可以更好地学习金融产品定价的原理和方法,为提高金融产品的质量和服务提供理论支持。

第三节 金融产品定价策略

一、金融产品定价的目标

金融机构产品定价的目标是指通过对自己所经营的金融产品和业务制

定相应水平的价格,并凭借价格所产生的效用而达到的预期目标。金融产品的定价目标是金融机构营销目标体系中的具体目标之一。当金融机构的营销目标确定以后,产品定价目标会作为营销组合目标而具体分解到各个不同的金融产品价格上,因此,其必须服从于金融营销的总目标,同时也要和其他营销目标相协调。

根据经营条件的不同,金融机构的产品定价目标大致可分为以下几种:

1. 追求利润最大化的定价目标

作为微观经营金融产品和金融服务的金融机构,利润最大化,即在一定时期内获得尽可能多的赢利总额,成为其在营销活动中追求的首要目标,这也是维持金融机构生存和发展的前提条件。

但是,由于金融产品具有同质性、易于仿效性、价格统一性等特点,致使金融机构所追求的利润最大化可能并不是通过制定最高售价来实现的,而可能是通过制定合理的价格及合理定位的优质服务所推动产生的较大的产品需求量和一定的销售规模来实现的。

2. 扩大市场份额的定价目标

市场占有率一般是指某金融机构的产品与服务在同行业市场总量中所占的比重。金融机构可以通过降低产品价格来提高和扩大产品在市场上的份额和占有率,以实现其经营目标。但是,由于金融机构及其所从事产品和业务的特性,决定了金融机构有时难以完全依靠降价手段来达到扩大市场占有率的目标。

因此,对于金融机构而言,提高其金融产品和服务的市场占有率及扩大市场份额,应从充实金融机构本身的资本实力着手,提高其筹资、融资及投资的能力,建立良好的金融文化环境,优化金融产品和服务,进而提高金融机构的地位和竞争能力,从而达到提高和扩大市场份额和市场占有率,并最后达到享有长期利润最大化的目的。

3. 根据金融机构不同时期的经营特点,确定具体的产品定价目标

(1) 以获取一定的投资报酬率作为定价目标。金融机构的预期效益水平占其投资额的比例为金融机构的投资报酬率。以此为产品定价的目标,需要基于所期望的投资回报而定价。选择该定价目标,金融机构一般必须具备一定的优越条件,如产品或服务拥有专利权或其服务在竞争中处于主导地位等。

（2）以稳定产品价格作为定价目标。为了避免不必要的价格竞争，增加市场的安定性，处于市场领导地位的金融机构往往通过各种方式，将其价格稳定在一定的水平上。其优点在于：当市场需求发生巨变时，产品价格不至于发生大的波动，从而有利于处于领导地位的金融机构稳定地占领市场，长期为市场提供该产品或服务。

（3）以应付和防止竞争作为定价目标。这是指提供同类产品或服务的竞争性金融机构，在产品定价之前，与同业所提供的产品和服务的质量和价格进行比较分析，从有利于竞争的目标角度出发制定价格，以低于、等于或高于竞争者的价格出售其产品或服务。

因此，金融机构需要明确其一定时间内的营销目标与定价目标，并采用合理的定价方式与方法，使产品定价能够为其营销服务。

二、金融产品定价策略的种类

产品定价是科学性和艺术性的高度统一。商业银行在制定产品价格时，除应遵循一般的定价原则外，还应采取适宜的定价策略，以增强产品的价格竞争力，促进产品的销售。

（1）渗透定价策略。这是一种低价竞争的策略，在推出新的金融产品时，确定比较有吸引力的价格来赢得客户的青睐，从而迅速打开销路，实现市场份额的最大化。该策略得以充分实现的条件有两个：一是市场需求的价格弹性高，通过低价出售产品获得较高的销售量；二是促销银行具有很强的经营实力，能通过规模销售降低金融产品的成本。

（2）高价竞争策略。该定价策略的目的是银行通过制定高价，以便在短时间内实现利润的最大化，迅速收回产品开发的成本，并树立优质产品的市场形象。采取该策略必须注意：一是对具有高需求的客户应进行充分的评估；二是严格控制单位产品的开发成本；三是密切关注竞争者的动态。

（3）差别定价策略。针对各个细分的市场，采取差别定价是一种适宜的策略。在金融产品市场上，按客户规模分，有大客户和小客户；按客户信用分，有优良客户和劣质客户；按给银行带来的效益分，有高端客户和低端客户。如果银行对颇具差别性的客户统一报价，则不能实现利润最大化，也不能培养客户的忠诚和防范客户风险。因此，银行在定价方式上要更具灵活性，针对客户的特征，确立不同的报价区间，除此之外，对不同的区域、不同的时间也要注意产品价格的差异性。

（4）组合定价策略。组合定价是银行根据客户的需求,把相关的产品和服务匹配在一起综合定价,力求以高价产品的收益弥补低价产品的损失。在这种情况下,银行不再单独对金融产品逐个报价,而是量体裁衣,推出集众多金融产品和服务于一身的"金融套餐"。通过组合定价,为客户提供更多的选择,在客户满意度获得提高的同时,银行的市场份额和经营效益也得到有效扩大。

三、银行产品定价的策略选择

（一）采取更灵活的定价策略,提高价格的竞争能力

1. 关于人民币贷款及贴现定价

（1）对普通客户实行一户一策的利率上浮政策。根据企业信用等级、资产负债比率、贷款余额及期限、担保方式等风险指标确定利率上浮水平。

（2）贴现业务由于其低风险的特点而备受银行重视。因此,可采取竞争性定价策略,以人民银行再贴现利率为基准点,在此基础上适当上浮。贴现利率应执行一票一定政策,视客户业务量大小及合作情况而定,体现"薄利多销"原则,尤其对能办理再贴现业务的票据,更要采取灵活的定价政策。

（3）在实行利率的歧视性定价政策时要注意两点：一是避免把降低利率作为竞争的唯一手段。在利率市场化进程中,企业尤其是大企业不仅关心其筹资成本的高低,也重视其资金的安全、结算的畅通等,因此,商业银行应侧重于为客户尤其是优质客户提供高价值的组合服务。二是注意差异化所带来的市场变化,关注竞争对手的反应,避免出现恶性价格竞争。

2. 关于中间业务定价

（1）关于国际业务的定价。① 歧视价格政策。歧视价格政策包括两个方面：一是针对客户的歧视价格政策,即对不同客户根据其结算量的大小实行不同的收费价格。如对结算大户实行更优惠的收费标准,吸引其办理更多业务,而对一般客户执行标准化的收费。对客户的歧视价格政策可根据实际情况分成多个区间标准。二是针对产品的歧视价格政策。不同的产品其风险不一样,即使同一产品在不同情况下的风险也不同。如进口开证,因申请人自身资信、保证金多少、受益人所在国家的政治经济形势等因素的不同而

有所变化,在这种情况下,可以针对进口信用证金额、期限、风险的不同而制定不同的收费标准。风险大时收取较高的费用,风险小时收取较低的费用,体现风险效益对等的原则。②"捆绑"定价方法。国际结算业务与其他中间业务相比有其独有的特点。如客户在银行开立进口信用证后,可以带来以下后续业务:承兑、拒付、提供担保、购汇、付款等;收到出口信用证后可带来以下后续业务:通知、保兑、转让、议付等。在制定收费价格时,可以将这些相应业务"捆绑"起来综合考虑。如为吸引优质客户在银行多做进口开证业务,可以在后续业务的收费上给予一定的优惠;为鼓励出口客户在银行续做由本行通知的出口信用证业务,可以在相应项目上减少费用。通过"捆绑"定价,可以使银行的国际业务产品对客户保持较高的吸引力。③ 单笔定价法。对金额较大的单笔外汇业务,如进口开证、出口议付等,可采取更为灵活的定价方法,根据金额大小、风险高低,由双方约定一个价格,即单独定价。

(2) 关于信用卡业务定价。① 对持卡人的定价。为鼓励持卡人用卡消费,对持卡人可采取数量折扣定价策略,即将持卡人的交易额分成几个区间(例如 3 个):如果持卡人的消费额在较低的第一区间,他将被要求支付较高的价格(包括年费);如果持卡人的消费额在较高的第二区间,他将享受到一定的优惠;如果持卡人的消费额在更高的第三区间,那么他将享受到更多的优惠和折扣。通过划分不同的消费区间索取不同的价格,以鼓励持卡人用卡消费。在持卡人得到实惠的同时,银行可以增加信用卡交易额,并获得更多的利润。② 对商户的定价。对商户可以采用价格歧视政策,即根据商户的行业特点制定不同的回扣标准。如零售业务因其交易额大而执行较低的回扣,餐饮业旅游酒店因其交易额小而执行较高的回扣价格等。在制定了商户的价格歧视政策时,要注意分清行业特点、客户的支付意愿与现行政策的衔接等问题。

3. 关于网上银行、手机银行、呼叫中心

(1) 两步收费法,即提供多个不同的固定价格和变动价格组合,客户可以根据自己的消费偏好选取喜欢的付款方式。如可以选择低年费(甚至是零)、高使用费的付费方式,也可选择高年费、低使用费的付费方式。通过这种方式,可以把市场需求潜力充分发挥出来,银行和客户都会从中得到好处。

(2) 数量折扣定价方式,这种定价方式类似于信用卡业务中对持卡人的定价方式,在此不再讨论。

（二）加强资产负债匹配管理，降低利率敏感性风险

利率敏感性缺口风险是指在一定时期内银行需要重新调整利率的资产与需要重新调整利率的负债数量不相等时，银行再吸收存款或发放贷款要蒙受的利率风险。若银行经营正处于正缺口（调整资产利率带来的收益大于调整负债利率带来的收益），则利率上升将增加银行的收益；若处于负缺口（情况正相反），则将减少银行的收益。利率市场化条件下，利率敏感性缺口风险主要来自银行自身资产负债结构的不匹配。

（三）加强客户需求变化的研究，充分发挥客户经理的作用

利率市场化后，曾经是商业银行稳定客户的企业可能迫使商业银行的存款业务从关系银行业务转变为价格银行业务。这意味着商业银行必须改变首先与客户建立稳定关系后再扩展业务的传统营销模式，代之以以发掘市场赢利机会为中心，不断调整银企双方利益分配关系的营销模式。

（1）利率开放后，客户尤其是优质客户与银行之间的存贷款业务，都会有一个"砍价"问题。银行的报价水平和"砍价"方式变得极为重要。这对银行的市场营销工作提出了新的要求，客户经理的作用显得更为重要。

（2）随着客户对金融需求水平的提高，客户在希望得到低成本银行资金的同时，将更注意银行服务的价格组合，包括服务水平、资金结算财务顾问、代理理财等。银行的实力与信誉、资金水平、金融产品与服务的创新能力成为争取客户的关键因素。因此，银行在争取客户时，要注重为客户提供高价值的组织服务，切忌将价格作为营销的唯一手段。

（四）加强利率的管理，建立有效的利率决策与管理体系

（1）建立严格的利率浮动授权管理体系，形成科学、合理、灵活的利率决定制度。

（2）提高利率管理的效益意识。在利率市场化进程中，商业银行各级利率管理人员特别是基层行有关人员，要培养利率管理的效益意识，改变过去充当利率接受者的被动角色，改变对利率的认识，把利率作为提高效益、增强竞争能力、提高市场份额的有力武器，自觉利用利率杠杆创造效益。同时，加强对利率的管理，把贷款利率纳入贷款审批人的审批内容。

（3）加强对定价人员的培养。利率市场化给商业银行带来了一次全新的业务，那就是根据市场变化，判断利率走势，进而判定产品的价格。在这方

面,一是要加强对利率管理人员和其他相关人员的利率政策知识的培训,提高他们对利率政策的把握和运用能力;二是要采取"走出去、请进来"的方法,通过多种渠道,尽快培养商业银行自己的定价人才。

 案例

小额账户收费:选择与被选择的博弈[①]

日前,农业银行宣布自2006年9月21日起对小额账户收取每季度3元的服务费。这样,9月21日起,工、农、中、建、交五大国有银行都将对小额账户收取管理费用。在股份制商业银行中,招行也已经宣布将开收小额账户管理费,而其他银行则表示暂时不打算跟进。

银行收费是一个敏感问题,每每广遭质疑,近来跨行查询收费就成为众矢之的。站在消费者的角度,忽然交一笔以前不用交的费用总有点让人心里不舒服,但如果换一个角度考虑问题,把收取小额账户管理费看做银行筛选客户的一个手段,看做国内银行在改革中对自身重新定位的一种外在表现,那么消费者也许无须对部分银行"嫌贫爱富"的举动过于苛责,而是相应地也可以对自己重新定位,在银行选择客户的过程中,完成自己选择银行的过程。

年底金融服务业全面开放备受人们的关注,中资银行是否能够应对外资银行的挑战成为人们谈论的话题。现在,中资银行首先要做的,是变革原先适应计划经济的所有成分,内部完成资源重整,使之能够适应于未来越来越市场化的竞争环境。这其中很重要的一个方面就是,不同的银行要有不同的定位和不同的目标客户群体,大银行对大客户,中小银行对中小客户,建立起多层次的金融服务体系。

长久以来,各家银行同质化竞争严重,总体格局基本上是所有的银行面向所有的客户,不同的银行之间没有差异化的定位,也没有差异化的目标客户群体,多层次金融服务体系尚未在我国建立起来。

可喜的是,越来越多的中小银行基于现实和自身发展考虑,不再和大银行争抢大客户,而是着眼于长远发展目标和战略定位,寻求差异化的目标客

---

① 徐海慧:《小额账户收费:选择与被选择的博弈》,载《国际金融报》,2006年6月6日,转引自http://news.xinhuanet.com/fortune/2006-06/06/content_4650570.htm。

户群体。

同样地,在个人业务上,大、中、小不同规模、不同实力的银行,根据各自的定位分食高、中、低端不同层次的个人客户,是建立多层次金融服务体系过程中必然经历的一个环节。

通过收取小额账户管理费,工行等实力较强的大银行可以分流一部分中低端客户,而其他银行则可以获得这部分新的市场份额。当然,分流个人客户的方法和手段很多,不止小额账户收费这一种,重要的是,各家银行要对自己的定位和长远发展战略有清醒的、理性的认识,然后基于这一认识落实和实施相关的措施。

作为消费者来说,尤其作为中低端客户来说,他们也需要有更成熟的心态来面对银行在向市场经济转轨过程中的这些变化。

选择和被选择其实只在一念之间。对于中低端客户来说,首先应该接受银行选择客户这一事实,不必有过多情绪化的反应,继而可以根据自己的实际情况,重新定位,主动选择一家不是最大但却最适合自己的银行。多层次金融服务体系是否建立和完善的一个标准,也许可以定为是否每一个消费者都可以自由选择到适合自己的银行。

当然,在这一转变的过程中,还有许多细节需要人们关注。诸如,现在许多单位的工资卡都是设在工行、建行等大银行,员工并不能自由选择;许多中小银行的网点覆盖面还较小,如果现在中低端客户就选择这些银行,可能会面临一些不便,等等。这就需要相关主管部门和各家银行通力合作,更多地以客户为中心,多为客户考虑,做好转换过渡期内的细节工作,不让任何一个群体的利益因此受损。

第四节 金融产品的价格调整

一、金融产品价格调整的原理

1. 价格调整的原因分析

价格调整的原因是多方面的,综合起来主要有以下几项:

(1) 银行发现其客户数量或市场份额有所下降;

（2）产品的价格与竞争对手相比显得过高；
（3）金融产品的成本降低；
（4）客户要求银行提供低价服务以满足其需求；
（5）客户认为银行产品的价格比其实际价格要高；
（6）产品定价过低而出现供不应求的状况；
（7）银行提高了产品的质量或功能，增加了新的服务，而使其价值上升；
（8）产品成本升高；
（9）不同金融产品之间的价格不合理或被市场拒绝；
（10）银行向客户提供了太多的价格选择而使客户感到迷惑；
（11）市场竞争者调整了价格策略；
（12）市场价格发生较大变动。

由于上面这些原因的存在，银行必须要对已制定的价格进行合理调整。

2．价格调整的内容

价格调整包括两种情况：降低价格与提高价格。降低价格就是金融企业将产品的价格削低。提高价格则是企业调高金融产品的售价或服务收费以弥补其成本或增加收益。

当然，价格调整并不是一件简单的事，它会影响到市场上其他主体的利益，引起他们的不同反应，从而改变其购买或经营战略，以抵消银行调整价格对其造成的不利影响。

例如，对于银行某产品的削价，客户可能这样认为：
（1）该产品有缺陷，在市场上销售不畅；
（2）产品的质量下降；
（3）银行的经营成本减少；
（4）价格可能还会进一步下跌。

而对于提价，客户则可能这样认为：
（1）这种产品很畅销；
（2）这种产品的质量提高或附加服务增多；
（3）银行的经营成本上升；
（4）银行可能想赚取更多利润。

客户对于不同银行产品的价格变动，反应也不一样。一般来说，对于价值较高或经常使用的商品，客户的反应较为灵敏，即其需求的价格弹性较大，但从总体上说，传统的银行服务比较缺乏弹性，即银行的稍微提价不会出现大量客户的迅速转移。

另外，金融企业在调整价格时还要研究竞争对手可能采取的行动。一般来说，其他金融企业对本企业产品的价格调整可能仍然采用已有的策略，那么企业可以根据以往的经验对其进行预测，事先采取防护措施。但大多数情况下，竞争对手会把别人的价格变动作为一个新的起点，根据即时情况调整策略或重新制定战略。在这种情况下，要通过市场调研或其他渠道来获取对手的有关信息，如其利益何在、目前的财务状况如何、客户的忠诚程度怎样、可能采取的反应有哪些，如此等等。一般地，如果对方是为了提高市场份额，则可能采取诸如调整价格的对策；如果其目的是获取更多利润，则可能会增加广告预算、提高产品质量或采取其他措施。故而只有金融企业对其竞争对手的情况进行全面分析后，才能真正把握其行动方向。

3. 价格调整应注意的问题

正是由于价格调整的复杂性，所以金融企业特别是银行在改变其金融商品的价格时必须考虑以下一系列问题：

（1）调价产品的数量，即对一系列产品的价格进行调整还是对某一种产品进行削价或提价。

（2）价格调整的方式，即是明调还是暗调。明调是标价的改变，而暗调则是采用其他方式使实际价格发生改变。

（3）价格调整的幅度，即要调整多大比率。

（4）价格调整的时间，包括何时向客户宣布及何时正式开始执行新的价格。

（5）其他相应的营销措施，如包装或广告收费、产品质量改善、提供配套服务等。

尽管金融商品价格的变动比其他产品更为复杂，但如果金融企业在适当的时间合理地调整价格，就可以使自己取得更大的收益，所以许多金融企业认为冒这个风险还是值得的。

4. 我国金融企业产品价格调整的种类和方式

（1）实行政府指导价的商业银行的服务范围为：① 人民币基本结算类业务，包括：银行汇票、银行承兑汇票、本票、支票、汇兑、委托收款、托收承付；② 中国银行业监督管理委员会、中华人民共和国国家发展和改革委员会根据对个人、企事业单位的影响程度以及市场竞争状况确定的商业银行服务项目。除前款规定外,商业银行提供的其他服务实行市场调节价。实行政府指导价的服务价格按照保本微利的原则制定,具体服务项目及其基准价格和浮动幅度,由中华人民共和国国家发展和改革委员会会同中国银行业监督管理委员会制定、调整。

（2）实行市场调节价的服务价格,由商业银行总行、外国银行分行(有主报告行的,由其主报告行)自行制定和调整,其他商业银行分支机构不得自行制定和调整价格。商业银行制定和调整价格时应充分考虑个人和企事业单位的承受能力。

【思考题】

1．金融产品定价的基本原理是什么？
2．金融产品定价的特殊性表现在哪些方面？
3．金融产品定价的方法有哪些？
4．金融产品定价的目标是什么？
5．金融产品的定价策略有哪些？
6．金融产品价格调整的原理是什么？

【本章小结】

金融产品定价是金融机构业务竞争中的重要营销策略之一。由于角度不同,产品价格在消费者与销售者的眼中具有不同的含义。对消费者来说,价格代表获得这种产品或服务的成本；对销售者来说,价格代表销售这种产品或服务所获得的收入,是其利润的重要来源。因此,金融产品的定价问题,既涉及金融产品是否能得到消费者的青睐,也涉及金融机构在产品推广与销售以后,可否获得收益或维持一定的市场份额等有关金融机构赢利及发展等重大问题。

中国利率市场化在改革进程中稳步推进[①]

1993年《关于建立社会主义市场经济体制改革若干问题的决定》和《国务院关于金融体制改革的决定》最先明确利率市场化改革的基本设想。1995年《中国人民银行关于"九五"时期深化利率改革的方案》初步提出利率市场化改革的基本思路。

——1996年6月1日放开银行间同业拆借市场利率,实现由拆借双方根据市场资金供求自主确定拆借利率。

——1997年6月银行间债券市场正式启动,同时放开了债券市场债券回购和现券交易利率。

——1998年3月改革再贴现利率及贴现利率的生成机制,放开了贴现和转贴现利率。

——1998年9月放开了政策性银行金融债券市场化发行利率。

——1999年9月成功实现国债在银行间债券市场利率招标发行。

——1999年10月对保险公司大额定期存款实行协议利率,对保险公司3000万元以上、5年以上大额定期存款实行保险公司与商业银行双方协商利率的办法。

——逐步扩大金融机构贷款利率浮动权,简化贷款利率种类,探索贷款利率改革的途径。1998年将金融机构对小企业的贷款利率浮动幅度由10%扩大到20%,农村信用社的贷款利率最高上浮幅度由40%扩大到50%;1999年允许县以下金融机构贷款利率最高可上浮30%,将对小企业贷款利率最高可上浮30%的规定扩大到所有中型企业;2002年又进一步扩大试点,同时,简化贷款利率种类,取消了大部分优惠贷款利率,完善了个人住房贷款利率体系。

——2000年9月21日实行外汇利率管理体制改革,放开了外币贷款利率;300万美元以上的大额外币存款利率由金融机构与客户协商确定。2002

[①] 王煜:《当前的经济金融形势和货币信贷政策》,中华人民共和国发展和改革委员会中国机电设备招标中心网站,http://www.cntc.gov.cn/llyj/dqxs.html。

年 3 月将境内外资金融机构对中国居民的小额外币存款,纳入人民银行现行小额外币存款利率管理范围,实现中外资金融机构在外币利率政策上的公平待遇。

——2002 年扩大农村信用社利率改革试点范围,进一步扩大农信社利率浮动幅度,统一中外资外币利率管理政策。2002 年初在全国 8 个县农村信用社进行利率市场化改革试点,贷款利率浮动幅度由 50% 扩大到 100%,存款利率最高可上浮 50%。2002 年 9 月,农村信用社利率浮动试点范围进一步扩大。

【案例讨论题】

讨论中国利率政策对企业定价策略的影响。

第八章　金融产品分销策略

【学习重点】

1. 理解金融产品分销的特殊性。
2. 掌握金融产品分销渠道的设计及管理。

【导入案例】

新加坡银行分销保险业务强劲增长[①]

新加坡银行促销保险产品的攻势越来越猛,本地银行保险业2001年的增长估计将近一倍。随着银行保险日益受欢迎,业者预料这个市场2002年会继续强劲增长。

分销银行保险可为银行带来可观的抽佣收入,也是银行提供财富管理服务不可或缺的产品之一,促使本地银行近几年来陆续采纳这个源自美国的分销模式。

除了宣传攻势越来越猛之外,银行保险的种类也日益增加,包括人寿保险以及旅游、意外等普通保险。

根据新加坡人寿保险协会的数据,银行保险2001年占本地寿险业新保费总额的15.1%,其市场比重的增长率每个季度不断增长:2001年首季的增长率为10.2%,而第四季度为25.7%。

与保险代理员或经纪商售卖的产品不同的是,银行保险的产品结构通常比较简单,不会像分红保单那么复杂。由于银行的分销成本相对较低,一个专门为银行设计的保险的保费也可能比较低,例如华侨银行的"满"系列银行保险。

---

① 罗文燕:《新加坡银行分销保险业务强劲增长》,载《联合早报》,2002年4月16日。

在各家银行当中,华侨银行在银行保险市场上名列前茅。根据该银行提供的数据,其市场占有率达39%,2001年的销售额增长了84%以上,新保费总额超过6亿元。

发展银行的保险销售额2001年增加了56%,但该银行不愿透露市场占有率。

大华银行不愿透露保险销售成绩,但其表示银行保险过去几年越来越受银行客户的欢迎,畅销的产品包括储蓄保险和定期保费产品。

华侨银行集团旗下的大东方和华侨保险公司合并后,后者便专门为华侨银行供应保险产品,使该银行在银行保险业方面占据优势。

华侨银行的银行保险主管理查德·瓦戈说,这个模式避免了银行面对一般通过经纪商和代理员分销保险所面对的管道冲突。

所谓的"管道冲突",指的是保险公司通过银行售卖产品而引起代理员和经纪商的不满,因为这些传统分销管道认为这将有损他们的利益。

发展银行也将采取类似华侨银行的保险分销模式,不久后将专注于分销商联保险集团(CGNU)的保险产品,预计会加剧银行保险市场的竞争。

大华银行主要分销集团旗下保险公司的产品,也与其他保险公司合作,所分销的保险种类非常广泛,从一般的寿险产品到防盗、古董和名画保险等。

外资银行则分销不同保险公司的产品。例如,渣打银行跟保诚保险和商联保险合作,荷兰银行跟鸿国和亚洲人寿保险合作,马来西亚银行、花旗银行、汇丰银行和美国运通都分销多种保险产品。

如果经济持续复苏,业者预期银行保险生意会持续稳健增长。人寿保险协会会长陈明理预期,银行保险在本地寿险业的比重将增加,2002年可望占总销售额的三成左右。

理查德·瓦戈相信,华侨银行的保险销售额2002年应该会继续取得两位数的增长,并且持续保持领先地位。

第一节 金融企业分销渠道的类型及特征

一、金融企业分销渠道的类型

从是否经过独立的中间环节来看,金融产品及服务的分销渠道可分为直接渠道和间接渠道两大类。

（一）直接渠道

金融产品的分销通常与金融机构自身无法截然分开，因而它往往要靠金融企业借助一定的方式直接与客户联系，将各种金融产品直接提供给客户，即采取直接销售渠道。直接销售渠道大体有以下几种类型：

（1）分支机构。各种金融机构在全国乃至全世界各地直接投资设立的分支机构，构成了其产品的直接分销网络，借此，可直接服务于客户。例如，我国商业银行在各省市所设立的分行，分行在各县市设立的支行，支行在各个街区、乡村设立的分理处和储蓄所便构成了银行的产品分销网络。

（2）面对面推销。直接分销网络中的各个网点，除了进行柜台坐等服务外，派员进行面对面的推销成为直接销售渠道中最基础和最原始的形式。当今，越来越多的公司，包括各种金融机构在内，较多地依靠专业销售队伍访问预期客户，使他们发展成为现实客户，并不断增加其业务。各金融机构中自身发展起来的银行客户经理、保险代理、股票经纪等，就是从事面对面推销的直接销售组织。

（3）直接邮寄销售。直接邮寄销售是指通过事先的调查分析向潜在客户寄送有关产品或服务的信件、传单、折叠广告等的过程。直接邮寄销售广泛流行于企业界及各种金融机构的营销活动中，因为它能更有效地选择目标顾客，并实现个性化，比较灵活，易检测结果，尽管制作和传送成本较高，但所接触的人成为客户的可能性较大。

（4）电视直复销售。金融机构借助电视通过三种途径将产品或服务直接销售给潜在客户。第一种是通过直复广告，即金融企业购买电视广告时间，介绍产品，并给出免费电话号码，以期望顾客订购产品或查询更多信息。第二种是电话线，通常以呼叫中心为核心，针对预选目标群进行集中的电话推销或调查。第三种是视频信息系统，它是一种通过电缆或电话线连接消费者电视和销售计算机信息库的双向装置。

（5）电子渠道。20 世纪 90 年代以来，随着网络经济的产生和发展，金融产品的分销渠道出现了全新的形式，即电子分销渠道。它以电话、电脑等电子网络为媒介，以客户自助为特点将金融产品直接提供给客户享用或消费。例如，银行业中的电话银行、网上银行、手机银行、企业银行、家庭银行、自助银行和各类电子转账业务,就是将传统的金融产品通过电子网络系统直接分销给客户。证券公司和保险公司也是如此。

(6) 信用卡网络。信用卡网络是银行的一种直接分销方式,它是指银行通过发行信用卡,向持卡人直接提供金融服务,由此而建立起来的信用卡网络便成为银行向客户分销产品的直接渠道。当然,在信用卡网络中,还包含着零售商场、酒店及其他消费场所。因此,为使消费者享用信用卡服务,银行须向这些机构推销其信用卡业务,并借助于它们服务于消费者。

(7) 自动柜员机。自动柜员机也是银行的一种直接分销方式,它与信用卡发行相配合,银行通过设立自动柜员机,可相应代替柜台网点的部分业务,如查询、提款、存款、转账等。与设置分支机构相比,自动柜员机具有提供产品和服务不受时空限制、成本低等特点。因此,自20世纪60年代问世以来,便得以迅速发展,在银行业逐渐得到普及。

在直接分销渠道中,一般民众能直接接触到银行及保险公司的分支机构和销售网点或销售人员,而对证券公司和基金公司的直接渠道较为陌生。图8-1 是我国某些证券公司所提供的针对机构客户所采用的直销渠道模式。

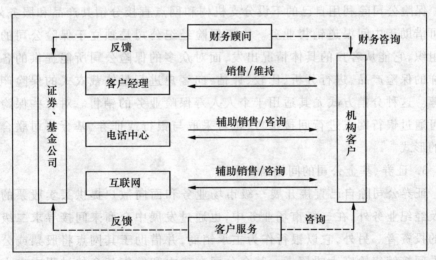

图 8-1 证券、基金公司的直销模式

(二) 间接渠道

金融产品的提供是一种动态化的服务过程,但金融企业对有些服务项目可进行物化,使其具备实物形态,而这些具备实物形态的金融产品,在某些分销环节上,则可与金融企业自身相分离,通过一定的中介商,间接地将其销售出去。其实,金融产品的分销渠道可被看成是一条价值增值链,介入金融产品的最初开发提供者与最终客户之间的渠道是占有或不占有这一产品所有权的中介商。如果这一中介商同时拥有产品的所有权,那么它肯定是最初开发提供者本身或其下属机构,此时,金融企业是在做直接销售;如果这一中介商独立于最初开发提供者之外,那么金融企业在做间接销售。金融产品的分销中介商要站在与最初开发提供者相同的价值增值链上,为金融产品增值,只有为产品增值,最初的开发提供者才愿意使用它们。

1. 银行的间接销售渠道

银行利用间接渠道进行销售的金融产品主要是信用卡。信用卡业务的最终消费对象是消费者,但消费者得以消费信用卡服务,必须借助于商场、酒店等消费场所。从此意义上说,信用卡业务的销售是利用了间接渠道。从另一方面说,消费者要想能够享用到信用卡服务,银行必须让商场、酒店等消费场所开展信用卡业务。

2. 保险公司的间接销售渠道

保险公司除利用自己的下设分支机构和网点直接分销其产品和服务外,还可借助于中间渠道销售业务。由于保险经纪公司是独立于保险公司的中介组织,它能从客户的具体情况出发,面对众多的保险公司所能提供的各种各样的保险产品,进行分析、比较、评估,向客户进行量体裁衣式的保险产品推荐。这种分销方式尤其适用于个人人寿保险业务的销售。对有些保险产品可通过银行网点进行间接销售,也可采取与银行或证券、基金公司联合经营的形式。

3. 证券、基金公司的间接销售渠道

证券公司除自己直接开展一级市场业务和面向散户提供买卖股票的场所及经纪业务外,在二级市场业务中,也通过发展中介商来间接寻求二级市场的投资者。另外,它以银行作为主承销商,并借助于其网点将股票或公司债券间接销售给广大投资者。基金公司在建立和销售基金的过程中也大都通过发展中介商的方式开发和服务于客户。

4. 金融中介商的作用

间接销售渠道中的中介商,与金融企业的下属分支机构一样,在全面服务于最终客户方面履行着重要职责,发挥着重要作用:

（1）营销调研：收集、分析与客户打交道所必需的信息；

（2）沟通：与客户进行与金融产品服务相关的有效沟通；

（3）接触：寻求潜在客户并与他们进行接触；

（4）匹配：使金融产品及其服务全面适合客户的要求；

（5）谈判：达成关于价格和其他交易条件的有关协议；

（6）融资：提供信用或资金以方便交易；

（7）承担风险：承担将金融产品及其服务向顾客传递过程中的有关风险；

（8）服务：开发和维持与客户持久的关系。

值得一提的是，在金融产品的间接分销渠道中，银行及其零售网点处于明显的主体地位。一般来说，证券公司、保险公司、基金公司，只要利用间接渠道销售其产品，都离不开对银行及其零售网点的运用。这一方面是因为银行比其他金融业发展得早，在网点设置方面较为完善和发达；另一方面是因为银行与广大民众的生活息息相关，银行业的传统业务开展方式只能通过设立更多的零售网点来方便顾客。

二、金融企业分销渠道的特征

（一）产品风险对分销渠道的影响

根据金融企业的营销实践，金融产品风险对渠道的重要影响主要表现在以下几个方面：

（1）金融产品的适度风险，可使企业的产品或服务更顺利地实现其价值和进入消费领域。分销渠道是产品或服务从生产者流向消费者（用户）所经过的通道，若分销渠道不完善、建设滞后或控制不当都会影响企业经营目标的实现，同时产品本身的风险也是重要的影响因素。

（2）控制好金融产品风险，可更好地发挥分销渠道的功能，提高企业的经济效益。分销渠道的功能主要有调研、寻求、分类、促销、洽谈、物流、财务和风险等，它使产品（服务）在转移过程中创造了产品的形式效用、所有权效用、时间效用和地点效用。适度控制产品风险可使上述的渠道功能得到更好的发挥，使销售过程更顺畅，可更有效地节约交易成本，提高交易效率。

（3）对产品风险的适度控制，是确立企业竞争优势的重要武器。在市场环境迅速变化和竞争日趋激烈的情况下,很多企业的生存发展情况在很大程度上取决于其分销渠道系统的协调与效率,以及能否最好地满足最终消费者的需求。可以说如果企业不能对分销渠道进行有效的管理和控制,就无法有效地保护现有的市场并开拓新市场,也无法获得比竞争对手更低的成本,无法获得创造具有独特经营特色的竞争优势的条件。

(二)产品种类对分销渠道的影响

企业对渠道的掌控究竟应该把握在一个什么样的层面上,其产品种类对分销渠道的影响程度和层次应如何把握,通过对影响金融企业分销渠道控制的因素和产品种类的分析研究,可以得到一些启发或解决思路。

1. 影响企业分销渠道控制的因素

(1)顾客的需求因素。这里所说的顾客需求是指顾客愿意分销渠道向他们提供什么样的服务。分销渠道的运作一般可提供四项基本服务:一是空间上的便利性,即产品、产品信息、销售点、技术帮助等距离顾客居住地的远近程度。二是批量规模,即允许顾客每次购买的数量单位。三是交货时间,即顾客从订货到收到商品所需的时间。四是品种的多样化,即产品多样化的类型和程度。这四项服务是通过分销渠道执行一定的职能和流程来实现的。分销渠道提供多少服务,则要取决于其所掌握的资源的多寡、企业的能力以及顾客对服务的需求。顾客需要分销渠道提供的服务越多,参与渠道运作的成员就可能越多,企业(生产商)对渠道的控制力就可能越弱。

(2)渠道成员因素。渠道的功能是通过渠道流程或渠道中不同成员的职能来完成的。而渠道的基本业务流程有实物流、所有权流、促销流、融资流、洽谈流、风险流、支付流和信息流等。这些流程将组成渠道的各类组织机构贯穿起来,形成一条通道。这些渠道的职能和流程客观上是可以由不同的成员来承担的,而特定的机构往往只从事其中一项或多项流程。由于每个机构的资源条件不同,因而使得其在完成某些流程时有优势、成本低,而在完成另一些流程时情况则相反。这会导致渠道成员机构在运作中往往都集中精力执行自己最有优势的职能(流程),把自己没有优势的职能向效率更高的成员转移,以使自己能获得较高的效益,这种变化虽然客观上能提高渠道的效率和整个渠道的竞争力,但原本由设定成员执行的职能一旦转移到其他机构,由其他机构的成员承担后,渠道流程和职能的实施情况也必然发生相应的变化,企业对渠道的控制力也可能会随之降低。此外,渠道成员个体的经营管理能力方面客观上也存在差异性。

(3) 其他因素。影响企业分销渠道控制的因素还有技术、文化、自然、社会、政治等方面的因素。例如,地理环境、市场范围的大小、制造中心的位置、人口密度等对企业分销渠道的控制力也有重要的影响。当产地比较集中而消费人口较分散、分销渠道较长、有较多中间商时,企业对渠道的控制力就会降低。又如法律法规也直接或间接地影响企业对渠道的控制力,例如,当政府要通过许可证制度来限制某些机构进入某个渠道时,企业的渠道控制力也会因此受到影响。

2. 金融产品的种类对分销渠道的影响

一般来讲,金融产品的种类较少时,金融企业自建渠道的控制性最强,但企业的销售成本可能较高;而使用中间商分销,就意味着企业对渠道失去部分或全部的控制,从而在分销的投入力度和根据市场竞争而采取的对抗性行为方面将受到影响,但企业的销售成本可能较低。因此企业须对渠道控制的效益和成本进行评估,要根据自己的产品种类、市场目标、经营能力、资金实力和承担风险的能力来确定渠道控制的规模和层次,切不可盲目进行不切实际的控制。渠道效益成本的评估和控制线的设定包括渠道成员的培育和淘汰。必须保持合理、及时的动态调整,适应企业发展进程和目标以及市场环境要求的变化,这是分销渠道控制能否适度的依据和基础,也是这项动态系统工程的核心。此外,从金融企业的角度讲,既要有较多的金融产品,又要保障对渠道进行适度、有效的控制,这就必须辅以各种有效的实操方法和策略。

(1) 金融产品种类多,就需要掌控市场信息。企业渠道建设的一个重要方面是保持渠道动态信息的获取与反馈,为企业的渠道决策提供依据,指导企业的渠道行为。为此,企业应派员深入一线市场,分析市场走势与需求变化,把握竞争动向,确保及时准确地获得市场信息。

(2) 掌控渠道成员。企业要对中间商或其他成员,如运输商、广告商等拥有一定数量和质量的控制权。因此,基于这一情况,企业一方面要用自己在市场上的地位与实绩来证明自己的优秀,另一方面要多与经销商沟通,不断地向其阐述自己的长远规划和美好前景,使他们对未来有一定的"憧憬"。

第二节　金融企业分销渠道的设计

一、直接渠道和间接渠道的选择

金融机构是采取直接渠道销售产品,还是通过间接渠道销售产品,需要考虑众多因素才能作出选择。

(1) 产品及需求因素。从产品方面来看,一般来说,技术复杂的产品或服务,其展开具有极强的连续性,宜采取直接渠道;而如果产品或服务的技术要求较低,其展开具有多环节,且相对分割和独立,则宜采取间接渠道。从需求方面来看,一般来说,客户对信息的要求高,对服务过程具有较高的参与度,对产品及服务的需求具有整体性,宜采取直接渠道;若情况相反,且客户需在一定时间和地点一次性购齐很多产品,则宜采取间接渠道。从现实情况看,证券公司和基金公司向战略投资者配售业务,所针对的只是少量的、较为集中的机构客户,对于规模较大的券商而言,通过自身的营业部这一直接渠道就完全可以满足要求。但若面对的是广大中小投资者,就需要充分利用银行在各地的营业网点来作为间接渠道进行销售。保险公司除下设分支机构及广泛利用销售队伍直接销售外,对有些业务环节,如险种推介,也可利用独立的中介商如经纪公司或银行来开展。

(2) 市场与控制因素。一般来说,利用间接渠道能够迅速拓展市场,提高市场覆盖面,但会失去对分销的直接控制。销售代理商或经纪商是一个独立的机构,它看重的是本机构的利润最大化。因此,它更多的是关心其关键业务的销售和开展,或是产品或服务组合的整体经营业绩,而不会特别关心某一特定代理业务的经营业绩。此外,销售代理商的营销人员可能缺乏对有关产品的技术细节和具体市场的了解,而有可能不能有效地进行促销宣传和市场拓展。利用直接渠道,虽然能直接控制分销状况,但由于网点数量或推销队伍的规模所限,又不能迅速提高市场覆盖面,因此从现实来看,这是一个两难的选择,中国开放式基金的推出以及某些保险品种的推出,均借助了银行网点作为代理销售,而其平平的销售业绩,恰恰证明了这种选择的两难境地。

（3）成本与利润因素。在直接渠道和间接渠道之间作出选择最终取决于这两种方法的相对获利性。获利性与产品的销售量有关。究竟使用金融机构自己的推销队伍的销售量大，还是使用代理商的销售量大，这需要实际实施才能得到验证。当然，不同营销者的具体操作效果也会不一样。

二、网点的位置选择

如果金融企业重视直接分销，就需要建立大量的分支机构和零售网点，从而在全国或某一地区形成其分销网络。在分销网络设计中，各个网点的位置选择，也就是说，在何处设立分支营业机构服务于客户，是非常重要的。对银行服务来说，位置的重要性取决于客户和银行在空间上相互作用的类型和程度。银行和客户之间在空间上有三种相互作用的方式：客户寻求银行、银行寻求客户、银行和客户无空间限制地进行交易。

（1）客户寻求银行。当客户由于方便之需或不时之需寻求银行时，网点的位置显得十分重要。因此，银行往往喜欢在人口居住集中区、人流频繁闹市区和市内人口稠密地区广设网点。在设置网点之前，银行需分析在何种情境、何种地点和何种场所下，潜在客户会寻求银行的服务。同时也要分析这些潜在客户的数量和竞争者的网点位置等因素，以保证自己所设的网点有足够的市场规模。当然，在潜在市场规模足够大的情况下，与竞争者毗邻设置网点也是一种科学的选择。

（2）银行寻求客户。如果现有的银行都能唾手可得，且客户在足够方便的位置就能够得到高质量的服务，则银行所在的位置如何也就变得不是那么重要了。在此种情况下，银行须强化服务功能，主动寻求客户。

（3）银行与客户无空间限制地进行交易。当银行和客户之间无任何空间要求便可进行交易时，银行的位置是一个不值得考虑的因素。在这种情况下，银行可以通过邮递方式和网络通信手段实现其服务功能，客户也就无须关心银行到底离自己有多远了。当然，在某些情况下，银行的服务可以在触手可及的范围内进行，但同时也需要与客户亲自交往。如银行在提供日常家庭网络服务和在偏远地区广布自动柜员机的同时，客户可能希望管理人员能够在银行内亲自安排担保类的业务。

三、销售中介商的选择

若金融机构需利用中介商间接地销售其产品,就必须科学有效地选择中介商。销售中介商的选择包括两层含义:一是决定具体的代理商家,二是决定商家的数目。

1. 决定具体的商家

分销渠道是金融企业同分销商共同建立的一整套基于销售、运作的基础平台,它能保证整个产品的销售平稳运行,走在安全、可靠的通道上。

一般而言,在选择分销商时需考虑这样一些因素:

(1)尽量将分销渠道延伸至目标市场。这是建立分销渠道的基本目标,以使得产品与最终用户或者消费者能够尽量接近。金融企业产品的特征决定了分销商还要及时准确地传递企业信息(不仅是产品信息),这就要求分销商尽量接近目标市场。

(2)分销商的专业化能力。按照产品的不同,企业应该寻找相应的专业化能力更强的分销商。

(3)分销商的形象。金融企业对信用的特殊性要求也体现在分销商的社会形象上,显然社会形象更好的分销商有助于增进顾客对企业的信任。

(4)分销商企业文化。显然,具有近似企业文化的企业与分销商之间的交易费用更低。

2. 分销商的技术系统

在电子网络分销情况下,技术系统的稳定性、可靠性是一个必要条件。对技术系统的考察涉及:

(1)系统与分销商的技术接口。金融企业在自身完善技术系统的基础上,还需满足同其他关联机构在技术接口上的要求,否则整个系统就无法运转。

(2)分销商技术系统的可操作性及可拓展性。具体来讲,就是系统不仅能够顺利实现在现有业务规程下的正常运转,而且在金融业务拓展方面可以提供相应的支持。如在单一渠道内的不同地区可以在何种程度上保证相互联通,以便更大程度地支持公司后续业务在更大范围内的扩展。

3. 分销商的特征

分销商的特征主要指各分销商在长期的经营和发展过程中形成的企业

文化、管理模式等方面的特征。具体包括:

(1) 业务拓展的积极性。这方面的衡量涵盖分销商的管理水平、激励机制以及组织行为模式等许多方面。分销商原有的文化、组织运行的惯性,都会通过组织行为错综的交互作用影响到渠道分销的水平。

(2) 新业务对分销商产生的影响。此项具体涉及渠道成员在分销过程中由于利益及考核机制的不一致导致的内部冲突。如分销对整个渠道是有利的,但对单个成员却未必如此;分销对组织产生激励,而组织成员对此却缺乏积极性。如此种种,均会影响到渠道将来的策略制定与渠道管理导向。对这些因素的恰当衡量有利于公司从总体上把握渠道在执行分销任务的难度、未来合作方面需要的协调成本,最终为渠道决策提供相应的依据。

4. 商家数目的决定

如同产品营销一样,金融机构决定中介商的数目也有三种策略可供选择:广泛分销、选择分销、独家分销。对这三种策略的选择也要考虑到众多的因素,如所推出的产品类型与规模、潜在的市场及其顾客群、欲求的市场覆盖、分销的环节等。

第三节 金融企业分销渠道的管理

对分销渠道的管理,实质上就是利用分销渠道开展业务的动态化过程。在这一过程中,既包括对自设分支机构和销售网点的管理,也包括对所选择独立中介代理商的管理,同时,也是对其直接营销渠道的管理。另外,在金融企业分销渠道的管理中,一个非常突出的问题是对整个渠道的技术系统的管理。以下仅涉及渠道中的一般经营管理方面的内容。

(一) 销售网点的管理

利用下设分支机构如销售网点直接针对客户开展服务活动,是金融机构特别是银行最基本的分销渠道。为了将各种金融产品及其服务有效地推向顾客,金融机构至少要从以下两方面对其分销网点进行管理。

1. 导入 CIS

导入 CIS 也就是建立企业识别系统,为金融企业营造出一种良好的企业文化和树立起良好的市场形象。金融机构对下设网点的管理,借助于 CIS 是一种很好的途径。尤其是银行,由于其网点密布,且直接面向消费者和机构客户服务,更需要统一化的运作和管理。

2. 加强服务质量的管理

金融企业本身属于服务性行业,对下属机构和网点统一规范行为、完善服务活动、加强质量管理是一项关键性的工作。

服务质量与产品质量有很大的差别。产品质量可事先测定,一旦量化为一定的技术指标或质量系数,便可保证连续生产中的相对稳定性。服务质量则是一种动态化的感知过程,具有易变形的特点。客户在接受服务的过程中,感觉周到、热情、快捷、便利、可信、可靠、有保证,他就会满意、愉悦,就会认为服务质量高;否则,就会感到服务质量差。为了加强服务质量的管理,建立完善的服务链或岗位链是非常重要的。

(二) 中介商的管理

金融机构要通过中介商销售产品,便与中介商建立了一种合作关系。在这一合作过程中,金融机构既要采取各种激励措施激发其积极性,也要对其工作进行不断的评估,以便适时作出调整。

1. 中介商的激励

促使中介商加入到某种金融产品的销售渠道中来本身就包含着许多激励因素,但这些因素需要金融机构的监督管理和再鼓励的补充。激励来自于合作。总的来说,金融机构可通过下列力量得到合作:

(1) 强制力量。当中介商在某些方面表示不合作时,金融机构可威胁停止某些资源的提供或终止关系。尤其当中介商对金融机构依赖性较强时,这种方法较为有效。

(2) 报酬力量。当中介商执行特定任务或出色完成任务时,金融机构可为其提供一定的附加利益。

(3) 法律力量。在合同中载明有关中介商的责任、义务、权利和利益。

(4) 专家力量。为中介商提供专门的相关技术,提供推销队伍的培训等。

(5) 相关力量。著名金融机构会有很强的感召力,中介商会以与它们合作为荣,时时事事遵从它们的意愿。

金融机构应培养专家力量、法律力量和报酬力量等，即最好以正面激励为主，尽量避免使用强制力量。

2. 中介商的评估与调整

金融机构与中介商的合作离不开一个完善的分销计划，其中包括分销的目标、方案及步骤。尽管大部分制造商将分销商看做顾客而非工作伙伴，但金融机构在某一产品项目的分销上，要努力将自己与中介商的需求和利益结合起来，建立一个有计划、专业管理的纵向营销系统。

3. 渠道中的冲突与解决

金融机构与中介商以及中介商之间有可能在很多方面产生冲突，例如产品的市场定位、客户群、广告策略及其他市场推广措施等方面的不一致。冲突的原因可能来自于目标的不一致，或者是权利和责任不明确，也有可能是对市场的预测和判断不一致。解决的方法一是尽量建立一个有共同利益的统一的超级目标，二是互派人员、相互了解、达成合作。

（三）直销渠道的管理

金融机构除建立分支机构及其网点外，其直销渠道有邮寄销售、电话销售、网上销售等。对这些渠道的应用与管理集中到一点就是怎样组织有效的直销活动。这必须从以下几个方面进行管理：

（1）确定直销目标。金融机构采取直接销售的最基本的目标或最终目标是收到预期顾客的订单。但从实际来看，直接销售的目标还有以下几方面：一是为销售队伍寻找预期客户的线索；二是强化客户关系；三是传递信息，通知客户，为以后的购买作准备；四是传播理念和知识，教育潜在客户，使潜在客户产生需求。

（2）判别目标顾客。直接销售应辨别那些最可能购买、最愿意购买或者准备购买的顾客和潜在消费者的各种特性。这可应用R-F-M模式（近期购买、购买次数、购买金额），将顾客进行排队，并从中进行选择。最佳的目标顾客应该是那些最近购买过的、经常购买的以及花钱最多的顾客。按不同的R-F-M水平给每位顾客打分，然后得到每位顾客的总分，分数越高，该顾客就越有吸引力。直接销售可运用市场细分标准如年龄、性别、收入、受教育程度、生活方式、购买直接销售的产品历史等变量来确定预期的目标顾客。目标市场一旦确定，就需要获得潜在客户的名单。最佳的名单来源是过去购买享用过,或一直是本金融机构的客户,或过去曾购买过直接销售的产品或服务的顾客,也就是说来源于企业所建立的顾客数据库。国外企业或金融机构的另一个潜在客户名单的来源是名单经纪人,但有时他们所提供的名单往往存在重复、资料不全、地址已废除等现象。除此之外,企业或金融机构需自己通过各种途径来发现潜在客户在其他一些场合的登记所形成的花名册。理想的名单还应包括有关人口统计资料和潜在客户的心理特征等。

（3）设计直销信息。与广告设计一样,设计直销信息是一个非常具体而又特别重要的事情。对于直邮销售而言,信封封面设计、推销信的称谓、开头、正文及结尾的写作,广告传单的字体、图案、色彩及宣传内容,回复表格的设计,邮资已付的回复信封采用等,都需要细细推敲和确定。对于网上销售来说,网页的设计非常重要,其形式和内容都要以激起潜在客户的反应和购买欲为中心,当然是否真正发生购买行为,还取决于网络系统的记叙性因素以及金融机构相关服务的提供。

（4）衡量直销效果。对直接销售进行管理的最后一个工作是定期对直销效果进行衡量。一是要对直销的传播效果进行评价,例如对产品或机构的知名度、顾客对产品的了解程度、顾客心理占有率等方面的了解。二是对直销实际效果的评价,即对投入和产出进行比较,了解由此而带来的业务增长、赢利提高等情况。三是对效果不佳的直销活动,可分析存在的原因,以便作出必要的调整。

第四节 网络银行

网络银行是指以互联网为基础开展金融服务的银行,其业务活动通过网络技术在虚拟空间完成,业务过程仅表现为数字变化的网络化商业银行。网络银行通过全球最大的互联网络向客户提供每周7天、每天24小时的不间断服务。它是银行在国际互联网上建立的主页服务,是向社会公众展示的最新潮流的银行服务新概念。它不仅提供新的营销渠道,还宣传了企业形象和银行业务,为使电脑族成为银行的客户创造更多的机会。网络银行采用较为先进的科学技术,因此交易成本极为低廉,其经营成本只相当于经营收入的15%—20%。鉴于网络银行的便捷和不间断性,现在网络银行的业务呈直线上升趋势。

1. 网络银行的定义

国际巴塞尔银行监管委员会曾定义,网络银行是指那些通过电子通道提供零售与小额产品和服务的银行,这些服务包括存款、电子商务、账户管理等。

从广义上看,利用电子网络为客户提供产品与服务的银行均可称为网络银行。这里的"电子网络"包括电信网、内部封闭式网络、开放型网络(如互联网)。"产品与服务"包括三个层次:

(1)一般的信息和通讯服务,包括银行的宣传广告、接入服务(ISP)等;

(2)简单的银行交易;

(3)所有银行业务。

从狭义上看,网络银行是指利用网络,为通过使用计算机、网络电视、机顶盒及其他一些个人数字设备连接上网的消费者提供一类或几类银行实质性业务的银行。这里的"网络"一般指开放型网络,"实质性业务"是指涉及银行基本职能的产品与服务。

虽然广义和狭义上的定义有很大的区别,但在核心内容上基本一致,即网络银行是以银行的计算机为主体,以银行自建的通信网络或公共互联网络为传输媒介,以单位或个人计算机为入网终端的"三位一体"的新型银行。网络银行作为一种新技术产品,其应用包括查询利率、汇率、客户账户余额、发生额及利息明细账、存取款和代收代付、投资和理财咨询等。网络银行为用户提供了全天24小时随时可用的便利。银行网络化过程中,网络银行一般都执行了传统银行的基本业务职能,同时又在此基础上进行了突破和发展。

2. 网络银行的特征

(1)电子虚拟服务方式。网络银行所有业务数据的输入、输出和传输都以电子方式进行,而不是采用"面对面"的传统柜台方式。

(2)运行环境开放。网络银行利用开放性的网络作为其业务实施的环境,而开放性网络意味着任何人只要拥有必要的设备并支付一定的费用就可以进入网络银行的服务场所,接受银行服务。

(3)模糊的业务时空界限。随着互联网的延伸,地界和国界对银行业务的制约作用日益淡化。利用互联网,客户可以在世界的任何地方、任何时间获得同银行本地客户同质的服务,银行在技术上获得了将其业务自然延伸到世界各个角落的能力,不再受地域的限制。

(4) 业务实时处理,服务效率高。实时处理业务,是网络银行同传统银行的其他电子化、信息化形式的一个重要区别。

(5) 设立成本低,降低了银行的交易成本。

(6) 交易费用与地理位置的非相关性。网络银行的边际成本不依赖于客户和业务发生的地点,而传统银行的客户交易成本随着距离的增加而增加。

3. 网络银行的功能

(1) 信息服务功能。通过银行网站,银行雇员和客户之间可以通过电子邮件相互联络。银行可以将信息发送给浏览者,使上网的客户了解银行信息。客户可以在他们方便的任何时候(无论是否在银行营业时间)、任何地点向银行咨询有关信息。

(2) 展示与查询功能。现在全世界大部分的银行都有自己的主页,内容涵盖银行的各个方面,用户既可以通过查询了解银行情况,也可以查询自己的账户和交易情况。

(3) 综合业务功能。网络银行可以提高存、放、汇款以及转账服务、个人支票等个人、企业传统金融服务,能够为客户提供各种信息并处理客户的各种资料报表等。特别是在个人、企业综合账户业务方面,网络银行可以通过记录交易情况为客户提供方便的理财渠道。

总的来看,网络银行形成了新的银行产业组织形式,是信息化革命导致的社会制度变迁在金融领域中的深刻体现,是银行制度的深刻变革。

【思考题】

1. 金融企业分销渠道的类型及特征是什么?
2. 直接渠道和间接渠道的选择方法有哪些?
3. 金融企业分销渠道有哪些特征?
4. 金融企业分销渠道的管理内容是什么?
5. 网络银行的特征是什么?
6. 金融产品分销应注意的问题有哪些?

第八章 金融产品分销策略

【本章小结】

如同实体产品一样,金融产品及服务需要借助于一定的渠道和地点销售给用户。但由于金融产品和服务具有非实体性、易逝性和难储存性等特征,因此,其分销过程与实体产品存在很大差距,具有自身独特的运作方式。本章主要阐述金融产品分销渠道的类型、特点、管理及其发展。

案例

论商业银行的网络营销[①]

网络的出现改变了商业银行赖以生存的环境,网上银行、网上货币、网上支付、网上清算等新的金融方式冲击着传统的金融方式和理念,也迫使商业银行在市场营销战略方面进行一系列的调整,构建网络时代的营销战略,以适应网络时代的客户需求和市场竞争的需要。如果死抱着现有的营销策略不放,从而错过了网络时代的快速发展时机,那么,现代商业银行就会成为比尔·盖茨所描述的"行将灭绝的恐龙"。

与一般的营销活动不同,在商业银行的市场营销过程中,银行向客户提供的主要是无形的服务,客户既是银行产品的使用者,又是银行产品的生产者,服务的生产和消费同时发生。客户不是完全被动地接受服务,而是参与服务,这决定了银行服务质量的高低,直接影响着营销效果。服务营销是以提高服务质量为营销重点的营销,而服务质量的好坏,要以客户的评价为出发点。

在商业银行的服务营销中引入标准化策略,对服务营销过程中的诸多环节实施标准化管理,对提高客户满意率有很大作用。如使用窗口文明用语、规定工作时间等。有的银行在储蓄柜台设有计时器,可以让每个储户清楚地看到自己接受服务所花费的时间。这样,既可让客户亲自监督银行员工的工作效率,又可向客户展示银行内部对员工高标准的工作要求,最终的结果是缩短了工作时间,提高了客户对工作人员的信心和对服务的满意程度。

[①] 《论商业银行的网络营销》,金融界在线网,2007年5月24日,http://www.jrjol.com/bank/marketing/2007/299.html。

另一方面,现代商业银行越来越注重在公众面前树立自己的企业形象,在西方发达国家,企业形象的塑造和构成已形成了一个比较规范的系统,即企业识别系统,我国商业银行可加以借鉴。在进行银行形象营销方面,应树立整合营销观念,即从用于营销的每一元中获取最佳结果的沟通战略。比如,商业银行总行及各分支机构规范同一标记和业务操作,使客户无论走到哪里都觉得熟悉而亲切。这将比花更多的设计费和心思,设计各不相同的标记能取得更好的品牌效果。

分析目前国际、国内商业银行为适应网络时代的市场竞争需要所实行的市场营销战略变化,我们发现无论是国际还是国内的商业银行的最大战略变化即是建立网络银行,通过网络银行来实现市场目标。

随着以信息网络技术为代表的科学技术的迅猛发展,电子商务和国际互联网已浩浩荡荡地向我们走来。网上银行对于我们也已不陌生。

网络银行不仅是对传统银行的传承与发展,更是对传统银行的一大"创新",它力求充分利用崭新的科技知识和经营理念,通过对银行业现有资源进行深度挖掘与探索,创造出丰富的金融产品和进行更加个性化的服务,从而开拓出信息时代新型的银行业务领域,并进一步转变经营理念,最终达到提升其社会价值的目的。由于网络银行存在于虚拟市场中,竞争者颇多,如何留住客户是银行网络营销所面临的重要问题。

一、抓住客户

(1)人们用来发现站点的最主要的手段是通过搜索引擎。因此,商业银行必须学会一定的技巧,使站点在搜索引擎的搜索结果中名列前茅。另外一种经常使用的方法是通过链接交换程序,那样人们可以从一些别人站点上的链接连到商业银行的站点上。

(2)充分利用互联网的互动性和即时性,使商业银行与顾客建立起更紧密的关系。

(3)向客户提供个性化服务。互联网为提供个性化服务提供了非常便利的条件。而且,几乎所有成功的电子商务公司,都已经提供针对客户的定制服务,并且以此作为吸引客户的重大措施。

二、控制客户

(1)不同的访问者使用网站的熟练程度不同,因此必须确保各个水平上的访问者都可以充分地利用商业银行的网站。

（2）为访问者提供足够多的选项，提供足够吸引他们的内容，以确保他们每个人都可以在网站上找到一些需要的和感兴趣的东西，丰富而有趣的内容是吸引冲浪者的必要条件。

三、限制客户

如果控制阶段完成得较好，再加以一定的分析，就可以获得充分的信息以对访问者进行初步的限制了。通过初步判断，确定他们是否符合一个"有价值的访问者"所要求的关键的评价标准。传统的标准包括三个方面：金钱、职权以及需求。对于那些无价值的访问者，可以制作一些引人入胜的东西将他们引开。为了留住有价值的访问者，可以制作一些内容集中但通常让人感到平淡无奇的网页。

四、推动客户

推动有价值的访问者做那些商业银行希望他们做的事。这些事可能包括注册、购买、交换意见、下载或者是有关产品和销售的其他事宜。

五、联络客户

一旦访问者离开了商业银行的网站，能通过什么样的程序或是采取何种手段来再次联络他们呢？如何能促使他们再次拜访商业银行的网站呢？如何能做出简单实用而且费用不高的追踪程序，并以一种他们可以接受的方式与他们保持联系呢？这也是不容忽视的问题。可以用发送电子邮件的方式通知商业银行的访问者，告诉他们商业银行的网站上有了新的信息。对于那些很有可能成为客户的人来说，商业银行可以为他们制作一些个人网页，在这里他们可以详细地描述某些特殊需求，商业银行也可以在这里向他们解释怎样解决他们的问题。

六、抓住客户

最后的这个阶段实际上是第一阶段的重复，差别的关键一点是：不要再把他们带回同样的网站，一旦判断出他们对商业银行很有价值，就要根据先前对他们的了解把他们带到另一个符合他们兴趣和需求的网站，当然，使用何种网络营销模式实际上无关紧要，它只是一个简单的开始。

下面以招商银行为例说明商业银行的网络营销创新三要素：

1. 选择好营销平台（视目标用户群而定）

早在 2005 年，招商银行就在国内首推针对大学生的信用卡产品——Young 卡。照理说大学生无固定收入，并不属于信用卡的传统目标人群，但另一方面,他们却是信用卡最大的潜在用户群,招商银行希望能够先入为主,培养信用卡消费的"未来之星"。

考虑到大学生群体对互联网的应用程度很高,Young卡的申请、使用介绍、后期服务等均通过互联网与学生进行沟通,除了最初需要签名的申请书之外,基本上没有纸质的文件。招商银行把信用卡寄给用户以后,用户在使用过程中有任何问题,如账单查询等全部在互联网上完成。同时,招商银行有任何新举措,如促销信息等,也都是通过电子邮件与用户沟通。

在女性产品的推广和应用上,招商银行也同样让互联网扮演了重要的角色。

2006年11月初,招商银行正式发行Hello Kitty粉丝信用卡。Hello Kitty卡的目标人群是时尚年轻人,相对偏女性。招商银行把她们看做某种特定的粉丝,她们的性格比较外向,对外沟通的欲望非常强烈。从以往的经验来看,这类持卡人的观念,包括理财的观念等都比较先进,刷卡消费会比较频繁,而互联网是她们沟通的重要渠道。

因此,Hello Kitty卡发行的同时,招商银行就单独建立了专题网站,将Hello Kitty卡产品的申请、使用信息等放到了网上,同时也开展了一些线下的推广方式进行配合。

从大学生到时尚女性,对于这些互联网使用频率较高的人群,招商银行通过网络与他们建立更为直接、互动性更强的沟通,有效实现了产品差异化战略,促进了对各细分市场的开拓。

2. 创意和资源相结合,实现与消费者的互动营销

在国内银行业,招商银行并不是网点最多的银行,无法通过密集的营业网点实现用户覆盖。因此,怎样将信息更好地传达给目标消费群体就显得尤为重要。金融产品的网络应用优势及目标受众的上网习惯给我们这样的启示:互联网可以成为招商银行信用卡营销的重要平台。

根据以往的经验,在信用卡的申请过程中,由于缺少必要的了解,消费者会存在很多顾虑,都需要进行很多的解说工作。如招商银行的Hello Kitty卡产品,除了卡本身美观之外,其他还有哪些功能、刷卡消费有没有回馈、安全性强不强等信息,都需要与消费者进行充分的沟通。解决以上问题,互联网是一个非常适合的媒体。因此,Hello Kitty卡进行网络推广时,选择了与网易进行独家合作,以娱乐频道作为时尚年轻人的主要召集平台,并通过其他频

道的广告,吸引尽可能多的年轻人关注和参与。由于建立了众多的媒体接触点,消费者登陆网易便可以了解到 Hello Kitty 卡的有关信息。通过链接进入 Hello Kitty 卡的专题网站,可以下载申请书,直接填写后再回发,还可以在网上留下他们的联系方式,让银行的服务人员和他们进一步沟通。

3. 对推广效果做分析统计,找到用户的核心需求,并不断完善网络营销

招商银行在保持产品创新的同时,一直非常注重网络应用创新。从最早在国内发行国际标准信用卡,到如今推出针对特殊人群的个性化产品,如 Hello Kitty 卡、Young 卡、MSN 迷你信用卡、联名卡和白金卡等,产品线得到了极大丰富,与此同时,网络营销的创新也不断向深层次发展。

从市场细分、营销推广到客户服务,招商银行对网络的应用正不断深入。未来,招商银行将把更多的产品和服务与网络进行连接,通过与网易这样的网络媒体紧密合作,为广大客户提供更便捷的服务。

【案例讨论题】

探讨招商银行在网络营销上的创新。

第九章　金融产品促销策略

【学习重点】

1. 理解金融产品促销的意义。
2. 结合案例分析不同产品在促销方法上的选择。

【导入案例】

香港银行信用卡业务的营销策略[①]

在中国香港地区,有"银行多过米铺"的说法,这并不夸张。中国香港地区作为仅次于纽约和伦敦的国际金融中心,在不足1 100平方公里的弹丸之地,云集了来自世界40个国家的数百家银行,其中包括全世界100个最好的银行中的80个国际性大银行、368个授权机构和地方银行代表以及近1 500家支行。香港11.6%的人口从事与金融相关的工作,每一个香港人的生活都与银行、金融密不可分。一张小小的信用卡就足以体现这种联系。信用卡为香港人普遍接受并广泛使用,在其生活中占有重要的地位,信用卡业务也自然成为商家的必争之地。香港信用卡市场潜力大但竞争者众多,为求得生存和发展,各银行积极展开促销,金融创新层出不穷。

汇丰银行是香港分支机构最多的银行之一,拥有相当完善的硬件设施。持有汇丰银行的信用卡,便可在遍布全球的420万家商户消费,在世界9 000

---

① 晋旗:《香港银行信用卡业务的营销策略》,全球品牌网,2006年5月20日,http://www.glo-brand.com/2006/52090.shtml。

部环球通自动柜员机及全球20万家特约服务机构提款。为了吸引更多的用户,汇丰银行的信用卡还附带了三种额外服务:第一,30天购物保障。使用信用卡所购之物如有损坏、失窃,可获高至3 000港元的赔偿。第二,全球旅游保险。持卡人在旅游期间享有高达200万港元的个人意外保险,包括行李遗失赔偿、法律支援、保障及意外医疗津贴。第三,全球紧急医疗支援。持卡人只要致电就近热线,即可获医疗咨询和中介服务。同时,持有信用卡可享受租车与多家名店消费的折扣优惠,还可通过积分计划换取香港多家名店和餐馆的现金礼券。所谓"积分计划",是指每签账或透支现金1港元,对应某一分值,在银行规定的时间段中,凭累积的分数,可免费或以优惠价换取礼品、旅游或奖金。另外,汇丰银行还针对不同的消费群体,以及各个时期的热点采取不同的策略和不同的卡种。比如,为了争取学生这一消费群体,汇丰银行对大学生信用卡采取的策略是免缴首年年费,申请时赠送小礼品。在1998年世界杯足球赛期间,汇丰银行利用这项全球瞩目的体坛盛事针对球迷推出了"世界杯万事达卡"。这张信用卡上印有1998年世界杯足球赛的标志,并邀请球王贝利为其做广告宣传。另外,申请该卡可享受三种优惠:得到现金100港元的体育用品名店购物券三张;凭卡在三家特约体育名店消费,享受九折优惠;获取最新的体育咨询,同时也可享有30天购物保障,可参与积分计划等。所以,该卡一推出,就得到广大球迷的欢迎。

东亚银行是汇丰的强劲对手。在香港地区,东亚推出"世界通"信用卡。持有"世界通",可在全球有"Visa netlink"标志的商户直接购物,手续费全免,还可方便地转账给海外的亲友。而在香港大学校园内,东亚银行采取了与汇丰不同的营销策略。东亚银行推出专门针对香港大学生及教职工的信用卡业务:港大智能卡和香港大学信用卡。港大智能卡(HKU smart card)最特别的功能是:兼做大学学生证和教职员证。在智能卡上,印有持卡人的照片,在港大校园内及所有Visa cash商户付账时,持卡人无须签名和输入密码,在校外的自动柜员机上也可方便地进行各种操作。东亚银行还针对学生价格弹性大的特点,对学生卡实行在校期间年费全免及积分优惠计划等鼓励措施。另外,东亚还与港大合作,为持卡学生提供数项与在港大生活、学习密切相关的优惠。如持有东亚卡,可直接申请体育中心会员证,免缴大学学生会终身会籍会费800港元;可在办理图书证时节省500港元押金;申请港大某计算机中心的电脑网络服务年费可获折扣优惠等。为表明银行与港大的相互支持,它们还声明将香港大学信用卡每月签账额的 0.35% 转赠港大"教研发展基金",以后每年年费的 50% 亦拨入该基金。这样,东亚银行便树立起支持教育和与港大水乳交融的公众形象,赢得了港大师生员工的信赖。

总之,在信用卡促销大战中,消费者们看到的是精美的卡片、诱人的优惠条件、丰厚的礼品和动人的广告词,然而隐藏在其后的却是高超的营销策略和巧妙的金融创新。有比较才能知道差距。香港银行推销信用卡的手段可谓五花八门,内地相对沉寂的市场与其相比,实有天壤之别。这固然有系统等硬件设施的差距,但更多的是观念。现在的商家应着力开发市场,只有使潜在市场变成现实的消费市场,才有利(且是大利)可图。

通过本章的学习,我们将会了解到产品促销决策、广告策略以及人员推销策略等内容,以更好地指引内地的市场开放策略从推销型向营销型过渡。

第一节 金融产品促销决策的内容

从决策程序上来看,金融产品及服务的促销决策主要包括判定目标受众、决定促销目标、设计促销信息、决定促销组合、进行促销预算和促销实施与控制等内容。

1. 判定目标受众

促销是指将有关企业的信息和产品信息进行传播的过程,其目的是让潜在顾客在接受、理解这些信息的基础上认可、接受企业或产品。因此目标受众就是指接受这些信息的潜在客户。判定目标受众是进行促销决策的第一步,包括三个层面的内容:

(1) 确定目标受众。金融企业都有其特定的目标市场,且开发某一种产品或服务也都有其特定的目标客户。因此,所确定的目标受众当然要同其目标客户相吻合。

(2) 分析目标受众对企业和产品的熟悉程度。目标市场的广泛性决定了人们对企业或产品熟悉程度的不一,可能的情况是,有的非常了解,有的了解一些,有的不了解。熟悉程度的不同,决定了促销宣传内容的不同。

(3) 分析目标受众对企业或产品的喜欢程度。现实客户的广泛性也决定了人们对产品和服务的感受的差异,可能的情况是,有的非常喜欢,有的比较喜欢,有的不喜欢。喜欢程度的差异源于企业多方面的原因,例如产品本身的问题、服务的问题、价格的问题、促销宣传的问题,等等。在进行促销宣传时,金融企业要具体分析造成顾客喜欢程度差异的原因是什么,如果是促销问题,就要有针对性地调整促销的内容和形式。

各类金融企业为加强各自的竞争能力都在不断地推陈出新。在新产品、新服务的市场拓展过程中,判别与分析目标受众的具体情况,是决定产品推介目标和具体内容的前提。同时,在日常经营过程中,及时了解企业、产品及服务在已有客户心目中的印象,也是日后决定促销宣传重点的基础。

2. 决定促销目标

金融企业促销的最终目的是通过介绍、宣传和指导,使潜在顾客变为现实顾客,并使之连续不断地购买、使用企业的产品和服务。但在不同的时期以及不同的市场环境下,金融企业有其特定的促销目标,具体包括以下几种:

(1) 告知,即通过促销宣传提高金融企业及其产品和服务的知名度,让更多的顾客熟悉和了解该企业及其服务的内容。

(2) 激发,即激发顾客对某一新产品或服务的初始需求,或争取顾客对某一竞争激烈、选择性较强的金融产品的选择性需求。

(3) 劝说,即通过促销宣传提醒顾客牢记该金融企业的产品或服务,并能反复购买或使用,以牢固占领市场。

(4) 偏爱,即在目标市场中营造企业经营和产品的独特风格及个性,树立良好的企业整体形象和产品形象。

3. 设计促销信息

促销信息是指对企业或产品作出的真实、客观的描述。有效的促销信息能够引起注意、唤起兴趣、激发需求、产生购买、树立形象。因此,金融企业要针对目标受众的具体情况和促销目标,对信息的内容、结构、形式和信息来源等方面进行科学的决策。

(1) 信息内容,即对产品及服务所作的具体介绍,如其基本特点、服务方式、操作方式、基本功能、重要作用、带给顾客的利益等。

(2) 信息结构,即信息内容的次序安排,包括结论如何提出、产品优点如何阐述等。比如,是产品项目及其功能和特点的简单罗列,还是采取开头、正文、结尾三段式的描述;是采取重点突出、先发制人的方式,还是采取循序渐进、引人入胜的方式。

（3）信息形式，即信息内容的表现方式。例如，就印刷广告来说，广告版面如何设计，采取什么图案、何种标题、何种颜色、何种字体，等等。

（4）信息来源。信息来源要讲究可靠性，是专业性、可信性和可亲性的组合。专业性是指促销信息来自专业人员和专业性的检验或证明，可信性是指促销信息令人觉得公正、真实，可亲性是指促销信息对受众具有吸引力。

4．决定促销组合

促销组合是对各种促销方式的合理搭配和综合运用。促销方式主要包括以下四大类：

（1）广告。具体形式包括电视广告、报纸广告、杂志广告、广播广告、户外广告、网上广告、自制广告、购买点广告等。

（2）人员推销。推销人员的具体种类包括各类金融企业的投资顾问或理财顾问、客户经理、业务员、营业员等，其具体推销形式包括入户推销、研讨会、讲座、咨询、路演等。

（3）公共关系。主要方式是媒体宣传、公益活动、联谊活动、典礼仪式等。

（4）营业推广。主要指各种优惠措施的应用。

5．促销预算

促销预算决定促销组合的规模，因而直接影响促销效果的大小和促销目的的实现。促销总费用的确定包括四种方法：

（1）量力而行法，即根据企业自身的财力状况灵活确定或调整促销总费用。此种方法看似合理，但它实际上却忽视了促销对扩大销售的积极作用，使企业容易陷入销售不佳—财力有限—少作促销的不良循环中。

（2）效益比例法，即根据上一年或当年预测的销售额或利润，按一定的比例确定促销总费用。这种方法在实际中的应用比较普遍，但它也忽视了促销对扩大销售的作用。

（3）竞争比较法，即根据竞争者的促销支出情况来确定促销总费用。此种方法只将促销当做一种竞争的工具来使用，但往往容易忽视企业财力和促销目标，易引起促销恶性竞争，具有较大的盲目性。

（4）目标任务法，即根据一定时期企业的目标或任务进行预算。这是一种比较科学的制定促销预算的方法。它可以使促销管理人员将促销活动及所需要的费用开支与促销目标直接联系起来,从而具有较强的针对性,因而会产生良好的促销效果。但这种做法必须建立在充分了解市场情况以及据此制定正确的促销目标的基础之上。

6. 促销实施与控制

促销实施与控制的过程实际上就是对这一过程进行监督、评估、指导和调整的过程,也是发现问题、解决问题的过程。要随时对促销过程进行监督、检查,对其效果进行评估,发现问题,并分析形成问题的原因:是受众分析片面还是目标制定欠妥,是信息设计不科学还是促销组合不合理,是预算规模不够还是促销实施中的问题,并在此基础上及时采取调整、改进措施。

第二节 金融企业的广告策略

金融企业在促销宣传过程中,首先要应用的方式是广告。广告不仅是推销产品、诱导顾客购买的重要工具,同时也是树立企业形象的重要工具。金融企业在做广告时,面临的主要决策包括:选择广告代理商、确定广告目标、制定广告战略、广告实施控制与效果评估。

一、选择广告代理商

在广告业务中,活动的主题包括三类机构:一是广告主,即欲做广告的企业;二是媒介单位,即拥有广告媒介的机构,专门负责发布广告;三是广告公司,作为中介机构,一头联系着媒介单位,另一头联系着广告主。

1. 广告公司的主要职责

(1) 代理推销。也就是与广告媒体拥有者打交道,取得对广告媒体的代理权,并将所代理的媒体包括版面、时间段、广告牌等推销出去。

(2) 策划。广告公司所进行的策划是指在广告调研的基础上制定一份全面的广告策划书,其具体内容主要包括广告的目标、广告媒介战略、广告表现战略、广告市场战略等。其中广告表现战略要根据不同的广告媒体设计出不同的广告创意、广告标题、广告主题、广告表现手法及广告文本等。当然,在这一过程中,广告主要密切配合广告公司的工作,广告策划书要接受广告主的检验并最终得到认可。

(3) 制作。广告策划书和广告文本被广告主认可后,广告公司交由广告媒介单位(主要指大众媒介)发布,并对发布过程进行必要的监督。

(4) 监督。广告制作和设计工作完成后,广告公司交由广告媒介单位(主要指大众媒介)发布,并对发布过程进行必要的监督。

(5) 评价。广告公司有义务和责任对广告效果进行评估,并将评估结果反馈给广告主。

2. 广告公司的选择

由于不同的广告公司在履行自己的职责方面差异性很大,因而需综合考察以下几个方面,对广告公司进行认真选择:

(1) 了解候选广告公司的客户情况和客户纪录;

(2) 了解候选广告公司的资信情况;

(3) 了解候选广告公司的内部情况和重要人员的流动情况;

(4) 了解候选广告公司的职业道德情况;

(5) 了解候选广告公司所代理的媒体;

(6) 了解候选广告公司与媒介单位的协作关系;

(7) 了解候选广告公司有关人员在业务上的可信度;

(8) 了解候选广告公司的业务水平。

二、确定广告目标

广告目标是金融企业整个营销目标的组成部分,不言而喻,广告的最终目标或总目标是扩大产品的销售或业务量,在此总目标之下,我们可将其分为一般目标和具体目标两个层次。

1. 一般目标

树立良好的企业形象。金融企业的经营状况、业务活动、管理行为、服务范围、服务方式都是影响企业形象的元素,也是广告应该宣传的要素。树立良好的企业形象、建立名牌形象是广告宣传的重要任务,广告必须对金融企业进行从里到外的展现。

(1) 建立企业个性化特征。金融产品具有无形性和易模仿性,需要企业建立一种优质的个性化特征来赢得顾客,当然这种个性化特征必须落实到行动上。广告在营造这种个性化特征方面发挥着非常重要的作用。

(2) 建立客户对金融企业的认同感。金融企业的外在形象、所提供的行为应以客户的需求、价值观和消费观为基础,即以客户为导向进行宣传,以博得客户的认可。

(3) 指导员工更好地为客户服务。广告要表达和反映员工的观点和意愿,以客户和内部员工为诉求对象的金融广告可以实现员工与客户的互动,从而激发员工的主动性和团队精神,激励和指导员工更好地服务于客户。

(4) 协助营销人员顺利地工作。金融广告能为营销人员及业务代表提供更为有利的背景,客户通过广告对相关企业及其产品和服务有了一定的印象,从而对营销人员争取业务有很大的帮助。

2. 具体目标

在业务发展的不同阶段,金融企业要给广告确定具体的目标。根据不同的时期和市场环境,具体的广告目标可归纳为介绍、说服、提醒三个主要方面:

(1) 以介绍为目标。以介绍为目标是指将金融企业作为一个整体进行介绍,宣传企业的声誉,强调企业的综合实力,树立企业的整体形象;也可以向市场介绍一种新推出的金融产品,说明一项产品的新用途,解释产品的使用方法,介绍各种服务项目;还可以纠正顾客对企业或产品的片面认识,减少顾客的顾虑。很多情况下,介绍性广告属于初始性广告或开拓性广告,它的作用在于提高顾客的认识和企业或产品的知名度。

(2) 以说服为目标。说服的内容很广,例如,劝说顾客接受推销员访问、正确认识产品特色,以宣传产品优势和提供优惠的方式诱导顾客购买,以宣传产品和服务特色的方式使顾客建立品牌偏爱。这类广告可称为竞争性广告,它的目的在于建立特定性的需求,也就是建立对本企业品牌的需求。这一类广告要着重宣传产品和服务的功能和用途,说明它们的特色,突出比其他品牌产品的优异之处。

(3) 以提醒为目标。提醒消费者在将来可能需要的金融产品,提醒他们何处出售;或者在产品推出较长时间之后,提醒消费者不要忘记这个产品。这类广告还包括加强性的广告,即让消费者购买后感到购买这种商品的决定是正确的。

三、制定广告战略

金融企业要在广告目标的基础上,制定一套行之有效的广告战略,主要包括媒体战略、表现战略和市场战略。

1. 媒体战略

广告媒体又称广告媒介，是指金融企业进行产品和服务的广告宣传所借助的中间物，常见的广告媒体包括：电视、广播、杂志、报纸、电影、户外广告牌、交通广告物、邮寄广告册、购物点广告物等。因为不同的广告媒体具有不同的特点，因此金融企业要选择合理的广告媒介。

（1）选择广告媒体类型。要综合考虑目标顾客、产品特点及各媒介的费用、效果以及竞争者所使用的媒介等情况来选择媒介类型。

（2）选择具体的媒介物。在选定所使用的媒介类型之后，企业需要进一步选定具体的媒介物。例如，在决定了利用电视做广告后，要进一步选择在哪家电视台做广告以及在哪个频道上做广告。在作出这一选择时，企业要综合考虑特定的目标顾客、媒介物的常规受众、媒介物的流通面、受众数量等因素。

（3）决定广告的具体时间段、版面、位置。在选择时重点考虑受众类型、受众数量、传播效果、收费标准等。

（4）决定广告媒体组合。金融企业不可能只利用一种广告媒体做广告，而要综合利用多种媒体同时做广告。因此，要根据各种媒体的特点、市场的特点和产品的特点，分清主次媒体，进行科学的搭配和组合。

（5）进行广告预算。广告媒体战略的实施需要广告预算的支持。广告预算的方法等同于促销预算的方法。同时，要根据媒体组合决定将广告预算总额分配于不同的广告媒体。

2. 广告表现战略

主要包括以下几个方面：

（1）广告主题，即为了达到广告目的而要表达的中心意图或意思，它是广告表现战略其他内容的基础。

（2）广告创意，即为表现广告主题而采用的一种情节或画面（例如电视广告）、音乐或场面（例如广播广告）、图案或画面（例如平面设计广告）。

（3）广告内容，即为表达广告主题所确定的具体陈述内容。例如产品或服务项目目录、产品或服务项目特点介绍、产品或服务项目购买或使用方法等。

（4）广告结构，即陈述广告具体内容的顺序。例如，对产品或服务项目的目录、特点或购买方法的简单陈列,或是对所要陈述的广告内容进行开头、正文、结论的顺序安排,同时也包括广告标题、广告词的安排等。

(5)表现方式,即决定是采用理性诉求方式还是感性诉求方式。前者是指广泛详细地说明有关产品品种、功能、特点、购买方法、使用方法等内容;后者主要指靠画面、情节、色彩、音响和简单的语言使内容和目的得到暗示,并取得受众的情感共鸣。

3．广告市场战略

广告市场战略与整个企业的市场战略相统一,具体内容主要包括:

(1)区位战略。决定向哪些地区做广告,并根据目标地区的具体情况不同,采取不同的广告媒体和表现战略。

(2)受众战略。决定向哪些潜在顾客做广告,并根据潜在顾客的具体情况不同,采取不同的广告媒体和表现战略。

(3)时间战略。何时开始做广告以及广告次数在计划年度内如何分配,是平均分布、波浪式分布,还是跳跃式分布。

(4)时期战略。不同时期,企业和产品所面对的市场需求、竞争态势、销售情况是不同的,因此,企业应根据产品生命周期不同阶段的具体特点,制定不同的媒体和表现战略。

(5)竞争战略。企业要在明确自己在市场中所处的地位的基础上,制定富有竞争性的广告战略。

四、广告效果评估

广告的有效计划与控制,主要基于广告效果的测定。广告能使销售额增加,但究竟能增加多少,却是难以估量的,因为影响销售额的因素有很多。因此,人们往往用广告的传播效果代替广告的实际效果。

1．广告前分析

广告正式发布前的分析主要有两种方法:

(1)直接评价。邀请目标顾客和广告专家对拟发布的广告样本从内容到形式进行直接评价。

(2)样本测试。邀请目标顾客,让其先观看广告样本,然后再向其询问记住了多少内容、感想如何、有何意见等。

2. 广告后分析

广告正式发布后的分析主要有以下几种方法:

(1) 回忆测试法。企业可以选择部分看过广告的顾客,请他们回忆广告的内容,并予以记录,从而知道广告吸引注意的能力和让人记忆的可能程度。

(2) 认识程度测试法。在总体目标顾客中选取样本,了解有多少人记得看过此广告、有多少人注意到了广告的中心内容、有多少人能记住广告中的大部分内容,从而掌握人们对广告的认识程度。

(3) 试验测试法。借助某些仪器设备来测定广告接受者的生理反应情况,如测定眼睛的注意力、心跳、血压等变化情况。

3. 销售分析

由于广告的实际效果很难测定,因而采用以下方法所计算出的结果不可能完全反映出广告的真正效果,而只能作为参考。

(1) 销售额增长率法,其计算公式为:

$$\frac{本期销售份额 - 上期销售额}{上期销售额} \times 100\%$$

(2) 历史资料分析法,即企业利用最小平方回归法求得其过去的业务量和广告费支出之间的关系,再对现今的广告进行效果评价。

(3) 试验分析法,即通过改变广告预算在不同地区(或不同时间)的投入量来测定广告的效果。一般是选择几个以往广告费和业务量的比例相差不大的地区作实验,维持一个或几个地区的广告预算,从而改变其他几个地区的投入,一段时间后通过比较各地区的经营记录,就可以看出广告活动对金融机构经营的实际影响。

五、金融广告的原则

有效的广告战略能够为金融企业树立一个强有力、全方位、多功能的服务提供者的形象,能激发客户对金融产品和服务的消费欲望,增强客户对金融企业良好形象的信任感。有效的广告战略需要由科学的原则来指导。

(1) 使用明确的信息。金融企业广告宣传的最大难点在于要以简洁明快的文字和图案传达所提供服务产品的领域、质量和深度。金融企业核心产品的无形性,要求广告必须利用简明精炼的言词,贴切传神地表达服务内涵的丰富多样性,同时要善于利用边缘产品中的有形元素来加以形象宣传,使客户了解服务产品的本质。

（2）强调服务利益，使服务得到了解。金融企业的广告应强调的是服务的自身利益而非服务的技术性细节，而且服务的利益应与客户利益的满足相一致。也就是说，广告宣传中所使用的利益诉求，必须建立在充分了解顾客需求的基础上，才能确保广告的最大效果。

（3）许诺可能实现的客户需求。广告内容中的许诺词语要务实，否则会诱导客户产生过高的期望，一旦实际中得不到满足时，就会给员工造成压力。

（4）重视广告对员工的影响及认可。金融企业的一般员工大都直接或间接接触客户，广告只有首先打动员工，并被员工接受，才能激起员工提供良好服务的积极性。

（5）争取维持客户的合作。金融企业的生存与发展，直接依赖于客户的长期合作。因此，在广告中争取和维持客户的合作是广告创意人员力求做到的一点。

（6）重视口头传播。口头传播是企业的无形广告。金融企业在广告宣传中必须激励和劝说对服务满意的顾客向别人转告自己的感觉，鼓励客户向别人转赠宣传手册，利用公众人物直接做广告以影响一般民众，诱发潜在客户通过现有客户了解产品和服务。

（7）宣传的连续性。金融企业产品和服务的无形性和差异性，可以通过广告得到持续的宣传，使客户对金融企业的建筑物、服务环境、品牌、象征符号极为熟悉并形成深刻印象，从而使无形性变为有形性。

（8）消除客户疑虑。金融产品和服务的消费者经常会对其购买行为产生怀疑，因此，要通过广告宣传强化客户的购买意愿，消除客户的疑虑。

第三节 金融企业的人员推销策略

广告固然在树立金融企业形象、介绍和宣传产品和服务、诱导潜在客户发生购买行为等方面发挥着重要作用，但由于金融产品的无形性、服务和消费两者的同步性等特点，决定了金融企业必须设有大量的人员与潜在客户或现有客户直接打交道。

一、金融企业推销人员的类型

根据金融企业开展业务的特点,从广义上来讲,凡是为销售产品或服务进行业务推广而与潜在客户或现有客户直接打交道的人员,均是推销人员。

1. 固定人员

固定人员是指不外出开展业务,在固定的场所直接向客户提供服务的人员。有以下两种类型:

(1) 店面人员。例如,银行储蓄所和分理处的营业员,保险公司基层机构的业务员等。

(2) 坐席人员。主要指利用电子渠道拓展业务时,与之配套要设相应的人员回答语音或自动系统回答不了的问题或解决不了的问题。

2. 流动人员

流动人员是指外出推广业务,直接与潜在客户或现有客户打交道的人员。主要包括以下几种类型:

(1) 业务推销人员。主要指为拓展某项业务而直接外出寻找潜在客户的人员。例如,保险公司的展业人员。

(2) 客户经理。一般银行、保险公司、证券公司、基金公司均设有此类人员。他们一般具备一定的投资理财知识,具有专业的营销技巧,开发潜在客户,了解客户需求,关注市场变化,为客户提供全面的销售服务。

(3) 投资顾问。一般银行、保险公司、证券公司、基金公司均设有此类人员。他们一般具备全面的投资理财知识,为客户提供个性化的投资咨询,为客户经理提供投资技术支持。

(4) 经纪人。例如,保险经纪人针对客户的实际情况,分析其相应的需求,据此为客户制订一套投保方案。方案中建议客户投保的各个险种可能来源于多家保险公司的产品。

二、金融企业的人员推销形式

1. 坐席推销

坐席推销主要是指金融企业店面人员的营业销售活动以及客户服务人员的咨询、推介、服务活动。

2．电话

电话推销往往以邮寄宣传为先导。针对潜在客户邮寄宣传品是金融企业的一种重要的广告形式,借此使客户了解企业的性质、使命、宗旨、投资理念和管理团队,介绍企业的业务范围、服务方式、操作指南等。之后,业务推销人员可以通过电话加以询问,解答客户提出的问题。电话问询往往是拜访的先导。

3．拜访

对重点潜在客户,客户经理或投资理财顾问要进行入户拜访。其具体步骤为:经过分析首先选出重点客户,然后进行广泛拜访;通过初次拜访,筛选出潜力客户;最后,对潜力客户进行重点跟踪拜访。拜访的目标是全面了解客户的状况和需求,全面推介企业的产品、服务和形象。这种方式是金融企业普遍采取的推销形式。

4．研讨会

针对不同客户对银行、保险、证券、基金等业务的了解程度及应用程度,以及相关的投资水平和投资知识,金融企业可发起举办不同专题的研讨会,借此突出企业的实力及优势,提高客户或投资者对企业的认知度和良好形象。参加会议的人员除潜在的重要客户外,还应包括著名学者、相关部门的领导人、新闻媒介单位等。这种方式对机构客户进行业务推广尤其重要。

5．路演

路演是证券界、上市公司为推介企业和产品、树立企业形象而在不同地点连续举办的宣传活动,有推介会和网上路演两种情况。

(1) 推介会。开展路演需就以下方面进行计划:第一,推介方人员配备,成立路演团队;第二,推介会内容;第三,推介会邀请对象;第四,时间安排及频率;第五,各地点及顺序安排;第六,新闻媒体报道;最后,认知度的评估。

(2) 网上路演。互联网的出现与发展,使网上路演成为可能。金融企业通过电脑网络向公众和潜在客户推介企业和产品,企业可以借助自己的网站或通过网络公司建立自己的网页,分不同板块进行推介。首先,举办讲座。对机构客户、个人客户或散户,销售人员可针对所印刷的宣传品采取讲座的形式,介绍企业、产品、服务以及操作方法等。届时,可邀请媒介人员参加。讲座可以是免费的,通过讲座建立客户数据库,讲座的内容可登于网站上,以供长期查看。同时,可发放调查问卷,以了解、掌握客户的认知、计划等情况。

其次,社区咨询活动。对个人客户或散户,销售人员也可采取社区咨询活动,推介企业、产品或服务,介绍购买和操作方法等知识。

三、人员推销的技巧

推销必须设法使目标顾客产生欲望,引发购买行为,因此推销人员要讲究推销技巧。

(1) 注重仪表和服饰。金融企业的推销人员在走访顾客或召开会议时,一定要注意仪表和服饰。仪表优雅大方,衣着整洁得体,不仅显示了良好的企业形象,而且能使顾客产生好感及信任感。

(2) 注意言谈和风度。推销人员要时刻记住,在任何推销场合,不管是开头、主体或是结尾,必须做到有礼有节、兴趣盎然、生动有力、诚恳热情、真实可信、重点突出、有理有据。

(3) 恪守信用。金融企业是信用企业,推销人员要特别注重讲求信用。在与客户或顾客接触前,需事先通过电话、传真等预先就访问日期、时间等进行预约,对联系好的约定事项要严格遵守。在接触中,对于向顾客承诺的事项要信守诺言,不要讲大话、空话,要真正替客户着想。

(4) 真心倾听顾客的意见。推销员要让顾客自动说话,以倾听善于言谈的顾客,并且不能打断顾客的话,同时注重掌握顾客需求、使用动机及相关的要求和建议。

(5) 站在顾客利益一边。推销人员要站在顾客角度,从顾客的现实情况出发,真诚地为顾客设计一套最有效的全面解决问题的方案。

第四节 金融企业的其他促销策略

一、营业推广

营业推广是指金融企业为刺激一定时间的市场需求,引起较强的市场反应而采取的一系列优惠促销措施,如减价、免费提供配套服务等,以此来吸引和刺激客户购买或扩大购买。它具有刺激性、灵活性、多样性、竞争性、见效快等优点,是各类企业普遍采取的一种促销方式。营销推广决策主要包括以下内容：

1. 决定营业推广的对象

营业推广的对象主要有三种：一是金融企业的客户，包括潜在客户和现实客户、机构客户和个人客户。二是金融企业产品及业务的销售中介商。三是金融企业的推销人员。金融企业进行营业推广可以针对任何人，也可以提出一些限制条件，选择某一部分人。

2. 决定营业推广的目标

营业推广的目标是金融企业开展营业推广活动的出发点和归宿。金融企业在决定营业推广目标时主要依据目标市场顾客和营销目标来确定，不仅要明确对谁推广，还要明确推广什么。根据推广对象的不同，营业推广的目标可以分为以下三种类型：针对客户的营业推广活动，其目标是鼓励续购和使用、吸引新顾客试用、争夺竞争者的顾客等；针对销售中介商的营业推广活动，其目标是鼓励推广新产品、大量销售产品、培养忠诚度以及吸引新的中介商等；推销员的营业推广活动，其目标是鼓励推销员积极推销金融机构的产品和服务，开拓新市场，寻找更多的潜在顾客，扩大人们对本金融机构的产品和服务的购买。

3. 营业推广的方式

营业推广的形式有很多，且各有其特点和适用范围。可供金融企业使用的营业推广方式主要有以下几种：

（1）赠品或赠券。赠品是为了鼓励购买某种产品而附赠的另外一种产品。银行在吸收存款、办理信用卡或举行新设分支机构的庆典及针对长期客户等时都可以赠送礼品。

（2）赠送样品。赠送样品给顾客可以刺激顾客的需要，从而增加销售。可以采用送货上门或邮寄等方式。

（3）专有权力。专有权力就是对现有客户提供某种特殊的权益和方便。

（4）配套优惠或免费服务。为推广某种产品，对客户提供相关配套服务或免费提供相关服务。

（5）数量折扣。按照客户购买产品的数量、金额或积分的多少来给予优惠，以与客户建立一种长期的关系。此种形式也适用于对中介商的推广。

（6）有奖销售。对购买产品的顾客给予抽奖机会，抽中给予相应奖励。

（7）合作推广。与中介商、工商企业组成策略性促销联盟，共同向客户提供一揽子的优惠措施,以扩大各自产品的销售。

(8) 对中介商的推广包括数量折扣、交易折扣、培训销售人员、物质奖励、精神鼓励、星级评定形式等。

(9) 对企业销售人员的推广包括根据其销售的数量与质量,给予其一定的提成、奖金等物质激励和相应的精神鼓励,如星级人物评定等。

二、公共关系

金融企业要善于开展广泛的公共关系活动,协调与企业股东、内部员工、工商企业、同业机构、社会团体、新闻传播媒介、政府机构及消费者的关系,为企业及产品树立良好的形象,最终达到扩大销售的目的。公关的活动方式有很多,可从以下不同角度分别将公关划分成不同的类型:

1. 根据各种活动方式的特点划分

(1) 宣传性公关,即通过各种宣传媒介向社会以及特定客户介绍企业的使命、宗旨、产品、业务、主要人物、服务项目、购买方法、操作方式以及一般的金融知识等。

(2) 社会性公关,即通过公关和发展公益事业来提高企业的知名度和美誉度,树立良好的企业形象。

(3) 交际性公关,即通过社交活动,增进与公众的了解和信任,广交朋友,发展友谊,维系关系。

(4) 服务性公关,即举办各种咨询服务活动,无偿地解答与公众有关的各种金融知识,或为普及金融知识而举办各种知识竞赛活动。

2. 根据各种公关活动方式的功能划分

(1) 建设性公关,即对树立企业形象具有建设性作用的公关活动。

(2) 维系性公关,即为维系已有的良好关系和形象,与社会公众进行常规性的沟通活动。

(3) 矫正性公关,主要指在企业发生危机时,为维护已有的良好形象,纠正公众可能的片面认识或误解、谣传,以积极的姿态和方式,处理善后工作,并积极主动地配合新闻人员的采访,以保证其报道的客观公正。

3. 根据协调内部的公共关系划分

(1) 针对员工的有会议、个别面谈、座谈、联欢、广播、黑板报、内部刊物、竞赛活动、物质奖励、精神激励等形式。同时,要增强企业内部的凝聚力,还要从企业上层及运行机制做起,包括建立健全法人治理结构、严格规章制度、改变领导作风、提高决策的科学性和有效性、改进管理方法,等等。

(2)金融企业在开展公关活动时,要从以下几方面进行决策:一是进行形象调研,通过调查各界公众,确立自己的形象位置,并找出差距;二是确定公关目标,根据营销目标和形象差距,制定企业的公关目标;三是决定公关对象,根据公关目标选定向谁做公关;四是选择公关方式;五是制订各公关项目方案;六是项目方案实施与控制;七是公关效果评估。

【思考题】

1. 结合香港银行信用卡业务的营销策略相关案例,分析金融产品促销的策略。
2. 简述金融产品促销决策的内容。
3. 金融企业在产品营销过程中,应注意哪些方面的广告策略?
4. 金融企业推销人员的类型有哪些?
5. 金融企业的其他促销策略包括哪些?

【本章小结】

金融企业,不管是银行、保险公司,还是证券公司、基金公司,都需要将其产品和服务介绍、宣传、推广到市场中去,以便为顾客所知晓、了解,使其产生兴趣,并产生购买行为。从总体上来看,金融企业的促销方式与工商企业的促销方式并无两样,但从实际应用情况来看,促销的具体形式有一定的差异。本章主要阐述金融产品的促销决策内容,以及其中的广告、人员推销、公共关系及营业推广等促销策略。

 案例

银行新春促销①

对于发卡商来说,节日是一个极佳的促销机会,像春节这样重大的节日尤其不容错过,所以各家银行也招数百出,纷纷推出了各种各样的贺岁大礼。

---

① 樊燕卿:《信用卡拿什么贺新春,银行促销三板斧》,载《青年时讯》,2005年2月2日。

但总体来看,促销的路数大同小异,多数都逃不过以下三板斧。

第一板斧:办卡减免年费

地产界有句名言:第一重要的是地段,第二重要的是地段,第三重要的还是地段。而对于目前急于催生国内信用卡市场、急于跑马圈地的信用卡发卡商而言,第一重要的是销量,第二重要的是销量,第三重要的还是销量。为了把销量冲上去,牺牲掉利润也在所不惜。由于各行目前推出的信用卡区别不大,多数消费者在选择信用卡产品时主要看是不是免年费以及优惠的力度有多大,所以办卡减免首年年费就成了许多银行推销信用卡的第一板斧。

2004年12月15日至2005年2月28日,成功申请深发展的国际卡(仅限主卡),即可获赠中国娃娃子母袋一套。成功申请深发展国际卡(含主卡和附属卡)的持卡人,除可享受免首年年费的优惠外,还可使用消费积分冲减次年年费。冲减次年年费的标准是:金卡主卡2000分,金卡附属卡1000分,普卡主卡1000分,普卡附属卡500分。而在同一时期内,成功申请深发展信用卡(仅限主卡,且不包括认同卡、国际卡和联名卡)的持卡人,如果在发卡后三个月内刷卡满三次,即可获免次年年费。

而在2005年1月1日至12月31日期间,成功申领牡丹海航信用卡的客户,只要在办卡后三个月内有消费交易,就能获得工行给予的免首年年费的优惠。对于在这段期间成功申领牡丹海航信用卡金卡并作启用的客户,工行将免费赠送800海航里程,而对于成功申领牡丹海航信用卡普通卡并作启用的客户,将免费赠送500海航里程。不过,更为高明的是工行还用类似的里程奖励计划来鼓励全体会员发展持卡人。据了解,2004年10月10日至2005年2月10日,海航金鹏会员可推荐他人办理牡丹海航信用卡,每成功发展一名牡丹海航信用卡持卡人,且在活动截止日期前成功办卡,海航金鹏会员即可赢取400金鹏里程奖励。推荐越多,奖励越多。

第二板斧:刷卡有奖

据统计,目前我国已经发行了7亿多张借记卡(只能从自己的储蓄账户上开支,不能透支的银行卡),但有1/3以上的卡都处于休眠状态。而在信用卡方面,这一问题尤其严重,因为中国广大消费者尚无法接受贷款消费的概念,更不用说将其化为行动了。虽然已有几百万人拥有了信用卡,但使用的频率也是少之又少。所以对于银行来说,除了要提高发卡量,还要不遗余力地培养人们持卡消费的习惯。如果消费者只办卡不刷卡,那么银行将丧失最大一部分利润来源——贷款利息,信用卡业务也将沦为"皇帝的新衣"。由此,多数银行都对刷卡消费开出了诱人的奖励计划,以奖品来刺激刷卡行为是信用卡促销的第二板斧。

工商银行

2005年1月1日至2005年4月30日,凡用牡丹海航信用卡刷卡消费的客户,将有机会参加"牡丹海航信用卡,送您免费游三亚"的抽奖活动。此活动会于2005年2月、4月分两次进行抽奖,奖项有:(1) 一等奖3名。奖品:五天四晚海南三亚豪华游,价值5000元;(2) 二等奖5名。奖品:海航国内任意往返航班免费票一张或五星级酒店双标房一间两晚,价值3000元;(3) 三等奖10名。奖品:精美大型海航飞机模型一架,价值500元。除此之外,工行还推出了刷卡消费里程累计活动。2005年1月1日至2005年2月28日,对于使用牡丹海航信用卡刷卡消费的客户,工行承诺将给予150%的海航里程累计(即每刷卡消费18元人民币或2美元即可累计1.5金鹏里程)。

招商银行

从2005年1月1日起,招行的刷卡活动也有了更新的规则。凡招行信用卡(包括银联-VISA、银联-MasterCard卡的主卡或附属卡、公务卡以及与特定公司或团体发行的联名认同卡)的持卡人,所有刷卡消费均可获得双倍积分。当月刷卡消费达10次(不限金额),即可获得300个积分单位,如果使用国航联名卡,则可获赠300国航里程累计。

另外,2005年1月1日至2月28日,凡持招商银行信用卡,在全国指定的百盛门店刷卡消费,即有机会获得奖品。当日在百盛刷同一张招商银行信用卡累计满488元(百盛购物信用卡只需刷满388元),就有正版迪斯尼礼品(二选一)任你挑。活动期间在百盛刷同一张招商银行信用卡累计满2800元(百盛购物信用卡只需刷满2500元),更可获赠价值398元的时尚手表一块。

第三板斧:旅游优惠

如今,外出旅游已经成了一些人新的过年方式。有人想到南方去过一个温暖的春节,也有人想去看看别的地方的人们是怎样过年的。美国运通旅游公司新近发布的一项调查显示,春节期间,京、沪、粤三地有14%的居民计划外出旅游,而且他们之中有41%的人将选择刷卡消费。所以,与"五一"、"十一"黄金周相比,春节期间有关旅游的优惠活动也丝毫不逊色。给旅游以优惠,并借旅游来带动信用卡消费就是信用卡促销的第三板斧。

工商银行

工商银行于 2005 年 1 月 1 日至 2005 年 3 月 31 日推出"工商银行信用卡，新年好礼大回馈"活动。在此期间，牡丹国际信用卡、牡丹国际借记卡和牡丹信用卡的持卡人，刷卡购买"牡丹之旅"精选线路即可享受特别优惠。"牡丹之旅"的精选线路包括从北京出发的新加坡五日自由行和五星三亚海天五日自由行，以及从上海出发的新加坡、马来西亚七日自由行和五星三亚银泰四日自由行。

招商银行

继圣诞节期间推出了欧洲精华游之后，招行又联合携程旅行网向招行信用卡的持卡人推出了非常香港自由行、丽江古城特惠自由行等旅游产品。这两种自由行产品开始于 2004 年 12 月中下旬，并将一直持续到 2005 年的 3 月 31 日。其中，丽江古城特惠自由行从上海、广州出发，招行信用卡持卡人可以享受特别优惠价，而用招行携程旅行信用卡订购，还能在优惠价的基础上享受 100 元/人的折扣。如果您要订购非常香港自由行，则可获得无须支付现金、直接兑换使用的"香港自由行 PASS"，当中包括活力机场穿梭巴士单程车票、海洋公园入场券、太平山山顶缆车套票、蜡像馆参观券、DFS 精美礼品及其 150 港元的抵用券等。不过，这些优惠活动都要求持卡人必须同行，持卡人及其同行人员的产品订购费用必须用持卡人本人的招商银行信用卡全额支付。

【案例讨论题】

试评论案例中不同企业的促销方案。

第十章 金融市场有形展示

【学习重点】

1. 了解无形产品的有形展示。
2. 掌握金融产品有形展示的内容。
3. 了解金融产品有形展示的管理。

【导入案例】

解决银行排队问题要舍得投入[①]

银行排队问题受到关注,从南到北的媒体都在"拷问"银行,各种体验式报道见诸报端。

另据上海市金融工委近期对沪上100家银行网点的抽查显示,每笔业务平均等候时间在52分钟左右,而周六的等待时间更长,平均每笔达到66分钟。

上海市消保委的一位专家一语中的:"与其花大量资金、人力推广高科技手段,不如老老实实地增加网点、增加窗口、延长营业时间。同时,银行在看待大客户和小客户的区别时,应该有长远眼光。"

工行负责人近日表示,将采取四个方面的措施来解决排队难题:一是大力推动客户采用电子银行离柜服务减少柜面压力;二是深化分区服务,对有复杂理财需求的客户实行专区服务;三是不断梳理和改造服务流程,提高服

---

① 张炜:《解决银行排队要舍得投入》,载《中国经济时报》,2007年4月19日。

务效率;四是在高峰时段实行"弹性工作制"和"弹性窗口"。

第一节 有形展示在金融营销中的作用

一、有形展示的类型和效应

(一) 有形展示的概念

所谓有形展示是指在服务市场营销管理的范畴内,一切可传达服务特色及优点的有形组成部分。在产品营销中,有形展示基本上就是产品本身,而在服务营销中,有形展示的范围就比较广泛。事实上,服务营销学者不仅将环境视为支持及反映服务产品质量的有力实证,而且将有形展示的内容由环境扩展至包含所有用以帮助生产服务和包装服务的一切实体产品和设施。

这些有形展示,若善于管理和利用,则可帮助顾客感觉服务产品的特点以及提高享用服务时所获得的利益,有助于建立服务产品和服务企业的形象,支持有关营销策略的推行;反之,若不善于管理和运用,则它们可能会传达错误的信息给顾客,影响顾客对产品的期望和判断,进而破坏服务产品及企业的形象。

根据环境心理学理论,顾客利用感官对有形物体的感知及由此所获得的印象,将直接影响到顾客对服务产品质量及服务企业形象的认识和评价。消费者在购买和享用服务之前,会根据那些可以感知到的有形物体提供的信息对服务产品作出判断。比如,一位初次光顾某家餐馆的顾客,在走进餐馆之前,餐馆的外表、门口的招牌等已经使他对其有了一个初步的印象。如果印象尚好的话,他会径直走进去,而这时餐馆内部的装修、桌面的干净程度以及服务员的礼仪形象等将直接决定他是否会真的在此用餐。对于服务企业来说,借助服务过程的各种有形要素必定有助于其有效地推销服务产品目的的实现。因此,学者们提出了有形展示策略,以帮助服务企业开展营销活动。

(二) 服务有形展示的类型

对有形展示可以从不同的角度作不同的分类。不同类型的有形展示对顾客的心理及其判断服务产品质量的过程有不同程度的影响。根据有形展示能否被顾客拥有可将其分为边缘展示和核心展示两类。

边缘展示是指顾客在购买过程中能够实际拥有的展示。这类展示很少或根本没有什么价值,比如电影院的入场券,它只是一种使观众接受服务的凭证;在宾馆的客房里通常有很多诸如旅游指南、住宿须知、服务指南以及笔、纸之类的边缘展示,这些代表服务的实物的设计,都是以顾客心中的需要为出发点的,它们无疑是企业核心服务强有力的补充。

核心展示与边缘展示不同,它在购买和享用服务的过程中不能为顾客所拥有。但核心展示却比边缘展示更重要,因为在大多数情况下,只有这些核心展示符合顾客需求时,顾客才会作出购买决定。例如,宾馆的级别、银行的形象、出租汽车的牌子等,都是顾客在购买这些服务时首先要考虑的核心展示。因此,我们可以说,边缘展示与核心展示加上其他现成服务形象的要素(如提供服务的人),都会影响顾客对服务的看法与观点。当一位顾客判断某种服务的优劣时,尤其在使用或购买它之前,其主要的依据就是从环绕着服务的一些以实物、人员为代表的显性流程所表达出的东西。

(三)物质环境展示

物质环境有三大类型:周围因素、设计因素、社会因素。

1. 周围因素

这类要素通常被顾客认为是构成服务产品内涵的必要组成部分,是指消费者可能不会立即意识到的环境因素,如气温、湿度、气味、声音等。它们的存在并不会使顾客感到格外的兴奋和惊喜。但是,如果失去这些要素或者这些要素达不到顾客的期望,就会削弱顾客对服务的信心。周围因素是不易引起人们重视的背景条件。

但是,一旦这些因素不具备或令人不快,就会马上引起人们的注意。比如气温和噪音。因为周围因素通常被人们认为是理所当然的,所以它们的影响只能是中性的或消极的。换句话说,顾客注意到周围因素时更可能引发躲避行为,而不是导致接近行为。例如,餐厅一般应具备清洁卫生的环境,但达到此要求的餐厅当然不会使顾客感到极为满足。然而,污浊的环境显然会令顾客大为反感,转而光顾另一家餐厅。

2. 设计因素

设计因素是刺激消费者视觉的环境因素,这类要素被用于改善服务产品的包装,使产品的功能更为明显和突出,以建立有形的、赏心悦目的产品形象。比如,服务场所的设计、企业形象标志等便属于此类因素。设计性因素是主动刺激,它比周围因素更易引起顾客的注意。因此,设计性因素有助于培养顾客的积极的感觉,且鼓励其采取接近行为,有较大的竞争潜力。设计性因素又可分为两类:美学因素(如建筑风格、色彩)和功能因素(如陈设、舒适)。设计性因素既包括应用于外向服务的设备,又包括应用于内向服务的设备。

3. 社会因素

这类要素是指在服务场所内一切参与及影响服务产品生产的人,包括服务员工和其他在服务场所同时出现的各类人士。他们的言行举止皆可影响顾客对服务质量的期望与判断。服务员的外貌在服务展示管理中也特别重要,因为顾客一般情况下并不对服务和服务提供者进行区分。产品的展示是至关重要的,服务产品展示与有形产品展示唯一的不同是,既然服务产品很大程度上取决于人,人就必须被适当地包装。

4. 信息沟通展示

信息沟通是另一种服务展示形式,这些来自公司本身以及其他引人注意的沟通信息通过多种媒体传播、展示服务。从赞扬性的评论到广告,从顾客口头传播到公司标记,这些不同形式的信息沟通都传送了有关服务的线索,影响着公司的营销策略。

服务性公司总是通过强调现有的服务展示并创造新的展示来有效地进行信息沟通管理,从而使服务和信息更具有形性。图10-1总结了服务公司通过信息沟通进行服务展示管理所能使用的各种方法。

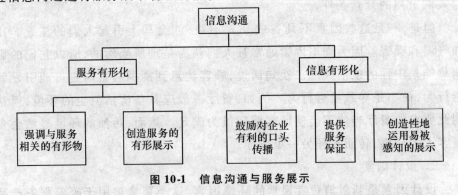

图 10-1　信息沟通与服务展示

（1）服务有形化。让服务更加实实在在而不那么抽象的办法之一就是在信息交流过程中强调与服务相联系的有形物，从而把与服务相联系的有形物推至信息沟通策略的前沿。麦当劳公司针对儿童的"快乐餐"计划的成功，正是运用了创造有形物这一技巧。麦当劳把汉堡包和法国炸制品放进一种被特别设计的盒子里，盒面有游戏、迷宫等图案，也有罗纳德·麦克唐纳德自己的画像，麦当劳以此把目标顾客的娱乐和饮食联系起来，令其感到高兴。

（2）信息有形化。信息有形化的一种方法是鼓励对公司有利的口头传播。如果一个顾客经常选错服务提供者，那么他就会特别容易接受其他顾客提供的可靠的口头信息，并据此作出购买决定。因此，顾客在选择保健医生、律师、汽车机械师或者导师之前，总要先询问他人的看法。

（四）价格展示

价格是市场营销组合中唯一能产生收入的因素，而其他的因素都会引起成本增加。此外，价格之所以重要还有另一个原因：顾客把价格看做有关产品的一个线索。价格能培养顾客对产品的信任，同样也能降低这种信任。价格可以提高人们的期望（它这样昂贵，一定是好货），也能降低这些期望（你付出这么多钱，得到了什么）。

在服务行业，正确的定价特别重要，因为服务是无形的，服务的不可见性使可见性因素对顾客作出购买决定起着重要的作用。价格是对服务水平和质量的可见性展示。价格成为消费者判断服务水平和质量的一个依据。

1. 价格过低

营销人员把服务价格定得过低就暗中贬低了他们提供给顾客的价值。顾客会怀疑，这样低廉的服务意味着什么样的专长或技术？市场营销中一个有趣的现象是：质量声誉一般或很差的公司往往把低价作为补偿这些缺陷的"拐杖"，这一策略通常不会成功，因为"价格"和"价值"不是一回事。价值是为顾客的全部付出所对应的全部利益。价格仅仅是全部付出的一部分。例如，一家零售店价格低廉，但是售货员漫不经心，不熟悉业务，店内凌乱，不干净，对许多顾客（也包括老顾客）来说，这可能意味着付出的会更多。

2. 价格过高

犹如过低的价格会产生误导一样，过高的价格同样会导致这一结果。过高的价格给顾客以价值高估、不关心顾客或者"宰客"的形象。与物质环境、信息沟通一样,价格也传递着有关服务的线索。价格能展示空洞的服务,也能展示"饱满"的服务;它能表达对顾客利益的关心,也能让人觉得漠不关心;制定正确的价格不仅能获得稳定的收益,而且也能传送适当的信息。价格的高低直接影响着企业在消费者心目中的形象。

(五)有形展示的效应

服务有形展示的首要作用是支持公司的市场营销战略。在建立市场营销战略时,应特别考虑对有形因素的操作,以及希望顾客和员工产生什么样的感觉,作出什么样的反应。有形展示作为服务企业实现其产品有形化、具体化的一种手段,在服务营销过程中占有重要地位。但是,有形展示能被升华为服务市场营销组合的要素之一,它所起到的作用及其战略功能当然并不局限于评估品质,具体来说主要包括以下几个方面:

1. 通过感官刺激,让顾客感受到服务给自己带来的利益

消费者购买行为理论强调,产品的外观是否能满足顾客的感官需要将直接影响到顾客是否真正采取行动购买该产品。同样,顾客在购买无形的服务时,也希望能从感官刺激中寻求到某种东西。服务展示的一个潜在作用是给市场营销策略带来乐趣,努力在顾客的消费经历中注入新颖的、令人激动的、娱乐性的因素,从而改善顾客的厌倦情绪。例如,顾客期望五星级酒店的外观设计能独具特色,期望高格调的餐厅能真正提供雅致愉悦的气氛。因此,企业采用有形展示的实质是通过有形物体对顾客感官方面的刺激,让顾客感受到无形的服务所能给自己带来的利益,进而影响其对无形产品的需求。对于以感觉为基础的服务营销战略来说,建筑可以有力地支持它,是一个值得挖掘的资源。但是,建筑物只是"包装"的最外一圈,是最初的线索。"内层包装"环境、顾客系统、员工的外表和工作态度是首要的,它们要么与最初信息(建筑物所传达的)相吻合,要么让人觉得最初的信息仅是假象。

2. 引导顾客对服务产品产生合理的期望

顾客对服务是否满意,取决于服务产品所带来的利益是否符合顾客对它的期望。但是,服务的不可感知性使顾客在使用有关服务之前,很难对该服务作出正确的理解或描述,他们对该服务的功能及利益的期望也是很模糊的,甚至是过高的。不合乎实际的期望又往往使他们错误地评价服务并作出不利的评语,而运用有形展示则可让顾客在使用服务前能够具体地把握服务

的特征和功能,较容易对服务产品产生合理的期望,以避免因顾客期望过高却难以得到满足所造成的负面影响。

3. 影响顾客对服务产品的第一印象

对于新顾客而言,在购买和享用某项服务之前,他们往往会根据第一印象对服务产品作出判断。既然服务是抽象的、不可感知的,有形展示作为部分服务内涵的载体无疑是顾客获得第一印象的基础,有形展示的好坏直接影响到顾客对企业服务的第一印象。例如,参加被宣传为豪华旅行团出去旅游的旅客,当抵达它国时,若接旅客去酒店的专车竟是残年旧物,旅客便会马上产生"货不对路"的感觉,甚至有一种可能受骗、忐忑不安的感觉。反之,若接送的专车及导游的服务能让人喜出望外,则顾客会觉得在未来随团的日子里将过得舒适愉快,进而也增强了对旅游公司服务质量的信心。例如,有些房地产公司把房地产交易和它们能向顾客展示的各种有形因素联系在一起,形成公司的"最佳销售者系统"资料提供给顾客,以便他们据此作出判断。这些资料包括的内容如下:

(1)最佳销售者展示指导法则——它回答了销售者选择房地产公司时,经常会提出的问题。

(2)最佳销售者行动计划——针对特定物产制订的市场营销计划。

(3)最佳营销服务保证——对已经作出的服务保证所许诺的行动方案。

(4)最佳住宅增值指导——提供住宅增值的建议和方法。

选择性地利用这些材料有助于销售代理人培养顾客对公司先入为主的第一印象,诸如能力、承诺及个人服务等,通过有形因素强化语言承诺。

4. 促使顾客对服务质量产生"优质"的感觉

服务质量的高低并非由单一因素所决定。根据对多重服务的研究,大部分顾客根据十种服务特质判断服务质量的高低,"可感知"是其中的一个重要特质,而有形展示则正是可感知的服务组成部分。与服务过程有关的每一个有形展示,例如服务设施、服务设备、服务人员的仪态仪表,都会影响顾客感觉中的服务质量。有形展示及对有形因素的管理也会影响顾客对服务质量的感觉。优良的有形展示及管理就能使顾客对服务质量产生"优质"的感觉。因此,服务企业应强调使用适用于目标市场和整体营销策略的服务展示。通过有形因素提高质量意味着对微小的细节加以注意,可见,细节能向顾客传递公司的服务能力以及对顾客的关心,为顾客创造良好的环境,提高顾客感觉中的服务质量。

5. 帮助顾客识别和改变对服务企业及其产品的形象

有形展示是服务产品的组成部分,也是最能有形地、具体地传达企业形象的工具。企业形象或服务产品形象的优劣直接影响着消费者对服务产品及公司的选择,影响着企业的市场形象。形象的改变不仅是在原来形象的基础上加入一些新东西,而是要打破现有的观念,所以它具有挑战性。要让顾客识别和改变服务企业的市场形象,更需提供各种有形展示,使消费者相信本企业的各种变化。

6. 协助培训服务员工

从内部营销的理论来分析,服务员工也是企业的顾客。由于服务产品是"无形无质"的,从而顾客难以了解服务产品的特征与优点,那么,服务员工作为企业的内部顾客也会遇到同样的难题。如果服务员工不能完全了解企业所提供的服务,企业的营销管理人员就不能保证他们所提供的服务符合企业所规定的标准。所以,营销管理人员利用有形展示突出服务产品的特征及优点时,也可利用相同的方法作为培训服务员工的手段,使员工掌握服务知识和技能,指导员工的服务行为,为顾客提供优质的服务。

二、有形展示在金融营销中的作用

这些有形展示,若善于管理和利用,则可帮助顾客感觉服务产品的特点以及提高享用服务时所获得的利益,有助于建立服务产品和金融企业的形象,支持有关营销策略的推行;反之,若不善于管理和运用,它们则可能会传达错误的信息给顾客,影响顾客对产品的期望和判断,进而破坏服务产品及金融企业的形象。有形展示在金融营销中的作用有:

(1) 支持金融企业的市场营销战略。在建立市场营销战略时,应特别考虑对有形因素的操作,以及希望顾客和员工产生什么样的感觉,作出什么样的反应。有形展示作为金融企业实现其产品有形化、具体化的一种手段,在金融营销过程中占有重要地位。

(2) 塑造金融企业的市场形象,使消费者产生认同感、信任感。有形展示是市场营销策略的组成部分,也是最能有形地、具体地传达金融企业形象的工具。金融企业形象或金融产品形象的优劣直接影响着消费者对金融产品及金融企业的选择。消费者很难在作出购买决策之前全面了解金融企业的服务质量。要促使消费者购买,金融企业必须首先使消费者产生认同感和信任感。为消费者提供各种有形展示,使消费者更多地了解本企业的服务情况,可增强消费者的认同感。现在,不少金融企业将一部分后台操作工作改变为前台工作,将封闭式柜台改变为开放式柜台,可以向消费者展示服务工作的情况,提高服务工作的透明度,使无形的服务有形化,可以提高消费者对本企业的信任感。

(3) 通过感官刺激,让顾客切实感受到服务给自己带来的利益。消费者购买行为理论强调,产品的外观是否能满足顾客的感官需要将直接影响到顾客是否真正采取行动购买该产品。同样,顾客在购买无形的服务时,也希望能从感官刺激中寻求到某种东西。有形展示的一个潜在作用是给市场营销策略带来情趣优势。应努力在顾客的消费经历中注入新颖的、愉悦的、文化性的因素,从而改善顾客的厌倦情绪。因此,金融企业采用有形展示的实质是通过有形物体对顾客感官方面的刺激,让顾客感受到无形的服务所能给自己带来的利益,进而影响其对无形产品的需求。

(4) 有利于推广金融创新。由于金融产品的抽象性,金融创新的推广是比较困难的。将金融创新与人员(包括制服)、包装、环境的设计结合起来,就可以利用外在的有形物的提示作用帮助人们接受、理解金融创新,有利于金融创新的推广。

(5) 有利于烘托和提高金融服务质量。由于金融产品的无形性,在产品产生效力之前,产品质量较难被顾客识别,而服务包装和环境可以提示产品质量,增强其识别度。

(6) 有利于发展分销渠道。对于部分金融企业,发展分销渠道的主要问题之一是发展服务网点,而后者涉及柜台环境的设计问题。服务环境设计得好,有助于服务网点的建设和发展。

(7) 有利于沟通(促销)。金融产品的无形性使得其广告比较难做,对于部分金融产品,生产和营销往往融为一体,人员推销的效果往往不尽如人意,促销往往集中于怎样更好地传递企业和顾客的信息,这时服务包装以及环境提示的信息往往能起到意想之外的作用,形象或者潜移默化地传递产品价值。

(8) 有利于内部营销。包装、服务流程或者环境作为金融产品的有形线索,不但可以提示顾客,同时也可以提示员工。这种规范化流程、外在实物化的形式引导员工修正自己的行为,促进营销目标的实现。

第二节 有形展示的管理

  成功的金融营销活动的关键是管理与无形产品有关的有形因素,通过有形展示管理向顾客传递适当的线索,这样能帮助顾客更好地理解"我们买什么产品"以及"我们为什么要买它"。因为,顾客总要在服务环境、信息沟通和产品价格中寻找服务的代理展示物,根据有形线索推断金融产品的质量、价值和特点,用来指导其购买选择。

  鉴于有形展示在金融营销中的重要地位,金融企业应善于利用与金融产品相关的有形元素,突出金融产品的特色,使金融服务变为相对的有形和具体化,让顾客在购买金融产品前,能够把握、判断金融产品的特征及购买后所能获得的利益。因此,加强对有形展示的管理,努力借助这些有形的元素来改善金融服务质量,树立独特的企业形象,无疑对金融企业开展市场营销活动具有重要意义。

一、有形展示管理的原则

  金融企业之所以要采用有形展示策略是因为金融产品具有不可感知的特征,而对不可感知性则可以从两个方面理解:一是指金融产品不可触及,即看不见摸不着;二是指金融产品无法界定,难以从心理上进行把握。因此,金融企业要想克服营销方面的难题,采用有形展示策略,也就应以这两个方面为出发点,一方面使服务有形化,另一方面使服务易于从心理上进行把握。

  1. 服务的有形化

  服务有形化就是使金融服务的内涵尽可能地附着在某些实物上。金融服务有形化的典型例子是银行信用卡。虽然信用卡本身没有什么价值,但它代表着银行为顾客所提供的各种服务,以至于只要"一卡在手,便可世界通行"。

  2. 使服务在心理上较容易把握

  (1)把服务同易于让顾客接受的有形物体联系起来。由于金融产品的本质是通过有形展示表现出来的,所以,有形展示越容易理解,金融服务就越容易为顾客所接受。运用此种方式时要注意:第一,使用的有形物体必须是顾客认为很重要的,并且它是他们在此服务中所寻求的一部分。如果所用的各种实物都是顾客不重视的,则往往产生适得其反的效果。第二,必须确保这些有形实物所暗示的承诺在金融服务被使用的时候一定要兑现,也就是说,金融企业所提供的服务必须与承诺中所载明的名实相符。如果以上的条件不能做到,那么所创造出来的有形物体与金融服务之间的联结,必然是不正确的、无意义的和具有损害性的。

(2)把重点放在发展和维护金融企业同顾客的关系上。使用有形展示的最终目的是建立金融企业同顾客之间的长久关系。金融企业的顾客,通常都被鼓励去寻找和认同金融企业中的某一个人或某一群人,而不只是认同于金融服务本身。如保险公司的业务人员、银行的接待人员等。所有这些都强调以人体现服务。因此,金融服务提供者的作用很重要,他们直接与顾客打交道,不仅其衣着打扮、言谈举止影响着顾客对金融服务质量的认知和评价,他们之间的关系也将直接决定顾客同整个金融企业关系的融洽程度。另外,其他一些有形展示亦能有助于发展同顾客的关系。比如,金融企业向客户派发与企业有关的具有纪念意义的礼物就是出于此种目的。

二、有形展示效果的形式

有形展示的效果一般有三种形式:一是该服务的一种实物表征即能唤起顾客想到该服务的利益;二是可以强调服务提供者和消费者之间相互关系的有形展示;三是可以联结非实物性服务和有形物体,而让服务易于辨认的一种展示。例如,储蓄账户、干洗和美发三种消费者服务业的展示效果的测定,是用"利用这些展示的广告所能产生说服消费者相信服务利益"的能力来衡量。每一种服务都有其特定的利益,有形展示的效果往往因所考虑的利益不同而不同。至于服务提供者与客户相互之间的展示效果,根据提供者和客户之间对于服务利益的个人信任程度而定。这也就是强调:有形展示的类型必须与顾客寻求的利益相关,如果没有考虑这些利益,就不应该使用该类型的有形展示。服务业营销人员面临的最大挑战是,找出这些利益然后用适当的有形展示去表现。服务业公司所能利用的展示方式有很多:从环境到装潢、设备、文具、颜色和照明等,都可以说是服务企业形成与塑造环境气氛的一部分。

三、有形展示管理的执行

金融企业有形展示管理不仅是营销部门的工作（虽然营销部门应该唱主角），但每个人都有责任传送有关金融服务的适当线索。下面列出的是一份行动清单，所有的管理人员都应定期考虑这些问题。

（1）我们有一种高效的方法来进行服务展示管理吗？我们对顾客可能感觉到的有关服务的每一件事都给予了充分的重视吗？

（2）我们是否积极地进行服务展示管理？我们积极地分析了如何使用有形因素来强化我们的服务概念和服务信息吗？

（3）我们对细节进行了很好的管理吗？我们是否关注"小事情"？举例来说，我们保持服务环境的一尘不染了吗？如果我们的霓虹灯忽然坏了，我们是立即换呢还是过后再换？我们作为管理人员有没有举例向员工说明没有任何细节小到不值得管理？

（4）我们将服务展示管理和市场营销计划结合起来了吗？例如，当我们作出环境设计的决定时，是否考虑到这一设计能否支持高层营销策略？我们作为管理人员，是否熟知展示在市场营销计划中的作用，进而对计划做了有益的补充？作为管理人员我们知道在营销计划中什么是首要的吗？

（5）我们通过调查来指导我们的服务展示管理了吗？我们有否寻找来自员工和顾客的由价格传递的线索？我们预先有否测定我们的广告向顾客传递了什么样的信息？在服务设备设计过程中，我们征求过顾客和员工的意见吗？我们有没有雇用"职业顾客"按照清洁度、整齐度、营销工具的适用性等标准对我们的服务环境作出评价？我们作为管理人员，在提高公司整体形象的过程中，是如何运用环境设备和其他展示形式的呢？

（6）我们将服务展示管理的主人翁姿态扩展到整个组织范围了吗？在服务营销中，我们向员工讲授了服务展示管理的特点和重要性吗？我们是否向组织内的每个人提问，让他们回答个人在展示管理中的责任了？

（7）我们在服务展示管理过程中富有创新精神吗？我们所做的每件事都有别于竞争者和其他服务提供者吗？我们所做的事有独创性吗？我们是不断地提高展示水平使之合乎时尚呢，还是跌入沾沾自喜、自鸣得意之中？

（8）我们对第一印象的管理怎么样？和顾客接触早期的经历是否给我们留下了深刻的印象？我们的广告、内部和外部的环境设备、标志物，以及我们的员工的服务态度对新顾客或目标顾客是颇具吸力呢,还是使他们反感?

(9)我们对员工的仪表进行投资了吗?我们有没有向员工分发服装并制定符合其工作角色的装扮标准?对于负责联系顾客的员工,我们考虑到为其提供服装津贴了吗?我们考虑过提供个人装扮等级津贴吗?

(10)我们对员工进行服务展示管理了吗?我们有没有使用有形因素使服务对员工来说不再神秘?我们是否使用有形因素来指导员工完成其服务角色?我们工作环境中的有形因素表达了管理层对员工的关心了吗?

四、如何做好商业银行的有形展示管理

(1)建筑设计应该多元化。银行建筑传统上多被设计成对称、高大的形象,并且以"方块式"为主,以突出银行坚实、牢固的形象。在城市化的进程中,人们已经厌倦了千篇一律的建筑风格,对银行的态度也是一样。

(2)营业厅堂的环境设计需要重视。在实施有形展示策略的过程中,服务环境的设计应该是银行努力的重点,因为顾客在接触服务之前,最先感受到的就是来自服务环境的影响,尤其是对于那些易于先入为主的顾客而言,环境因素的影响更是至关重要。空间的大小、各种设施和用品的颜色和形状、装饰性物品的选择等因素都需要考虑。

(3)银行员工的服装应该突出个性。深色西装是成熟和理性的象征,所以各家银行的员工在服装的选择上都趋向于套装和西装,深蓝色西装几乎成了银行制服。其实各家银行可以在服装的配件上多下工夫。

(4)排队管理应该加强。排队管理是银行等服务企业面临的一个重要问题,特别是当顾客非常集中时,有效的排队管理显得非常重要。

(5)"开放日"制度的建立。国外一些企业设有"开放日"制度,这些平时把守很严的企业在每年的一段时间要打开大门,请公众进来参观。企业有专门的接待人员,除了介绍企业的情况外,还详细解答参观者提出的问题。

【思考题】

1. 有形展示在金融营销中的作用有哪些?
2. 有形展示管理有哪些原则?
3. 我国金融企业应如何加强对有形展示的管理?
4. 有形展示的定义、类型和效应是什么?

5. 如何做好商业银行的有形展示管理？

【本章小结】

有形展示策略有效解决了由于金融产品本身具有的不可感知性或无形性给金融企业有效推广金融产品带来的难题。不论我们将有形展示视做服务营销组合中的一个元素，还是营销组合中产品策略的一个次级元素，其重要性都是不容置疑的。本章说明了有形展示在金融营销中的作用，探讨如何通过对金融企业开展有形展示管理，实现金融市场无形与有形的完美结合。

 案例

广告的作用和有形展示[①]

从你打开电视的那一瞬间开始，从你翻开杂志的第一页开始，甚至从你踏出家门的那一刻开始，只要你在接受信息，只要你在看在听，你就已经不知不觉地躺在了广告的温床上。

广告，如今已充斥在我们生活的每一个角落，可谓无孔不入；做广告，似乎已成为企业宣传其企业形象及产品必不可少的灵丹妙药；如何做广告早已被企业提到了经营战略的层面来组织操作……"酒香不怕巷子深"不再是至理名言，在这信息爆炸的买方市场时代，"今天，你广告了吗"成为企业的警世座右铭。的确，再优秀的企业，不宣传、不做广告也会被信息这一汪洋大海淹没。

请明星为产品代言、开新产品推介会、制作电视广告、发布杂志广告……在我们身边，许多企业还找到了一些别具一格的广告宣传方式，如"搭便车"、"悬念广告"……这些方法体现了创新，很有新意，做得相当巧妙，值得推崇。但它们都不具普遍意义，有着严格的先决条件，难以模仿。相比之下，有形展示却以其应用范围之广、投入之少、效果之好，成为大众广告宣传的一大妙方。

而所谓的有形展示，就是指将产品或服务实实在在地展现给顾客，用看

---

① 陈慧敏：《游击营销之有形展示》，中税网，2004年5月27日，http://www.texchina.cn/glyx/2004-05/27/cms226757article.shtml。

得见、感受得到的产品服务信息,给顾客以真实的感受,进而打动顾客的心的一种广告宣传模式。有形展示的根本原理是让产品自己说话,是一种基于事实展现的有形宣传方法,而不是像传统广告模式那样通过别人或媒介等虚拟信息的传达来宣传,而相比之下,有形展示更便宜,更有说服力,也更大众化。

有形展示之一:让产品自我宣传

正所谓"眼见为实",顾客更愿意相信亲眼所见与自己的切身感受;而让产品自我宣传,则是企业不做任何特别的宣传活动,只是将其提供的产品巧妙地陈列出来,让顾客自己亲自去看、去感受、去评判、去抉择。

最典型的要数糕点房了。各式各样的糕点陈列于透明的玻璃橱窗里,形状各异、做工精致的小点心,看在眼里,很容易撩起人的食欲,使其不知不觉走进糕点房。更绝妙的是,糕点房弥漫着的香味,进一步传达出糕点美味的信息,更会刺激顾客的购买欲。自然而然地,让顾客轻松满意的交易就达成了。

很多蛋糕店不会将各种蛋糕全部做出来,而是做成惟妙惟肖的蛋糕模型陈列于橱窗中,或制成精美的画册,供顾客选择,这些都是让顾客对产品形成确切的感观认识,既作了宣传,又让顾客觉得可以信赖。与此同时,制作人员会被安排在玻璃隔板的房间里点花,引得众人驻留观看。而在很多拉面馆里,拉面师傅一般都会在现场进行拉面制作。还有超市里生鲜区食品的现场展示,快餐店里的成品、半成品乃至原材料的现场展示等,都可归于此类,均可达到引起好奇心和购买欲的效果。

……

点评:有形展示主要有以下几种方式:

(1) 成品的颜色、香味、式样等广告的现场展示。

(2) 逼真的样品、模型现场展示。这和成品展示类似,都是通过视力冲击的宣传,以实物吸引顾客的注意力。

(3) 生产过程的现场或模拟展示。这一方面可满足消费者的好奇心,吸引消费者;另一方面可满足消费者的监督心理,让其充分相信产品的质量。

这些有形展示不仅适用于消费品,也适用于工业品,只是需要结合实际,具体操作方案不同而已。

有形展示之二:让顾客体验产品

这又比产品自我宣传更进一步,是让顾客通过试吃、试用,认识并且了解企业及其产品。

一家医疗器械生产厂家,采用让顾客仅交纳较少的押金而将产品拿回家去用,不满意可以退全部押金的方式,引得许多有兴趣的人前来试用,并发现效果不错。结果,基本上所有的抵押产品都被卖出去了。这就是让顾客自己体验产品,亲自对产品进行评价与判断。

点评: 对可以试吃、试用的商品,可以制作精致的小包装样品,进行有针对性的样品派送,或和其他产品一起作为赠品送给目标顾客。而对耐用品,则可采取让顾客先试用后付钱的方式,或采用部分租赁的方式等进行有形展示宣传。

需要特别指出的是,一定要锁定目标顾客群体进行试吃试用,否则不仅投入过大,而且会事倍功半。

有形展示之三:让包装尽量充满魅力

包装,作为产品的组成部分,天然具有宣传产品的能力。

月饼的包装堪称此做法的典型。虽然不会造成"买椟还珠"式的效应,但也可以通过有收藏价值的系列包装促进产品的宣传和持续销售。

在包装上打上"加量不加价"的优惠广告词等吸引顾客注意。

印上产品历史渊源、技术特征、功效或企业的相关信息等,主要是要简短、够吸引人。

……

点评: 在产品越来越同质化的今天,许多消费者都是在销售现场通过对包装的感性认识来决定是否作出购买决策的,因此,应让包装尽量充满魅力,发挥宣传作用,有效地打动顾客的心。这就需要充分挖掘包装的潜在作用:(1)可以制作精美的系列包装。(2)可以制作赠品包装。(3)可以在包装上为企业或产品做广告。

有形展示之四:让产品随处可得

"让产品随处可得"是从可口可乐的营销策略中借用过来的,它的本质是要让产品全面充斥零售终端,增加相对单个顾客的产品曝光率,以另一种方式作宣传,以加深顾客对产品的印象。

如可口可乐公司就宣扬要让它的产品随处可得,无论在沃尔玛之类的大超市,还是街头小店均有可口可乐在销售。顾客在经常购买产品的过程中肯定会强化对可口可乐的印象,甚至产生信赖感。

点评：国内大部分企业虽然不能做到全国范围内绝大部分零售终端的普及，但却可以集中区域，充分利用自身的地域优势，在特定区域内占据所有的零售终端。

这需要注意三点：一是所谓的所有零售终端是针对目标群体而言的，要明确企业顾客群，有针对性地进行，不应随意扩大其范围。二是集中力量打造区域终端抢占优势，待站稳脚跟后再谋取更大区域的扩展。三是区域的选择要适当，过大，则资金、精力不足；过小，则达不到效果。应切合目标顾客的分布特点和消费习惯，结合企业财务能力、管理水平等作正确的评估预测之后再确定。

有形展示之五：让员工做形象代言

员工作为企业内部最大的群体，是企业当之无愧的第一顾客，也是企业最佳的活广告。让员工做形象代言，就是由企业员工将产品或服务于无形之中展示给顾客或影响其周围的群体，扩大影响力。

很多服装销售店会让员工穿上热推的新款服装，让光临的顾客目睹大众化的时装秀，进而引得其驻足观看与试穿。

又如在理发店，可以为所有的员工量身定制合适的、体现理发店特色的拿手发型，让员工于无形之中对外宣传理发店的服务与产品。

而在企业，还可以视员工为第一顾客，向他们推荐企业产品，这样，好的产品必然会让员工自觉对自己的左邻右舍、亲戚朋友推荐，而员工这样自觉的口碑推荐是最具说服力的。

点评：这就是让员工充当无声的推销员，不花一分一厘，又起到了宣传的作用。让员工做形象代言的魅力，由此可见一斑。

所以，应该善待你的员工，把他们当成内部顾客，同对待外部顾客一样，秉持"为上帝服务"的理念。

【案例讨论题】

根据以上案例，试讨论银行柜台业务的有形展示。

第十一章 金融营销过程管理

【学习重点】

1. 了解金融营销过程管理的含义。
2. 熟悉金融营销过程管理的程序。
3. 了解金融营销过程管理的分析与评价。

【导入案例】

银行柜面管理的新动向①

日前,上海某国有大银行的职工张卫东通过竞聘上岗考试,离开了柜面,被重新分配至支行的信贷部。据张卫东反映,他所在的支行,柜台原有6个窗口,配备9—10个人。此次调整后,张与另一名同事离开了柜面,但支行领导并未再向柜面增派人手。

事实上,像张卫东这样的岗位调动流向,在目前沪上银行内部已渐成主流。据银行内部人士透露,目前,各大银行内部都在进行人事调整,原则是"在不裁员、不招新人的前提下,重新整合现有的人力资源"。一位支行负责人称,这是把精兵良将派到新的利润增长点上去。而他所谓的"利润增长点"绝对不是柜台,而是信贷、VIP(高端客户)客服等"优质"部门。

---

① 李强、田埂:《银行调走大量人员,低端客户柜台服务渐成软肋》,载《新闻晨报》,2004年9月28日。

第十一章 金融营销过程管理

第一节 金融营销过程管理的程序

一、金融营销过程管理的含义

金融营销过程就是金融营销活动从开始到结束的全过程。金融营销过程以市场及其变化为导向,以顾客和满足顾客需要为中心,由相应的营销阶段和程序构成,其目标是通过金融营销服务为顾客创造价值和检查营销交易的正确性。金融营销服务活动又是金融企业与顾客相互影响、相互作用、互利互惠的过程。

营销过程管理是相对于结果管理而存在的,现代管理理论认为,过程更重于结果,对过程的有效执行和把握才能赢得良好的结果。值得注意的是,对过程的重视并不是放弃结果,两者并不矛盾,过程管理的内涵在于强调通过审视过程以实现特定的结果。

金融服务的特性使得金融营销过程更加复杂,从解构市场到营业推广,金融营销更为突出地强调横向工作的合理、有效匹配和纵向工作的平稳顺延。因此,金融营销过程管理要求不局限于习惯意义上的营销工具,而是从市场分析开始,联合终端建设、客户寻访、团购开发、形象推进、导购服务等所有的营销要素,寻找纵向和横向的关联点,节约包括时间在内的资源,创造并发现新的营销对象。

二、金融营销过程的特点

1. 时间性

金融市场对时间的特殊要求,使得金融产品具有极强的时效性,营销对于时间具有更多的要求。金融营销服务活动过程中,金融企业的营销机构和营销经理要和顾客同时参与营销过程。顾客是营销服务体系的一个组成部分,营销经理要特别重视顾客的时间意识和金融消费的时间特征,以便合理地分配营销的时间资源。

2. 空间性

金融企业的营销服务与其网络性的空间位置密切相关。要特别注意的是,营销过程应接近顾客,突出便利性。

3. 顾客参与性

金融营销服务活动过程必然要求顾客的参与,并且它会对金融营销产生重要影响(如图 11-1 所示),因此营销主管要随时发现问题、解决问题。

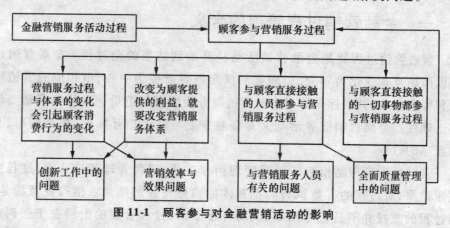

图 11-1　顾客参与对金融营销活动的影响

三、金融营销过程的阶段与程序

1. 金融营销阶段划分

(1) 制定营销战略阶段,也称选择价值阶段。包括:细分市场、确定目标市场及市场定位。此阶段为战略营销的核心 STP。

(2) 制定营销战术阶段,也称提供价值和传播价值阶段。又分为两个次级阶段:一是提供价值阶段。包括:根据市场定位进行金融新产品/服务的开发,进行营销组合,向顾客提供他们需要、喜爱、满意的金融产品与服务。二是传播价值阶段。包括:公关、广告、人员营销等。

(3) 实施营销阶段,即实现价值阶段。主要通过金融机构的营销渠道与网络、客户经理等人员营销,最终获得顾客对于金融产品与服务、营销人员、金融机构的信任、满意和忠诚,实现营销目标。

2. 金融营销程序排列

(1) 分析营销机会。包括:建立健全营销信息系统和营销管理系统;进行营销调研,研究、分析顾客与市场形势,识别、监视、研究竞争者,识别、捕捉营销机会;进行市场细分,研究和选择目标市场。

(2) 设计营销战略。包括:对金融机构所处的环境和自己的全部情况进行深入的研究,进行有效的 SWOT 分析;明确自己在市场中的地位,确定金融产品的生命周期阶段等;进行营销战略及其规划的设计与选择。

(3) 确定营销方案,即通过对营销费用、营销组合、营销资源分配等进行决策,把营销战略转化为营销方案。包括:进行营销预算、决定营销费用水平和对营销组合中的各种根据进行预算分配;选择和确定营销组合(如图 11-2 所示);营销资源的合理分配与有效利用。

(4) 营销管理活动。包括:编制营销计划(如表 11-1 所示)、组织营销资源、执行和控制营销计划。在编制、执行营销计划的过程中,要明确以下问题:本企业将为哪些顾客服务?在为目标顾客服务中可在哪些方面获得竞争优势?如何、由谁来实现市场营销职能?最终的营业额能有多大?这些营销活动对顾客和社会的短期与长期影响是什么?其中,要特别把握金融营销服务活动的步骤:确定顾客的金融消费需求;开发、提供合适的金融产品与服务以满足顾客的需求;对提供的金融产品与服务合理定价;针对目标顾客开展促销活动;建立、完善营销渠道与网络;让顾客喜欢、信任、购买所营销的产品与服务;预测和研究未来的金融市场需求。

营销组合	顾客需求与欲望		对顾客的成本	
		产品	价格	
		地点	促销	
	便利			传播

图 11-2 以 4P 为核心的 4C 营销组合

表 11-1 营销计划总览

计划过程	具体内容
1. 形势分析	A. 市场分析 B. 顾客分析 C. 竞争性分析 D. 机会分析
2. 确定目标	A. 营业目标 B. 顾客目标 C. 赢利性目标
3. 制定战略	A. 总体战略 B. 市场营销组合变量 C. 财务作用说明
4. 监测控制	A. 实施分析 B. 顾客信息反馈

四、金融营销过程管理的内容

由于金融企业营销过程与运营几乎无法完全分割,以至于对其过程的管理无法作为企业的独立职能存在,而必须作为和包括企业运营在内的所有工作完全统一的过程和方法,具体包括:员工培养和晋升,对合伙人和员工的补偿,运营的组织和监督,质量提高的措施等。正是由于这个原因,金融营销过程要由企业的高层管理人员来实施管理,而其内容则可以总结为:

1. 营销审计

总结和评价当前的营销实践是完善营销过程、发现问题的必要手段。为此目的,营销审计是一种有用的诊断方法。总的来说,营销审计可以包括:

(1) 对过去和当前的营销实践组织、信息基础、战略、技术、活动、预算和成本等进行检查并评价它们对企业发展的贡献;

(2) 弄清楚公司内各单位和客户经理对营销的理解和运用;

(3) 将直接竞争者所用的营销方法与考察结果进行对比;

(4) 考虑什么样的营销变革合乎需要,从而能满足新的需求和开发新的市场机会;

(5) 提出使营销更加有效的建议。营销审计带来的利益远远超出营销本身所带来的利益。它可以找出新的潜在业务范围,建议新的客户服务种类,揭示企业在技术能力和人员培训方面的差距,并提出许多其他可行的建议。事实上,营销审计可以作为检查整体战略和系统地实施战略管理的第一步。

2. 营销计划

营销程序(或规划)规定了咨询师的营销目标和战略,并决定采取什么措施使战略付诸实施。一份成文的营销计划要弄清楚在规定的时限内要完成什么,需要什么条件,希望公司内的每个人或各单位对整体营销努力作出什么样的贡献。

3. 营销目标

营销目标应当清楚地表达在一定时限内,通过营销努力在数量和质量方面要达到的目标:

(1) 数量目标指出将要获得的市场份额以及从现有的和新的客户那里产生的新业务量;

(2) 质量目标所涉及的是金融企业期望达到的在客户心目中的定位,或者是找到更富挑战性的工作的需要等。营销目标应在未来的某一时限内达到,比如一年、三年或五年。这就强调需要把所有的分析性和战略性的考虑放到某一时间目标上。例如,用于树立职业形象的大部分非直接营销技术要花费很长时间才能产生效果,所以应被视为对未来业务的投资。仅仅在管理层面上定义营销目标是不够的。由于金融服务的每一个组成部分都与市场紧密连接,因此金融企业就需要经常强调每个成员都应当努力关注市场、寻找新业务,而不必解释这种要求对每个人意味着什么以及他应如何去做。

4. 营销投入量

在金融服务中,营销实践的变化很快。由于大量间接营销活动同样能创收(客户付费的信息服务等),许多个体从业者都要投入20%—30%的时间来营销。有些公司指出,它们收入的5%—25%都用于营销。这个数字受到所选择的营销方式的巨大影响,如在主要商业杂志上做大规模广告将是耗资巨大的。

5. 预期工作量计划

金融企业的性质要求它们对未来有更为充分的预测,为今后的几周或几个月保持足够的工作量储备。对于任何一个金融企业,营销人员必须时刻准备应对市场变化,而提前进行作出储备是必须的,如寻找足够的储备资金。当然,在实践中,项目营销和工作规划是不会那么全面的。理想的情况是,预期工作量的构成应尽可能和有不同行业经历的客户管理人员的对应工作量密切吻合。很明显,对于能力相对较全面并且能承担项目范围较宽的金融营销人员来说,规划预期工作量就相对比较容易。

6. 引导营销投入

对预期工作量的平衡监控有助于引导公司的营销投入以避免销售不足或销售过多。在此过程中,一定会伴随一些和潜在客户的首次会面,对以前客户的跟踪访问,为给客户准备建议书作管理调查,以及任务建议书的准备和其他营销方面的事情。如果这些营销活动没能产生正常数量的新项目,那么也许有必要安排员工花费更多的时间去营销,或者去考查使用的营销方法的有效性。有些公司使用这样的比例:被接受的建议书/提交的建议书。如果比例下降,如从1/3降到1/5,这就是一个信号,需要检查公司的投标政策以及起草与提交建议书和与客户磋商的工作质量。个体从业者也必须谨慎地关注其预期工作量。尽管他通常可能拿出工作时间的20%—30%来进行营销,但他可能被一个较长的任务拖住,因此对预期工作量有准备不足的危险。这种情况必须避免。即使当他希望把其全部时间给当前的某个客户时,他也必须投入更多的时间来会见新客户并在正常工作时间外从事一些营销工作。

7. 营销信息系统

集中、有效的营销需要相当大的信息量。除非经过系统的组织,否则这些信息可能是相当复杂和五花八门的,甚至无法使用。把这些信息视为这样的一个系统是有用的,即该系统可以提供现有和潜在市场以及咨询公司的营销活动和能力的全面而详细的信息。

(1) 关于客户的信息。这些信息保存在客户文件中(卡片索引、计算机文件或类似的东西),它通常是根据所有的——过去、现在和未来的——客户所建立的。包括:① 客户名称和地址、主要所有者、管理者和联系人的姓名;② 客户的基本业务信息(或储存此信息的文件说明);③ 对过去和当前任务的总结性信息,包括咨询师对这些任务的评价和一份对任务文件、报告和其他包含有详细信息的文件的参考说明;④ 关于所有过去和客户合作的咨询师的信息;⑤ 未来联系所需的建议和信息(如客户组织中还有谁会感兴趣)。

(2) 信息收集的方法。① 确定要收集、保存和分析的信息的种类;② 决定更新这些信息的方法和频率;③ 对收集、更新和分析营销信息指定责任人;④ 为存储、加工和检索信息选择合适的系统和设备。

关于专门的新业务机会的信息应通过对市场和客户信息的系统筛选才能得到。应定期审查客户文件以制订跟踪访问和与潜在客户接触的计划。

案例

深圳发展银行的市场分割①

2002年,深圳发展银行在市场分割前提下实施银行产品分割、创新、定位和整合的策略,在全辖范围内大力推广"对公业务八大产品",即:企业财务顾问、出口信用保险融资、付费厅、保理业务、动产及货权质押授信业务、离岸业务、商票保贴业务、透支账户,使客户经理在业务开拓过程中能够有效地把握客户需求,有的放矢地营销产品,在一定程度上扭转了以往银行营销中一成不变地与客户就事论事谈贷款利率和额度的被动营销局面。

---

① 张长建:《深圳发展银行的市场分割》,银行营销网,http://www.baiduyx.com/anli/mx.asp?id=15&plid=D&Canmu=。

2000年9月,一家公司找到深圳发展银行某分行申请授信融资。这家公司以经营有色金属原材料为主,是该地区铝型材生产厂家的重要供货商。该公司是贸易企业,每年的销售额很大,利润情况也很好,但自身负债比例较高,也没有不动产向银行抵押,一时又难以找到符合银行要求的企业担保。该公司曾向很多银行发出合作请求,大多数银行都拒绝了它的融资申请。

这时,深圳发展银行意识到:可否用客户手中的铝锭做银行贷款的抵押品呢?但用企业手中的铝锭质押,银行马上又面对押品的质量认定、存放、监管等一系列问题。另外,如果客户到期不赎货,银行是否能在最短时间内将货物变现,以便将银行与客户的损失都保持在最小水平呢?再者,对客户来说,所抵押物资为在销售商品,只有实现销售才能有钱偿还银行借款。货物质押给银行,企业又如何进行销售呢?

面对市场需求,该行经分析后,决定延伸原有业务流程,将其扩展至铝锭仓储、运输以及授信客户上下游业务合作伙伴等整个业务链,通过借款人自有动产(铝锭)质押方式向其融资。深圳发展银行立即和这家公司取得了联系,并向该公司办理了质押贷款。

这项业务的成功,使深发人对有类似需求的潜在客户进行了广泛的深入调研。结果,一个新的分割市场展现在深发人面前:企业参与物流交易频繁,是商品流通中的一个环节;企业的流动资金相对紧张、规模不大、财务报表有虚假成分或相对较差;企业货物价值波动较小、存储稳定且相对可控。孤立地审核这些企业,它们均无法满足银行正常的放贷要求,但这些企业的销售收入均为其自有或采购物资在向其下游企业销售过程中实现的。

深发人意识到:企业物资和资金的双向流通是银企合作的有效切入点。于是,在将融资企业上下游业务伙伴一并纳入银行信贷业务流程,以企业法人自有动产或货权为质押,以贷款、承兑、商票保贴、国际贸易融资等多种融资形式发放,用于满足企业物流或生产领域配套流动资金需求的"动产及货权质押授信融资业务"应运而生。

随着该项业务的不断深入开展,动产及货权质押授信业务的范围由有色金属逐步扩大到钢铁、建材、石油、化工、家电等十几个行业,甚至连电信公司的电话储值卡都可以拿到银行来融资,银行的目标市场得到充分细化。同时,其业务形式也不断丰富。在仓单质押基础上,逐渐发展出提单质押、提货权质押、未来货权质押等系列品种,针对汽车经销商还专门开发了合格证监管融资,产品定位也得以充分分割。从而,深圳发展银行建立起了一套完整的动产及货权质押授信业务体系。

第二节　金融营销过程分析与评价

金融营销过程是一个系统性连续的过程。金融企业的 CEO 和各级营销主管必须注意对营销过程的分析。

(1)金融营销过程的分析。金融营销过程分析的重点是:各个阶段和程序的独立性、完整性、衔接性、有效性;整个营销过程的完整性、统一性、系统性;整个营销过程和有关阶段所需资源的可靠性、充足性及其分配、利用的有效性。

(2)金融营销过程的诊断。金融营销过程诊断的重点是:发现、识别各种已经存在的问题与风险,以及各种可能诱发风险或问题的因素、动态或征兆;发现、识别各种有利于金融企业发展的机会以及可能导致这些机会的动因。

(3)金融营销过程的优化。金融营销过程优化的重点是:通过不断地总结本企业的实践经验、教训并借鉴、吸取其他企业的成功经验与失败教训,建立相应的金融营销管理体制与管理机制,使整个营销过程和系统能够自动地预警、防范、规避、化解各种风险;同时,能够有效地发现、利用、创造各种营销机会,为企业开拓新的、更大的市场空间和赢利机会,进而保证整个营销过程有效地促进企业发展战略目标的实现。如基层营销组织管理过程要进行下列活动:授权给基层营销组织/分支机构经理;向基层营销组织的全体员工传达公司营销活动的目标、任务、对象及适当的细节内容;掌握基层营销组织的营销活动;根据当地社区的情况,分析当地的营销机会,设计营销战略和策略。

【思考题】

1. 金融营销过程的含义是什么?
2. 金融营销过程分为哪些阶段或程序?
3. 金融营销过程分析的主要内容是什么?

4. 金融营销过程的阶段与程序的主要内容是什么？

【本章小结】

过程管理是现代管理的重要内容,这源于"好的过程带来好的结果"这样的管理哲学。由于金融营销的时效、空间及顾客参与等特性,对其进行过程管理更具有挑战性,同时也更具有意义。

案例

日本信用卡：营销策略细分攻心①

2006年日本国民持有信用卡的比例已经达到83.8%,而且人均信用卡持有量也上升到3.3枚。在市场相对趋于饱和的状态下,日本是如何挖掘信用卡市场潜力的呢？无论是营销模式还是产品的细分,日本信用卡的发展脉络对国内方兴未艾的信用卡市场都会有很多启示。

受政府管制的影响,日本银行业信用卡业务的起步较晚。虽然信用卡于20世纪60年代就通过个人金融公司的形式进入了日本,但直到1982年银行才被允许介入信用卡业务。目前,日本的信用卡品牌主要集中于VISA、万事达(Master)和JCB三大品牌上,而信用卡的发行机构则主要包括JCB、VISA JAPAN、UNION CARD、三菱日银联金融集团(三菱UFJ)和SAISON五家公司。

用调研掌控营销细节

与目前我国信用卡的发行、经营主体有所不同,日本信用卡业务的行业主体除了银行业以外,还有流通业(主要是零售业)、制造业、信贩业、中小零售团体、汽车加油业,旅行公司、航空公司等几大行业体系也在推销自己的信用卡。据日本信用卡行业协会统计,到2006年3月末,日本信用卡的发行总量已经达到了28 905万枚。而根据该协会的测算,2005年日本信用卡的交易金额也突破了396 939亿日元。

日本信用卡业务的竞争不仅局限于日本银行业内部,而是更多地体现在银行业同非银行业之间。截止到2006年3月末,日本银行业的信用卡发行

---

① 刘振滨：《日本信用卡：营销策略细分攻心》,载《成功营销》,2007年第8期,转引自华夏银行南京分行论坛,http://www.xici.net/b823186/d57017861.htm。

量为 12 225 万张,只占全部信用卡发行总量的 42.3%,而非银行系统的发行量却达到了 16 680 万张,占发行总量的 57.7%。目前的日本信用卡市场,虽然已呈现出信用卡交易额持续走高的态势,但以前那种单靠增加信用卡会员数来提高信用卡交易额的时代,也已宣告结束。如何在现有信用卡会员数量的基础上扩大信用卡的使用率以及消费额,已成为日本信用卡业界所面临的主要问题。特别是伴随着非银行业信用卡业务的逐步拓展,消费者在信用卡品种上的选择也越来越丰富,日本信用卡业务的竞争也更加激烈。

面对变化越来越快的市场需求,如何抓住消费者的注意力,如何提供更完美的信用卡产品,如何将信用卡产品进行市场推广等一直是各个信用卡公司不断探索和寻求突破的焦点问题。特别是在日本信息技术不断提升的背景下,采取何种营销战略对于信用卡公司来说已成为一项重要课题。

日本的信用卡公司一直把正确把握消费者需求作为头等大事来抓,他们通过展开各种调查活动,判断日本国内信用卡应用的需求及动向。其中,JCB 日本信用卡公司的市场调查活动尤为令人瞩目。2000 年以来,JCB 日本信用卡公司每年都组织相当的人力、物力展开"信用卡综合调查"活动。调查对象不仅包括 JCB 会员,而且也涵盖了非 JCB 会员等大众人士。围绕信用卡的消费问题,通过调查来了解、掌握大众消费活动的意识及实态。特别是 JCB 在调查中结合消费者的消费意识、消费观念区域性的特点,对各地区消费者的消费意识和信用卡意识进行分析,并以此为基础来探求各地对目标顾客的把握方法。

据日本内阁府《国民经济计算年报》的数据统计,日本国内持信用卡消费的金额占社会最终消费支出的比例,已经从 1996 年的 6% 提升到 2005 年的 11.2%,呈现逐年稳步上升的趋势。但 JCB 日本信用卡公司 2006 年的调查却显示,被调查者使用频率最高的信用卡的月消费额为 34 762 日元,月平均使用频率则为 3.7 次,平均单次信用卡消费的额度仍不足 1 万日元。这反映出日本居民在信用卡消费方面仍表现出一定的小金额支付倾向。

面对这种情况,日本各信用卡公司纷纷推出新产品来进一步挖掘信用卡的消费潜力。2005 年 4 月 4 日,JCB 与 AEON 信用卡服务公司共同开发的 QUICPay 正式上市。在该产品的利用契约中,QUICPay 明确指出单次利用金额的上限为 2 万日元。这便与以高额信贷为主要特征的普通信用卡明显区别开来。三菱 UFJNICOS 公司及 NTT DoCoMo 也随后分别开发出各自类似的产品——Smartplus 与 ID。虽然 Smartplus 单次结算的上限金额被设定在 99.9 万日元，但如果结算金额超过 3 万日元则也必须按规定进行信用确认。2007 年 1 月 19 日三井住友信用卡公司推出了"三井住友 CARD ID（信用卡一体型）"的小额信用结算服务，这使得在便利店、自动贩卖机乃至出租车上都可以通过信用卡来进行结算。可见，随着刷卡结算领域的扩大，日本的信用卡公司紧紧抓住了普通大众小额消费的特点，信用卡的产品也开始从非日常性的高额结算手段向日常结算工具转变。

数据库营销标杆

根据日本信用卡行业协会的数据，从 20 世纪 90 年代后半期开始，日本信用卡的发行枚数基本上已经达到甚至超过国民人均两枚的程度。但 JCB 日本信用卡公司最新的《2006 年度信用卡综合调查报告》则显示，2006 年日本国民持有信用卡的比例已经达到 83.8%，而且人均信用卡持有量也上升到 3.3 枚。在这种状况下，如何进一步加强现有信用卡会员的管理，如何针对现有会员进行挖潜便成了一个很现实、很紧迫的问题。

对此，很多日本信用卡公司都不遗余力地开展着针对现有顾客的后继跟踪营销活动。早在 2000 年 3 月，东京的樱花信用卡公司便着手导入顾客指向的数据挖掘系统——"MiningPro21"。2001 年 3 月，仙台的七十七信用卡公司也开始引入基于数据的电子营销系统——"BRAMS"和呼叫中心。通过这些基于数据的营销系统，各信用卡公司随即开展了一系列的 ONE TO ONE 营销活动，包括针对新加入会员的入会介绍、积分活动等促进信用卡利用的活动，针对重要顾客的再利用特别优惠、特定商品到货通知等强化关系活动，针对目标顾客及一般顾客的有关新商品、优惠及纪念庆典的信息告知活动以及有关顾客反应调查、效果调查和特定调查等内容的问卷调查活动。这一系列活动对于维系顾客与信用卡公司的关系起到了很大的作用。

正如七十七信用卡公司时任董事会事务统辖部长的庄子政一所说："之所以开始这一活动，就是认为它能够促进提早利用信用卡、降低退会率，是引导优良顾客的最好方法。"而事后 60% 的顾客接洽回应率及 33% 的新会员信用卡的提早利用率也恰恰验证了这一营销策略的实际效果。

2000 年以来，日本各信用卡公司的营销手段和方式之丰富、营销活动之频繁，可以说是令人目不暇接的。日本各信用卡公司为了能够将自己的信用卡产品推向市场、占领市场，采取了各自有所侧重的营销策略。不过，追根溯源,综合各信用卡公司的营销策略来看,我们还是可以体会到日本的信用卡公司基本上都遵循着一套"转变思维,抓两点,促一体"的营销战略思维。

信用卡的重点不在于功能而在于结算

日本的信用卡公司在开发、推广自己的信用卡产品时,工作的重点并不在于信用卡的信用消费功能,而是转移到信用卡作为结算工具这一点上。JCB 日本信用卡公司从 2003 年起就已经开始了自己的公司定位的整体转型,要把自己的公司从"信用卡公司 JCB"转变成"综合结算方案提供商 JCB"。对于信用卡公司来说,虽然信用卡可能还是原来的信用卡,但信用卡的应用领域却得到了拓展,特别是在支付小金额化趋势越来越明显的情况下,这种观念转变的意义就更加明显。

相比之下,中国的信用卡发卡行之间的白热化竞争,同对信用卡所持有的认识不无关系。这种认识不仅是普通消费者怎么来看待信用卡,更在于发卡行本身如何看待信用卡以及发卡行传递给消费者的是什么样的信息。尽管目前国内信用卡的应用程度还没有达到日本如此普遍的状况,但如果能够适时地调整我们发卡行对信用卡的思维,进而影响普通消费者对信用卡的认识,新的信用卡市场空间也许就在眼前。

信用卡的营销战略中,在明确的商品策略基础上,实现与推广策略及运作策略的一体化设计也为日本的信用卡公司所重视。从 NTT DoCoMo 的 ID 产品的营销经验来看,NTT DoCoMo 从一开始就瞄准了明确的目标顾客,并将产品的推广渠道同运作主体相集成,提出了自己的应用支撑体系,在与 ID 产品特征相结合的过程中实现了 ID 产品的营销一体化设计。这种一体化的设计既是持续性收益获取的保障,又是对新产品风险性管理能力的磨炼,而风险管理能力的加强又会进一步扩大信用卡企业在营销战略选择中的余地。

更重要的是,在这种三位一体化的设计中,商品策略也好,推广策略、运作策略也好,在实施过程中都会持续关注目标顾客的特征,并与目标顾客的潜在需求相对应。如果能够确保这种一体化的业务模式,便有可能进一步拉大同其他公司在产品整体上的差别化程度,即使自己的产品被其他信用卡公司复制,三位一体的营销运作却还可以保持自身信用卡业务经营整体与他人的差别化。目前中国的信用卡发卡行大都面临着自己有新意的信用卡产品被其他发卡行快速复制的窘境,在这种情况下,日本的三位一体式营销战略的意义就更加凸显。

对于正在成长过程中的中国信用卡市场,特别是对于在银行零售业务中占有重要地位的信用卡业务而言,如何拨开层层迷雾进行有效的信用卡营销,并不仅仅凭借宣传自己的实力和提高自己的知名度就能够拓展信用卡业务,更重要的是培育出与中国信用卡市场特点相呼应的营销战略。尽管日本信用卡市场中,各信用卡企业公司的营销策略是建立在日本国内特有的经济背景及其市场背景框架下的,但紧跟需求、以目标市场为核心的基本战略却并没有改变。我们同样也期待着中国的信用卡企业能够摸索出一条适合中国信用卡市场特色的营销之路。

【案例讨论题】

日本信用卡营销过程管理的核心是什么?

第十二章 金融企业营销管理职能的实施

【学习重点】

1. 理解营销管理的组成和职能。
2. 熟悉金融营销管理的组织体系及其在金融企业营销中的地位,并了解客户经理制。
3. 了解金融营销控制的内容。

【导入案例】

客户经理制①

1. F行的营销管理

F行目前的考核制度和管理办法主要还是借鉴其他同类企业的经验,根据本行的需要进行了有限的修改后就直接推行了。推行过程中出现了很多的问题。例如,在考核周期的确定上,不同的领导对日常考核采用月考核还是季度考核、业务部门和职能部门是否采用同样的考核周期等方面产生了很大的争议;在考核主体上,关于实行主管领导考核还是360度考核的争论也非常激烈;对于市场营销人员(包括柜员和客户经理)除了业绩指标还要考核

---

① 李强:《我国某城市商业银行绩效管理》,新浪财经,2005年9月22日,http://finance.sina.com.cn。

哪些相关指标也有不同意见。实践表明,受历史、文化、人员等多种因素的制约,很多理想化的方式在 F 行很难行得通,比如 360 度考核最后就变成流于形式。

2. 劳模客户经理

年近不惑之年的张行长,在银行工作了 20 年,曾获得过"全国劳动模范"称号,她因此一步步走向领导岗位,成为一家分行的副行长。

银行改制后,逐渐向市场化、商业化迈进,很多人认为,单靠苦干加实干的老黄牛精神已不足以适应现在的形势了,营销已成为银行发展的一个非常重要的环节。在这种情况下,人们对她这个劳模的分量也看轻了,认为劳模似乎已经是一个过去式,在市场经济中如何更好地发展业务才是领导和员工最关注的。

但是对于张行长来说,她之所以成为劳模,不仅仅是行动上的,还有思维上的,她一向以自己活跃的思维为自豪,所以当旧的奶酪失去后,她没有一丝的恐慌。除了抓紧时间补上营销这一课外,她在具体操作中更是努力开拓思路。

经过调查和观察,她发现,市场经济越发达,人们对诚信的需求越大。于是她想自己何不在"劳模"这个头衔上做做文章呢。于是她在自己的名片上,用加粗黑体字写上了"全国劳模"的字样,每当名片递出去后,都会引来第二次目光,她要的就是这个效果,就是要让客户在很短的时间里很快将自己记住。

开始的时候,有些领导和员工不理解,认为她是搞个人主义,但时间不长,劳模效应就开始显现了,她拜访的客户,成功率达到 80% 以上。还有一些客户指定要到"劳模"所在的行开户。客户说:有劳模的银行让人放心,跟劳模打交道心里觉得踏实。

一段时间后,大家没有异议了,不仅如此,只要跟张行长一起出去,大家都积极地"推销"这位劳模:"这是我们张行长,全国劳模呢。"员工们说:"跟着张行长出去,我们也多了几分自豪,好像自己也成了劳模,底气特足。"

第一节　金融企业营销计划

一、营销计划的含义

公司计划可以这样来定义:在一段特定时期内,一个公司为了实现某个确定的目标,对其全部资源所作的计划。因此,公司计划已被发展成为迎合管理需要的一项内容,这种管理需要,即在金融服务公司的全部运作活动中采取客观、全面的态度,确保成功的目标得以实现。同样,还包括在行动之前进行细致、谨慎的决定。公司计划是营销活动中最初、最重要的环节之一。

金融机构的最高层管理人应当期望从公司计划中获取对于营销活动的帮助,同样,就营销活动自身的职能来说,也需要有相当多的计划来回答如下的系列问题:金融机构想要哪种类型的顾客?公司的发展方向是什么?需要多少新雇员来服务于新的分支机构、新的服务项目以及新的顾客?最有利可图的产品、服务项目、分支机构、顾客、活动、市场等是什么?

营销计划的定义是:金融服务公司在一段特定的时间内,为了实现某个确定的目标,对其全部营销资源所作的计划。营销计划可分为两种类型:

(1) 长期营销计划,这是营销策略实施过程中一个构成部分;

(2) 运作方面的(或称战术型的)营销计划,它同分支机构、代理机构及区域性的活动相关联,范围较窄,具有短期导向的特征。

营销计划的主要阶段通常体现在五个主要领域:

(1) 计划与机构目标间的关系;

(2) 机构资源;

(3) 发展;

(4) 财务分析;

(5) 计划控制。

二、营销计划的编制

(一) 编制营销计划的准备

在编制营销计划之前,公司应当了解在当时的情形下,它试图实现和确立的目标是什么。之后,便是逐步发展其战略战术。最后,任何一项计划都需要付诸执行,并对其不断进行更新,及时掌握执行的情况。一项营销计划的开篇一般都是关于金融公司在当时情形下的状况分析。这种分析可以分为四个有效部分:背景、正常状况下的预期、机遇与风险、优势与劣势。

1. 背景分析

在背景这一部分应该包括公司在过去五年,即管理者所选择的时期中的利润数据,紧随这些数据的应当是关于市场情况,尤其是关于市场趋势、投资者与贷款人行为的真实叙述。对于竞争者的情况如市场份额、策略以及优势和劣势等也应当加以说明和分析。另外,还应当列举出能够对最近的经营成效作出说明的一些因素。

2. 正常情况下的预期

在背景分析之后,应当是在正常情况下,即假设营销环境和策略不发生大的变化的情况下,对于市场规模的预期。上述两方面结合起来,就是金融服务公司预期的经营目标。

3. 机遇与风险及优势与劣势分析

可以通过对机构相关的内在优势和劣势(比如服务与效率、外部的机遇与风险、竞争对手的活动与经济状况等)进行分析评价以确定营销目标。规范的营销计划还需要提供有关社会活动的研究和信息报告的真实数量。这些信息最初将有助于计划的编制,同时还可以提供一种指导与控制经营活动的方法,以便可以对照既定的目标检查当时的成效并能够在需要的时候及时进行矫正。根据不同的顾客类型和不同的市场区域对新的和现有产品的使用所进行的调查研究,对于确定当前和未来的营销资源规模具有实质性的作用。不同的金融机构,经营目标也不一样,但通常趋向于以下几个方面:利润、成长性、市场份额以及服务的多样化。

每一项计划在执行期间都应该受到控制和监督,有悖于目标的发展情形应当被记录下来。如果目标在规定的期限内不能完成,营销管理人员就应该密切关注所选择的营销策略和营销计划,以及可能已经发生变化的周边环境因素。如果有特殊情况发生,比如价格战,金融服务机构就可能会被迫采取一种应急计划,目的是对长期计划执行过程中可能出现的困难进行考虑并做好应对准备。在当前的经济状况下,规范的金融服务计划尤为重要,它可以使金融顾问们更现实地考虑资源的使用。另外,在制定贯穿金融服务机构的决策方面,一项有效的计划是一个非常重要的工具。

(二) 营销计划的编制

公司计划努力使两种机构发展路线结合起来——"自下而上"和"自上而下"。如果其发展路线全是自下而上,那么,制定出明确的策略就会非常困难。相反,如果全是"自上而下",策略的制定就会失去现实意义,也缺乏公司雇员对计划所应承担的义务。在制订计划之前,必须确定一个时间段,这是公司寻求确定其资源转化效率最佳特性的一个时期。对于银行和房屋互助协会而言,长期(战略)计划的此时间段通常为五年,短期计划通常为一年。计划的编制(自下而上)可以先由不同的部门分别制订,然后提交给计划编制部,从而使单个的计划综合成为一份公司计划。但是,现在的金融行业实际的发展路线多为自上而下,也就是说,在这个时间段,公司计划围绕着将集中产生商业利益的主要地区展开,这一点由董事会决定并传达给计划编制部。

营销是管理核心的一部分,因此,只有源自于公司业务或公司计划所编制的营销计划才是真正有效率的。编制计划通常从地位审查开始。地位审查,以保险公司为例,是指对保险公司的实力优势和薄弱环节进行分析,并明确指出当前的市场形势。

金融企业的战略计划编制,开篇通常是一份对于金融目标的综述,其内容是展望未来确定的一段时间(通常是五年)内银行的前景,并在一定的目标条件下(如资产收益、股本收益、股本/资产比率等)确定企业的发展目标。

1. 金融企业营销计划的内容

(1) 对所要实现的目标进行陈述。

(2) 阐述不同目的要求下的资源分配。

(3) 与计划编制过程相关的实质性背景材料。

(4) 已经作出的全部假设。

(5) 全方位的企业营销计划:服务及新的服务项目的开发、宣传材料、新闻报道及公共关系、适当的定价、调查研究、广告、培训、分支机构的发展、地方性战略、特种审计或方案。

(6) 协定的开始和完成日期、执行标准、报告和评论发展情况的手段。

(7) 协定的费用预算和控制办法。

第十二章
金融企业营销管理职能的实施

2．影响金融企业营销计划编制的一些限制性因素

（1）成本结构。如果企业具有这样一种特性，即它的基本成本结构在很大程度上是固定的，那么，它可以根据较低的成本进行自我定价，从而成为更有效率的竞争者。现在，这是一个重要的考虑。例如，因为房屋和技术方面的较高的固定成本，那么在确定的价格下，托管部门就不能从其商业活动中赢利。然而，商业活动的多半部分都是处于这种情形下的。这就妨碍了有实际经验的人员进入到更能赢利的商业活动中，最后必然导致作出提高费用或是拒绝业务的决定。这是市场化金融服务中的一个主要的问题。实践中的观点是重视每一个到银行来的顾客，但是，策略上的观点则是只服务于有利可图的市场部分。

（2）法律。在金融企业吸引顾客的措施中，法律环境是一个非常重要的部分，法律的影响力能够阻止营销过程中的竞争。因为各银行的法律约束通常都很相近，所以，在它们的策略发展中就存在着类似的相对狭窄的自由空间。结果是，在本质一样的营销进程中，各企业间产生了激烈的竞争。

（3）社会或文化。这些因素对金融服务市场化的影响一般是通过顾客对贷款、消费、储蓄及利率水平的态度反映出来的。

（4）经济。国家的经济形势通常从各方面影响着金融服务市场化方面的决策。例如，经济萧条时期的银行贷款业务，不论是范围还是需求方面，都呈下降趋势；而在经济繁荣时期，情形则相反，对贷款的需求总是不断增长的。

3．金融企业的长期和短期营销计划

大多数金融服务机构都拥有下列实力和技术能力中的部分或全部：

（1）巨大的金融资源；

（2）相当高的偿债能力；

（3）广泛的信用和商业网络；

（4）能够提供深度市场渗透的广泛的分支机构网络；

（5）簿记及货币汇兑系统；

（6）国际联系，指提供下述服务的能力与技术：一般性的基本的个人金融建议、支票处理、对外交易处理，以及某些特殊的服务项目（托管、所得税报单等）。

只有在综合考虑这些因素之后，才能确定每一项服务的长期计划：

（1）确定其发展目标，才能确定市场份额和特殊的目标顾客群、产业、收入群体和区域。

(2) 准备好一份关于资源——人员、房屋、设备等的预测。

确定了长期目标之后,就能开始描画更为细致的短期目标了。短期计划主要针对以下内容:

(1) 确保机构决策在基层的履行;

(2) 确保管理者的工作是直接针对公司所需要开展的业务,而不是公司计划中所没有包含的业务;

(3) 综合所有分支机构管理者的经营业绩,得出一个经调和的最低的业绩指标并对其加以衡量;

(4) 确立机构全体人员对目标的理解。

正如上面所提到的那样,营销计划源自公司计划。它不仅应该是灵活的、能够定期被检查评价的,而且还要考虑到可以持续控制、能够较好地传达给员工及定期的评估等问题。它包括三个方面:

(1) 实际的调查研究工作。对于计划编制和整个营销过程来说,研究工作是最实质性的内容。每一次成功的营销活动、每一项好的营销决定都得益于研究工作。对于计划营销活动来说,从持续全面的研究工作中获取信息,是一条行之有效的途径。调查工作主要包括以下几个方面:顾客对于金融产品的运用、不同阶层的顾客对新的服务品种的需求,以及某种被提议的新的服务项目潜在的市场。市场计划的最实质部分是,对目前和未来的市场规模和市场份额进行估测。只有在这样的情形下,金融公司才能够合理地向各部门分配营销资源、计划营销进程、控制营销活动。

(2) 分析、利用来自于分支机构的关于政策、广告、促销、公共关系等方面的信息。分支机构的活动具有一定的自主性,即使在自上而下的计划编制活动中,也应该考虑分支机构在执行计划时的执行成本。

(3) 支持性资源的利用,如培训、发展分支机构等。计划的实施是整个企业的全部资源的运用,其中支持性资源对计划实施的作用是润滑剂的作用,要充分考虑其重要作用。

第二节　金融营销组织

随着金融市场全球化、竞争激化、管制政策不断放宽、计算机技术与信息技术的高速发展,市场营销已从一个简单的销售功能演变为一个复杂的功能群体——营销组织。作为一般组织,它具有两个方面的属性:

一是名词含义,是指由两个或两个以上的人员,遵循一定的规则,为实现共同的目标所组成的具有特定结构形态的集体。

二是动词含义,是指指挥、协调、控制有关人员、工作任务和有效、合理地配置有关资源。组织按其目标、行为特征表现为多样性,如政治、经济、文化、军事等组织。金融组织是经济组织的一种,其中,又分为多种功能性组织,营销组织即为其中之一。组织管理是金融营销成功的保证。

一、金融营销组织

1. 金融营销组织的定义

所谓金融营销组织,从现代营销管理的广义角度讲,就是指各类金融机构,如商业银行、保险公司、投资银行和其他金融服务公司等,要实行整体联动营销。具体是指处于市场第一线的金融企业的职能营销部门和由其构成的营销管理体系(图12-1)及其中的专职负责营销工作的部门结构和为实现企业营销目标所进行的协同工作方式与有效配置营销资源的管理活动。其关键是确定组织目标,以奠定企业的优先事项、战略、计划、分配任务、设计管理结构的基础。

2. 金融营销组织的类型

(1) 功能型营销组织,即根据营销的不同职能加以设置。一般由金融企业中负责营销的副总经理领导(市场营销部),其下有各种营销功能专家(经理)或职能型营销服务分支机构(综合型、柜台服务型、专业服务型、自动化服务型等)组成,如营销行政事务部经理、营销调研部经理、营销促进部(公关、广告等)经理、现场(如营业厅)服务部经理、客户/顾客服务部经理、产品管理部经理等。其优点是易于管理。其缺点是:由于营销涉及金融企业的各个方面,而各级营销经理中没有人对任何市场或产品担负完全的责任,导致某些

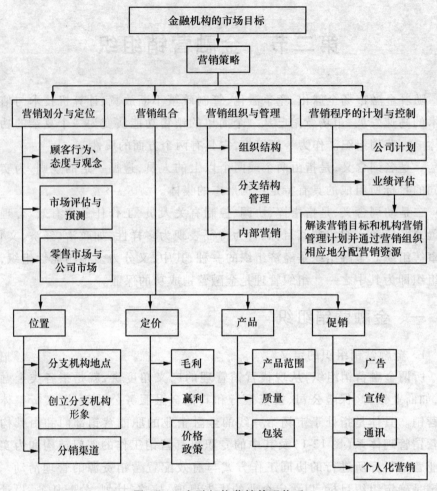

图 12-1　金融机构营销管理体系

特定市场或产品的计划工作不健全、不受专家偏爱的市场或产品被搁置;由于营销部下属各部门力图获得比别人更多的预算和更高的地位,导致营销总经理协调困难,最终导致效率、效益较低。

(2) 地区型营销组织,即按照地理区域设置的营销组织机构。总部营销部和分布在各地分支机构的营销机构主要按所在地区划分营销区域。总部营销副总经理辖管若干地区营销专家(地区经理)。由于行政区划的客观存在和长期影响,市场的区域化十分明显;信息技术和市场调研技术的发展也刺激了市场地区化的发展。因此,这种营销组织既按地理区域分设营销机构,又按照各个地区特点的不同采取不同的营销措施。如花旗银行作为全球性银行,充分考虑如何为其各地的主要客户服务。其方法是为每个客户指定一个母公司客户经理,并在纽约总部办公。每位母公司客户经理为世界各国设立一个地区客户经理网络,一旦特定的客户需要服务,立即调动他们提供服务。

(3)产品型营销组织,即按照产品或其品牌设置营销组织与产品经理(专家),专司该产品/品牌的开发与营销。

(4)客户型营销组织,即以市场为中心,根据顾客的类型分别设置营销组织(如公司业务部、私人业务部)和客户经理(市场经理)。客户经理开展工作所需要的功能性服务由其他功能性组织和功能性服务专业人员提供。这将是金融企业组织建设的主导方向。

3. 金融营销组织的体系与地位

金融营销组织是金融企业以市场为导向的全部营销活动的关键,是金融机构整体组织体系的核心部分。它的主要功能是正确处理金融企业的利益、顾客的利益和社会利益三者的关系,确保金融企业获得充足的收益和长期稳定的发展(如图12-2所示)。

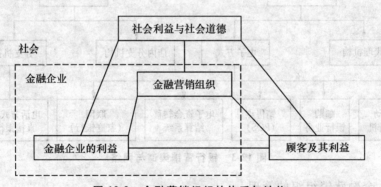

图12-2 金融营销组织的体系与地位

金融营销组织要明确地以顾客为核心、以营销为整体功能,建立四大支柱:

(1)目标市场——仔细定义、确定目标市场,准确地进行市场定位。

(2)顾客需要——明确顾客需要的类型、特征与未来变化趋势,努力保证顾客的高度满意,以吸引、留住顾客。

(3)整合营销——调动、协调金融企业的所有部门和各种营销职能都能够为顾客利益服务,为顾客创造价值。激励团队精神,同时进行外部营销和内部营销。

(4) 赢利能力——依靠比竞争者更好地满足顾客需要而赢得更高的利润。

金融营销服务组织一般分为两个部分:一是指金融机构整个组织都要参与营销活动;二是指以金融机构的市场营销部门为主体的职能性营销组织,具体则是其各分支机构及其组成的营销渠道网络。其职能包括:

(1) 提供金融产品和服务,同时向顾客进行宣传;

(2) 策划广告与公关;

(3) 收集信息。

其组织结构体系如图 12-3 所示,而合理的布局与流程设计是其关键之一。

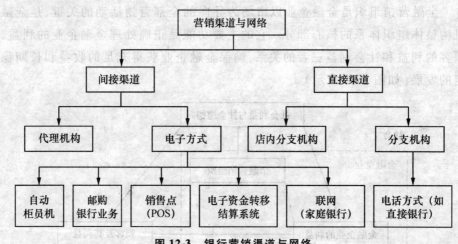

图 12-3　银行营销渠道与网络

4. 金融营销组织的管理

金融营销组织在营销中有如下重要性:直接从公众手中吸收存款和投资,为个人、家庭、企业的购买需求提供资金,维护金融机构的形象,把营销力集中于特定的目标市场。因此,金融营销组织管理的重点是以市场及其未来变化为导向,以满足顾客需要为中心,在几个方向上加强管理:

(1) 以提高整个金融营销组织的效率、效益为重点,全面塑造金融企业的整体形象,提高顾客的满意度、美誉度,加强企业的核心竞争力。重点要建立健全营销组织的组织体系、组织机制、组织结构及组织文化。其中,要选择适合的价值原则(如表 12-1 所示)。

表 12-1　可供选择的价值原则

价值原则		良好的经营状况	产品的领导地位	与客户的密切关系
表现内容	企业中心过程	保证营销系统反应敏锐,提供良好的服务	努力发展创新思维,把新想法转化为新产品,并灵活营销	积极解决客户的问题,真诚地帮助顾客建立、发展自己的事业
	管理结构	建立有力的中心集权体系和有限的授权层次	建立松散、有机的组织联系,活动方式不断变化	以顾客为中心,积极授权,与顾客保持密切联系
	管理系统	保持标准的运营程序	奖励个人创新能力和新产品成功	核算提供服务和保持顾客忠诚的成本
	企业文化	提倡中庸之道,相信一个品牌或产品适应所有人	提倡打破条条框框、积极思考与实验	提倡灵活,注重按自己的方式行动

(2)以最快的速度充分应用最先进的技术装备营销组织,尤其是要积极地利用计算机技术、信息技术、网络技术等,精心设计、精心构建金融机构的管理信息系统,使整个金融企业组织可以无限扁平化:每个分支机构可以直接与客户进行交易,为顾客提供直接服务;每个分支机构的主管可以独立进行营销决策;总部可以按照决策原则、例行程序进行协调、管理,指导各个分支机构的营销活动;加强电子营销,重点发展网上银行,开展联网服务或家庭银行,使顾客可以在家中通过电话与银行计算机对话,输入有关金融服务指令,实现金融服务需要。

(3)组织结构由金字塔型转化为第一线——后台型。金融企业依赖满意的一线员工展示企业的良好形象,为顾客提供满意的服务,创造竞争优势。一线员工由最底层成为企业中地位最重要的人员,所有管理人员真正地承认一线员工是自己的"上级",甘做幕后(后台),认真为其提供满意的(支持、保证、咨询、指导等)服务。

(4)合理安排营销组织的布局。重点选择黄金区域(资金、产业、商品、人流等密集区)布点。据有关研究,以设立于大中城市的具有全方位服务功能的中心分支机构为中心依托,在其周围按商业经营原则设立若干卫星式的更小的分支机构,为顾客提供有限的、专业化的、个性化的或自动化的金融服务,在卫星机构或远离分支机构的地点安装自动柜员机等设备,形成"轴心轴辐"营销服务体系。

（5）为有效地管理基层营销组织,分支机构经理面对市场的未来发展要做好两个方面的工作：一是加强人力资源管理的机构活动（员工激励机制、培训等）；制定增进与顾客关系的管理政策,提高服务质量；拓展业务。二是提高各级经理的营销能力与决策能力（权威性）；提高营销组织在当地的市场份额、机构赢利能力和当地社区的知名度；加强营销组织的日常管理与控制；改善营销组织的营销氛围与环境；优化金融机构的布局；制订长期发展计划；进行营销研究和竞争对手分析。

（6）管理营销组织,要明确管理目标；维护和提高员工的积极性和创造性；促进整个营销网络的协调；为基层员工发展提供培训机会；为顾客提供更加便利的服务,创造更多的顾客满意；节约成本等。同时,要把握对于营销组织的评价指标：公司高层规定书面工作标准、内外交流沟通情况、形象、顾客服务、社会关系、员工工作效率、整体赢利能力等。使营销组织管理细化为以下过程：决定为实现特定的目标必须进行的任务与活动；把这些任务活动分解给每个员工完成；建立协调机制与方法,确保各个方面互助互利、高效运作。其中,基层营销组织最重要的赢利能力往往取决于下列因素：存款水平与市场细分区域潜力,市场份额,持有账户的性质与类型,收益与费用比率,存款与贷款的增长率,经营所需的资金投入,与顾客的沟通能力,员工激励机制,分支机构形象,经理的个人形象与素质等。

（7）注重绩效评价。正确评价工作绩效是金融机构经营成功的必要因素之一。评价金融服务业绩一般都运用各种比较型、混合型指标,如收益率、资金实力、市场份额、管理费用控制、资产增长、单位营销成本、资本收益与资产收益等。保险公司则特别重视营销业绩和利润率两个指标。评价银行的管理业绩则常用投入（管理性活动）、产出（实现结果）、个人品质（管理者）等指标。一般的绩效评价技术与方法如表 12-2 所示。

管理业绩评价的目标主要包括：评价营销经理与业务员,以决定其提拔或解雇、加薪、培训等；合理配置市场资源和金融技术人员；了解控制系统中可能的变化；进行计划编制和策略评估。

表 12-2 金融服务机构的营销业绩评价

业绩评价的主要内容	评价				
	概念性	实践性	主观性/客观性	技术	典型的定量分析方法
赢利能力	容易	较费力,却是常规方法	客观,但涉及一些判断	常规数据收集与分析	由主要服务或提供服务的部分创造的净利润;每种客户细分区的赢利率;费用比率
市场地位	非常容易	费力,在广告、市场调查方面是常规方法	客观	业务数据、市场调查	完全的存款和销售分析;趋势;竞争对手的数量和规模
产品/服务	不容易	不容易	大体的判断	内部的专门小组	与竞争对手所提供的服务进行等级排序;服务范围内的价值排序;顾客对服务态度的满意度
营销/员工业绩	容易	相当容易	客观数据与主观判断的结合	人力资源会计、技术员工名录	全体员工中合格员工的比例;可获得提拔的员工比例;具备升级资格的员工比例

二、客户经理制

客户经理制是金融企业开展营销活动的一种重要制度,是金融营销组织的重要组成部分。客户经理制在国外商业银行已有近二十年的历史。实行客户经理制有利于提高金融机构的市场营销能力,促进金融产品与服务的创新与优化,可以更好地发挥金融机构的整体功能,更有效地防范和化解金融风险。

1. 客户经理制

(1) 客户经理制的组织模式。包括:客户经理制度体系、组织管理部门设置、客户经理设置、组织管理方式、客户经理部其他部门之间的关系等。客户经理制组织模式有多种类型可供选择(如表 12-3 所示)。

(2) 客户经理制的构架体系。包括:最高决策层推动、客户经理部(营销机构)为前台(操作)、各职能专家部门和服务中心为后台(支持),金融机构全部运作以顾客为中心、客户经理直接为顾客提供满意服务、以建立日益扩大的忠诚顾客为目标等(如图 12-4 所示)。

表 12-3　客户经理制组织模式类型

构成要素	客户经理部型	事业部型	区域部型	混合型	市场型
组织方式	客户经理部进行统一管理	专业部门管理	区域或基层机构统一	专业与区域条块结合管理	按市场划分对象,由前台对外业务部管理
工作权限	一体化	专业为主其他为辅	一体化	专业为主	一体化
职权范围划分	自行管理特定客户对外的所有业务	对联系客户所有业务有处理权,专业为主,边界不清	区域内自行管理客户所有业务,上级专业部门协助	专业自行处理业务,无权承办其他部门业务	承担联系客户的对外业务,分工明确
业绩考核	按联系客户全口径考核	全面考核,专业工作为主	按联系客户全口径考核	只考核专业工作	按联系客户全口径考核
业务处理方式	直接处理	直接处理与协助客户处理相结合	直接处理与落实	直接处理,协助其他专业处理	直接处理

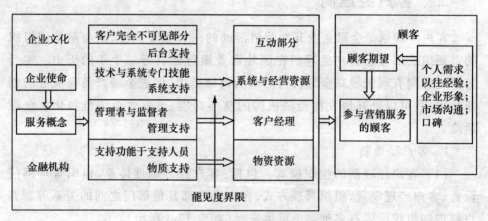

图 12-4　客户经理营销服务系统

2. 客户经理

客户经理是金融机构中可以集中企业内部各种资源,既代表金融企业又代表客户,主动向目标客户营销其所需要和适用的优质金融产品与服务,并赢得顾客满意和信任的专职市场营销人员。

客户经理要具有良好的综合素质,包括:政治素质、业务素质、生理素质及心理素质;同时,要具备优良的吸引顾客的整体形象和很强的沟通能力与艺术；要精通金融业务和营销管理理论与实务，熟知金融企业的营销战略、策略与技巧。

客户经理也称为关系经理。他要具备对客户具有巨大的吸引力和善于与其有效配合的能力。要明确客户经理的职责、汇报关系和评价标准，使其成为客户信息的集中点和处理器。

选择、任命一位专管客户经理的总经理。他负责制定客户经理的任务目标、工作内容、评价标准和资源保证。各客户经理都制订自己的长期的和年度的客户/关系管理计划，其中涉及的战略、目标、资源、具体活动都要明确。

总之，关系营销管理要处理好金融企业、客户经理与客户三者之间的关系，切实注意顾客/客户是中心。同时也要明白，并非所有的大客户都是优质客户。客户经理要能够理解顾客在其整个消费体验周期（获得体验、应用体验、维持体验等）过程中的购买认知价值，使其得到一个非常愉快的经历。

要加强对客户经理的管理，建立健全客户经理管理的体制、机制和制度，包括：选聘和任用、教育与培训、考核与奖励、权利义务与福利待遇、人才流动等，以及激励机制、竞争机制、约束机制等。

实行客户经理制，既要结合我国金融企业管理的实际，又要与国际接轨；既要适应现实需要，又要顺应时代变化；既要大胆推行，又要精心试点。

 案例

香港银行客户经理制运作特点[①]

香港商业银行客户经理制起源于20世纪80年代初的外资金融机构。它们一开始是将资产负债管理的内容与客户密切联系起来，并根据客户的需要，提供个性化服务，把金融产品的营销与商业银行的收益结合起来，达到金融产品营销的最佳配置与组合。随后发展为以客户为中心、以市场营销为主要内容的制度建设、管理方法、金融产品创新。经过近二十年的不断完善，目前客户经理制已成为香港商业银行普遍采用的一种管理制度。这个制度一般具有以下几个特点：

---

① 潘良平、龚兵：《香港客户经理制的借鉴与思考》，和讯网，http://bank.money.hexun.com/1537914.shtml。

（一）客户经理制的制度条件比较成熟

香港商业银行客户经理制度之所以运行得比较成功，主要得益于三个必备条件比较成熟：体制配合、赏罚制度和持续培训。

1．体制配合

体制创新是客户经理制度运行的前提条件。香港商业银行主要从三个方面入手为推行客户经理制提供体制配合：

一是在银行文化（企业文化或公司文化）方面实现了从业务导向向客户导向的转变。这种以客户为导向的银行文化具有如下鲜明特征：

（1）建立固定的客户联系界面，通过以客户经理为中心的客户服务小组（专业化业务支持系统）向客户提供一揽子服务方案；

（2）各部门相互协调，以综合效益和市场竞争力为目标进行产品定价；

（3）战略决策和资源配置集中，核心是发掘有发展前途的市场和客户关系的整体价值；

（4）以重点及目标客户为基础进行决策，旨在建立长期的战略层次上的合作关系；

（5）由于更关心客户需求，因此十分重视产品技术创新，并且目的性更强；

（6）以客户需求的综合满意度为目标，容易形成较强的团队精神。

这种以客户为导向的银行文化带来的成效也是非常明显的：决策更为明智，较易获得宝贵的客户忠诚和牢固的客户基础（市场份额）；规模效益更为明显，较易实现银行和客户双赢的良性发展模式；业务经营更为安全，较易实现多角度、全过程的风险控制；部门关系更为协调，较易提高整体竞争能力；产品创新更有特色，较易树立品牌形象。

二是在银行业务发展体系上实现了从各部门相互扯皮向相互协调、整体联动的转变。这种现代商业银行业务发展体系，通过以客户需求为核心，以市场分析定位为前提，以金融创新为动力，以信息的集成、计划、反馈和控制为基础，以内部组织协调和整体联动为保障，来实现市场占有率和效益最大化。在这个业务发展体系中，全行以客户为中心，各个部门以客户部门为中心，为客户部门提供各种后台支援。为保障这个业务发展体系的健康运作，香港商业银行还普遍实行了服务承诺制，即客户部门为客户提供承诺服务，各部门为客户部门提供承诺服务。凡因主观原因造成有关部门对客户部门服务不到位,最终影响本银行对客户服务不到位的,银行行长(总经理)将追究有关部门负责人及有关人员的责任(降职、降薪直至解雇)。

三是在银行内部业务流程上实现了从各分支营业网点分散运作向总、分行中心化管理的转变。随着同业竞争的日趋激烈,银行网点分布越来越广,银行专业水平的提高受到了影响,但伴随着科技手段的改进,香港银行小而全、分布广泛的分支网络开始转向操作流程的中心化,押汇中心、放款中心、信用卡中心、汇款中心、信息档案中心、客户服务中心等相继成立,业务中心化已成为一股潮流。通过中心化的实施,银行实现了"四集中一优化",即专业人员集中、技术设备集中、业务操作集中和业务管理集中、劳动组合优化,减轻了营业网点的业务操作负担,使它们能腾出人力来充实客户经理队伍,加强市场营销和对客户的服务工作,同时,也使营业网点的业务主管有更多的精力用于业务拓展。

2. 赏罚制度

严格的赏罚制度是客户经理制得以充满生机与活力最重要的激励机制。以业绩论英雄,凭贡献拿薪酬,按表现定去留,这在香港商业银行已成为一种制度。赏罚制度对激励客户经理的工作积极性有着十分重要及直接的影响。

(1) 赏罚的原则:与考核结果紧密结合,赏罚分明,区别明显(客户经理每年的年度薪酬奖金比柜台人员平均要高20%—80%,但这是与业绩挂钩的),即时(按时兑现)。

(2) 奖励办法:包括物质性奖励和非物质性奖励两种。物质性奖励办法有加薪、年终花红、特别奖金、股票或认股权证、旅游套餐及其他奖品。非物质性奖励办法有升级(职)、公开表扬、奖状、表扬信、出国培训等。

(3) 惩罚形式:包括实质性惩罚和非实质性惩罚两种。实质性惩罚的形式有减少或停发奖金、减薪、调职、降级(职)、解雇等。非实质性惩罚的形式有加强监督、私下督促(口头)、公开督促(口头)、警告信、公开批评等。

3. 持续培训

客户经理是商业银行高素质人才的群体,是现代商业银行经营与管理的人力资源主体,其素质高低对商业银行开发客户、开拓市场有着直接的影响。因此,香港商业银行均高度重视对客户经理的持续培训(也叫终身培训),以应对越来越激烈的市场竞争。培训方式主要有:银行内部举办专业培训班;由资深的客户经理带领,实行在职岗位培训;邀请金融专家到本银行讲座;参与其他金融机构举办的培训和讲座,组织到国外金融业考察学习;到其他业务部门接受短期培训;新产品推介培训等。培训内容包括与银行有关的法律、财务分析、国际贸易融资、营销技巧,其他如生存训练、EQ 训练、战争游戏等。

(二) 客户经理的组织架构比较合理

香港商业银行客户经理的组织架构一般分为三层:第一层是客户经理的组织模式;第二层是客户部门与其他部门之间的关系;第三层是客户经理的职级架构。

1. 组织模式

各个银行有所不同,大体分为以下几类:

(1) 以区域分类,在总行或分行架构内,设立若干个客户经理中心,实行中心化管理。有些分支行由于业务量较小,市场空间也较窄,因而配备的客户经理数量也较少,既浪费了资源,也不利于管理。建立客户经理中心后,市场空间扩大,资源配置得到优化,管理更加严格。

(2) 以客户行业分类,如制造业、贸易、服务性行业等。一个或若干个客户经理专门负责一个行业的市场开发工作,对行业市场趋势能及时准确地把握,有利于对客户的监管,有利于对同类客户的连锁开发。

(3) 以生意额分类,将存款余额达到 3 亿元(港币)以上的大型客户作为重点客户,由总、分行资深客户经理负责开发和服务,将中小型客户交由支行开发和服务。这种分类便于对客户实行分层管理,有利于整合银行资源,把有限的资源配置到最有利的目标客户上。

(4) 以产品分类,总、分行直接领导销售队伍,按贸易融资、公司信贷、租赁、楼宇按揭、信用卡、消费贷款、个人银行服务、商人银行等产品种类分成若干个销售队伍,以销售产品为主要职责,至于其他后台业务操作则由有关业务部门负责办理。

(5) 综合式组织,如按客户行业结合银行服务产品分类,按区域分类再加其他种类搭配等。

2. 部门关系

客户部门(或叫业务拓展部门)与其他部门的关系主要有三种:第一种是线性关系。客户部门是前台,其他部门为其提供服务和各种支援,有些部门还与客户部门共同拓展业务。在部门关系中,客户部门发挥着协调者的作用。香港商业银行总行大都是这种线性关系。第二种是直属关系。客户经理兼做分支行行长(分支行行长本身的职责就是负责市场开发),客户经理直属于分支行行长领导,在分支行这个层面上,大都是这种直属关系。第三种是制衡关系。实行审贷部门分离,防范经营风险。香港商业银行总、分行大都实行审贷部门分离,客户部门负责信贷客户的开发、授信报告的提出,信贷管理部门负责审查,再交信贷委员会审批,最后交客户部门发放管理。

3. 职级架构

香港商业银行客户经理的职级架构一般分为四级制和六级制两种。四级制是:客户经理主管、高级客户经理、客户经理、助理客户经理。六级制是:客户经理主管、高级客户经理、客户经理、助理客户经理、客户主任、助理客户主任。客户主任、助理客户主任一般没有自己直接服务的客户,而其他职级的客户经理,必须拥有自己直接开发服务的客户。

(三) 客户经理的职能定位比较明确

香港商业银行客户经理的工作类别主要分为四类:一是公司银行,也叫企业银行、工商银行,包括公司存款、工商贷款、贸易融资、外汇四大核心业务;二是零售银行,包括消费信贷、存款业务、楼宇按揭、信用卡、保险、基金代理、保管箱等;三是商人银行,包括银团贷款、项目贷款、财务顾问、收购合并、外汇投资风险顾问;四是私人银行,包括离岸投资、资产管理、信托服务、个人理财等。

客户经理的主要职能是:

(1) 开拓银行业务(主动进攻型)。这是客户经理的基本职责。具体包括:大力挖掘优质新客户;全方位地开发新业务;不断创造客户需求,提出产品创新思路。

(2) 加强现有客户关系。对现有客户的维护服务是客户经理的一项重要职责。具体包括:大力促销业务,提倡连带促销、交叉式销售,为客户提供一揽子服务;认真解决客户的疑难问题,处理客户投诉;千方百计提高服务质量,为客户提供高品质服务;大力开展各种收费服务,努力提高非利息收入比例。

(3) 受理客户授信申请。对客户提出的授信申请,客户经理要在认真进行调查分析的基础上,提出客观真实、资料齐全、分析准确、观点明确的授信调查报告,送同级信贷管理部门审查。

(4) 参与审批工作。客户经理主管大都是贷款审查委员会委员,直接参与审批工作。

(5) 搞好贷后监控工作。加强对信贷客户的日常监测、风险管理工作,及早察觉坏账信号并立即采取行动进行补救。

(6) 收集反馈信息。及时准确地收集客户经营情况及客户意见、行业动态、同业竞争对手情报等各类信息情报资料,上报给有关部门,以采取应对措施,把握商机,促进业务发展。

(四) 客户经理的服务手段比较先进

客户经理处在市场竞争的最前线,必须充分运用现代化的服务手段来掌握资讯、利用资讯,这样才能在市场竞争中抢占先机。为此,香港商业银行大都为客户经理配备了最先进的服务手段。

(1) 配备了现代化的通信工具。客户经理每人一部电脑,并可上互联网,以及时掌握最新资讯;客户经理的手机大都24小时开机,以保持与客户的联系。

(2) 建立了现代化的客户资料中心。开发专用软件,以客户为单位建立全面、动态的档案资料,可供客户经理随时查阅。

(3) 建立了现代化的业务运作流程。对客户的资信评级、客户授信的审批、金融业务的操作大都通过网络报批和办理。

(五) 客户经理的营销技巧比较高超

香港商业银行的客户经理在长期激烈的市场竞争中积累了许多丰富的营销经验。

在开发客户方面,创造了推介方式(现有客户、亲朋好友、企业和特定的行业部门如律师行、房地产商等)、媒体寻找(报纸、杂志、广告、上市公司名录、专业人士名录、行业性公司名录)、交流活动(展览会、讲座、社团社区组织活动)、现有客户(拜访不活跃客户、发掘潜质客户)等多种选择和开发目标客户的技巧。

在市场营销方面,创造了品牌营销(优势营销)、差别营销、岗位营销(在岗销售、柜台宣传品)、专柜推广(在营业网点设理财专柜营销、在公众场所设宣传专柜营销)、网络营销、交叉营销、产品生命周期营销等多种营销策略。

在公关宣传方面,注重宣传策划的统一性(由总行统一策划组织)、宣传内容的针对性、宣传媒体的适用性、宣传形式的多样性、宣传效果的长远性。

（六）对客户经理的管理比较科学

香港商业银行对客户经理管理已形成了一套比较科学的管理制度。

（1）任职资格。对客户经理的任职资格即基本素质要求较高,包括道德素质(专业操守、廉洁奉公、作风正派、注意保密)、性格素质(勤奋活跃、积极进取、善于交际、踏实冷静、灵活变通、团队精神)、学历素质(大学商学院本科会计、财经专业或工商管理硕士资格、语言能力(中文、英文、地方方言等))、业务素质(产品知识、法律知识、推销技巧、仪表举止)。

（2）选拔聘用。客户经理的选拔途径包括内部招聘、向外招聘和从大学招聘。在大学招聘客户经理和招聘一般银行员工的标准和方法是有区别的。除了一般的考试、考核外,对应聘客户经理的大学生还要进行性格分析测验和才能测验,并要进行两次以上的面试才能被录聘。从选聘开始,就把客户经理作为高素质人才来对待。

（3）专业培训。通过多种方式对客户经理进行持续培训,使这支队伍始终处于高素质状态。

（4）业绩考核。对客户经理的业绩考核坚持具有弹性、可以量度、双方同意、可以实现、具有时限性、具有连续性、具有控制性、具有及时性等原则。业务考核内容主要包括收益指标(基本指标)、各项业务指标(存款增长、新增贷款、贸易融资增长、信用卡业务增长等)、客户关系发展指标(联系客户次数、新增客户数量)及其他指标(如坏账率、被客户投诉次数及严重性等)。对业绩考核实行百分制,其中收益指标权重占60%—70%。对客户经理的考核分时段进行,即按月、按季、按年度考核结账。

（5）赏罚制度。赏罚分明,严格兑现。

（6）日常监管。客户经理常犯的错误有两种：第一类错误是,贷款成为坏账,包括故意性和非故意性。第二类错误是,否决良好的贷款申请,丧失市场机会。为加强对客户经理的管理,香港商业银行主要采取了以下监管措施：客户经理不兼做内部交易操作；双线联系客户(分主管和副管两个客户经理一同拜访客户),主管突击、随机要求与客户经理一起拜访客户；拜访客户要撰写访客报告,外出前须交代拜访的客户和时间；制订每周工作计划并定期检查评估；每周(月)召开工作例会；每月、每季进行业绩考核；客户互调、岗位互换、强制性休假等。

第三节　金融机构营销控制

一、营销控制

（一）营销控制的程序和方法

要取得更好的营销业绩，仅靠营销计划本身是不够的，尽管计划本身很详细，但还需要必要的协调，这包括对全部的活动及对活动负有责任的人的控制。如果在一开始确立目标时做到充分、详细，那么控制任务的完成就会变得简单了，因为明确的目标能够作为执行控制工作的尺度。

1. 营销控制的程序

（1）以工作标准的形式预测决定可能产生的成效；

（2）收集实际工作中的信息；

（3）将实际工作同预测的结果进行比较；

（4）当一项决定显示有缺陷的时候，对产生这项决定的程序进行改正，并纠正可能的结果。

银行营销中的一个重要因素是营销控制，可以借此提供系统的反馈。在动态的市场环境中，银行的战略目标和战术运用应当置于持续的控制之下，以期确保银行在市场中的主动地位。

2. 营销控制的方法

银行的营销工作可以通过利润、市场份额和业务量来控制。对于这三种可供选择的形式，银行应当检查比较以下三个方面的业务：

（1）它的分支机构；

（2）所提供的不同的金融服务；

（3）顾客类型。例如，零售和社团法人、局部市场中的不同类型等。

随着自动化程度的提高，多数控制率可以非常容易地获得。它们能够使营销部门迅速发现潜在的、好的和差的产品；有利润的、无利润的市场和顾客群；有效率的、低效率的分销渠道和分支机构，由此总结出适当的营销方法。管理信息系统在重要的贯彻执行过程中极为有用。

控制一个营销程序通常的原则包括确定营销程序所瞄准实现的目标的

必要性。瞄准,是目标确定的前提。如果没有成功实现这些目标,就需要调查有关的因素,然后才能采取矫正行动(确定失败的原因并纠正偏离程序的结果)。

控制过程中的一个重要的阶段,就是用衡量业务的形式预测决定的结果。换句话说,就是形成操作标准或目标。这在很大程度上有赖于市场调查,因为业务营销活动和决定必须建立在此基础之上。这些操作标准可以是成本标准、市场份额统计或是某些在推广新服务业务时可能特别重要的目标价值。

(二) 控制营销程序中管理信息系统的意义

控制营销计划中的一个关键问题,就是用于分析的相应数据缺乏实用性。金融机构,比如银行,比其他公司有条件获得更多的有关它们所进行的业务的数据。但是在过去,这些数据并没有被系统地组织起来,成为适用于营销意图的信息。适当的信息管理系统的效率的实现,引导金融机构向这个方向转移。

计算机在分支机构的应用,首先是减少了交易成本,其次能够使金融机构获取和存储那些有助于分析营销管理意图的信息。所需的典型信息包括的数据内容如:房屋互助协会中的客户和服务的分析,银行业中的分支机构的业务鉴定,保险业对销售力量的控制,等等。

过去,客户信息尽可能掌握在分支机构一级,但并不是一种便于进行分析或中央处理的形式。近年来,更多的注意力集中于建立完整的消费者信息档案方面,其内容包括:混合账户活动、个人资料、生活方式、产品使用以及客户的收益状况等。一套完整的消费者信息档案能够使银行和房屋互助协会对其市场部分进行排序,然后将精力集中在利润更高的部门或产品方面,以获取优先权和提高赢利水平。

的确,一些金融机构,如花旗银行公司,在研究客户信息档案的基础上,通过反复核对各种不同类型账户中有较高余额的客户,开发出了市场机会表,如货币市场存量、有息支票账户、存款证明和信用等级等。尽管收益率是衡量营销业绩最有用的标准,但金融服务管理者还是希望能够有一些其他的标准。一般来说有三种主要形式可以用来鉴定银行金融控制:营销审查、变化分析、比价分析。

在控制银行的营销工作中,银行的实力水平和实现营销计划的意愿,是一个非常重要的值得考虑的因素。营销审查通常采用的形式是一份独立的关于整个营销活动的调查报告,报告的着眼点在于对正在进行的活动进行评价,对未来将要做的工作提出建议,其内容应包括以下几项:

(1) 分配给营销工作的资源水平,以及如何在市场细分区、产品服务和营销组合的功能间分配这些资源。

(2) 在营销执行过程中采取的战略战术,应当考虑到作出特别选择的理由以及可能的替代品。

(3) 控制着日常营销运作的程序和系统。

(4) 营销部门内的机构设置、职权、汇报程序及管理理念,包括与银行其他部门间的有效联系。

营销审计评价营销工作的标准,是其实现银行营销目标的能力。因此,营销审计能够为决策的出台提供有价值的信息,以及在营销计划制订过程中扮演评论者的角色。

(三) 比率分析

比率分析法是以同一期财务报表上若干重要项目的相关比较求出比率,用以分析和评价企业的经营活动以及公司目前和历史状况的一种方法,是财务分析的基本工具。

比率分析在银行营销业务和其他活动中通常评价的是:效率等级、活动水平以及能力和资源被充分利用的程度。比率使一个变量同另一个变量相互关联,并提供了一种有用的分析方法,使营销管理人能够明辨并解释那些在其他方面不太显著的发展。

对于银行营销业务中可能出现问题的领域,比率能够提供有价值的预警。它们通常被应用于对类似的群体效力的比较上,如法人社团和零售顾客与不同产品的关系方面,或是被用来比较同一家银行在不同时期的业绩。但是,必须记住的是,在很多方面比率所提供的指数被证明是错误的,因为环境的变化影响着决定比较结论正确性的变量中的任何一个,而且,在选择确定何种比率来表示适当的标准方面通常也存在着问题。

在一些案例中,比率显然是很容易被误解的。例如,分支机构利润率的增加,只有同时考虑其他一些因素——譬如分支机构营销费用的减少时——

才能确定其意义。

变化分析预算控制中的控制要素是对于预算中变化的确定。如果预算和其标准充分详尽,那么,确定变化的大小和可能发生变化的领域则是管理活动的关键。

从本质上说,区别在于它们的范围。当二者都是出于控制的目的而关注确定成本界限时,预算成本对于标准成本的强加界定是因为对于预算年度来说营销部门是一个整体;相反,标准成本则附属于银行营销部门的不同业务或营销过程。必须强调的是,在银行营销控制工作中营销预算是一个重要因素。尽管银行的主要控制通常是金融控制,但在一些案例中,叙述性内容可能比数量信息更适当些。

(四) 金融机构的服务质量控制

除了传统的通过数字或数量的方法——例如销售量、利润或市场份额等——控制金融机构的营销程序外,近年来重点已转入对服务质量以及顾客满意度的衡量与控制方面。这种方法的理性基础在于,保有和获得顾客的先决条件是同较高的服务质量和一个确定的最低顾客满意值相关联的。一个被称做"跟踪系统"的控制系统,为监控服务质量和顾客满意度提供了媒介条件。

近年来,有少数公司已经基于这种目的采纳了这套跟踪系统,如美国捷运公司就采用了电子跟踪系统。这套系统帮助回答了大量的有关通过电话与美国快运公司进行业务交往的客户如何看待公司的问题。

查尔斯·施旺伯公司每个月通过调查活跃客户的方式监控客户的满意度。然后这份信息会被整理比较,以报告的形式发送给全体职员,其内容包括单个雇员的等级级别、分支机构的平均水平、分支机构中的雇员等级、分支机构在公司中的等级以及公司的平均水平。

显然,财务账目信息并非唯一的控制手段。但是,在银行控制(监管)活动中,这是一种应用最广泛的方法。预算可以被看做一种计划和控制,因为将实际成本与预算成本比较,就能解释其间的差异。虽然这种方法通常产生的是历史数据,但是现代电子数据处理技术已经能够及时地得到信息,对运作程序采取纠正措施。目前,预算控制可能是在实践中应用最广的技术之一。它可以被当做一种激励工具,也可以使"管理例外"的变化用于实践,也就是说,只是对确定的、有意义的变化进行深层次的调查。

二、业绩评价

零售金融市场中的竞争压力,使得衡量、评定金融服务机构业绩的需求日益突出。但是,我们应该怎样来评定金融服务业绩呢?实践中运用了大量的比较型、混合型指标,包括:收益率、资金实力、市场份额、管理费用的控制、资产增长、单位销售成本、资本收益和资产收益。可以根据上述每一项指标综合而来的信息,在零售银行中对其进行"排序"。

一家金融服务公司相关的"级别"可以反映出它的经营业绩。另外,将近年的评级同过去几年的评级相比较,可以判断公司的业绩是否得到提高和改善。在保险业,销售业绩和利润(亏损)率两项指标极为重要,因为这些服务被看做一种标志,可以衡量利用营销资源的效率、确定未来目标的能力和向股东支付巨额股息红利的可能性。

如果一家金融服务公司希望经营成功,业绩评价绝对是必要的。大多数金融公司已经采取了各种不同的正式或非正式的系统,用以评价其分支机构、管理人员或整个机构的业绩。测定的业绩,为银行在评价机构管理是否成功(短期)和商业政策(长期)方面提供了非常必要的信息。这种信息既能反映金融服务公司的实力,也能揭示其薄弱的一面,并且还能够指出公司需要改革、计划、培训或招聘的区域。

从广义上说,业绩评定的目标包括:

(1)对分支机构和金融服务组织的经理、业务员等进行评定,以作出提拔或解雇的决定,修改关于加薪的措施,并确定培训需要;

(2)金融技术人员和市场资源的分配;

(3)计划编制和策略评估;

(4)组织控制系统中可能的变化。

但是,评估服务的目的远不止于此,对于所有金融服务公司而言,利润才是最突出的目标。利润分两种类型:一是突然性的利润,这种利润源自环境方面的巨大变化(如银行数额巨大的外汇储备突然升值,政府有关经济、财政和金融政策的变化等);二是经营利润,这种利润是指通过恰当的管理、计划、控制和有效的实际操作而获取的利润。通常说来,在评价一家银行的管理业绩中有三个变量被运用到:

（1）投入——银行的管理性活动；

（2）产出——实现的结果；

（3）个人品质——被评价的银行管理者的个人品质。

当银行的管理者自主权较小，且遵从既定的程序工作时，投入就可以作为一个评定业绩的指标；当银行的管理者拥有较大的自主权，或是需要作出有关升职/降级的决定时，产出指标就比较重要了；个人的品质和特性通常比较主观，但在评定管理者怎样影响其他雇员的工作时，应当考虑到这一点。收益率是评定业绩时最通常用到的变量。但是，在实践中，计算分支机构的利润时会遇到一些会计方面的难题，包括：企业管理费用（提供给总部的办公服务费用）、物品的折旧、技术性资产（即运用何种折旧方法）以及"存量"的估值（尤指金融资源）。通常意义上的利润指税前净利润，但是，为了使数据更准确，在计算收益率时应该真实地取用剩余收益值（即利润减去所用资金成本）。

【思考题】

1. 金融营销组织的含义是什么？金融营销组织可以有哪些类型？
2. 金融营销组织管理的重点内容是什么？
3. 客户经理制的基本内容是什么？
4. 客户经理制组织模式的类型有哪些？
5. 结合文中案例，探讨香港银行客户经理制运作应借鉴哪些经验？对金融企业有什么帮助？

【本章小结】

金融营销组织管理体系的特点在于，在营销职能中直接营销具有更加重要的地位，客户经理制是目前应用比较广泛的一种组织控制方式，然而无论是哪一种模式，营销管理的目的都是在发掘企业的营销潜力，发现并赢得市场。

案例

花旗、汇丰法人治理结构的五大特征[①]

在目前"分业监管、分业经营"的监管体制下,中国金融机构应对加入WTO后的挑战,不仅仅是外资金融机构资本实力雄厚、人才竞争力强、管理机制灵活等问题,还涉及在监管体制上外资金融机构是混业经营,而中国金融机构是分业经营的不公平竞争问题。因此,作为国际著名的大银行,花旗集团和汇丰集团等国际金融控股集团,其管理框架和母子公司法人治理结构的有效管理体系和运行机制,对中国的同行极有借鉴意义。

花旗集团和汇丰集团在管理体系和母子公司法人治理结构上有许多共同特征:

一是"子先父后"逆序组建和银行占有核心地位。两集团都是"先有儿子、后有老子"的组建模式,银行历史悠久并在集团占有绝对地位。花旗银行成立于1812年,1902年开始在伦敦、上海、香港、横滨、新加坡等地开设分行,迄今已有近190年的历史,而集团成立才只有30多年。2000年度银行的利润和员工人数都占到近40%。汇丰银行于1865年分别在上海和香港同时成立,迄今已有136年的历史,而集团仅成立10年。汇丰银行作为世界级和亚洲第一大银行,世界各地的分支机构实行综合经营,商业银行业务是传统的强项业务,汇丰投资银行是汇丰集团的投资银行部门,保险业务所占的比例较小。

二是两个集团的母公司均为上市公司,决策层广收外界人士加入。花旗集团和汇丰集团都分别在纽约、伦敦和香港上市,汇丰集团还是香港特别行政区最大的上市公司,并绝对控股香港特别行政区本地最大的恒生银行。两集团在董事会决策层中广泛吸收了社会有经验的人士任非执行董事,董事会成员中集团内部的执行董事只占少数,花旗集团董事会成员中的3/4的人来自集团外部,汇丰集团董事会也有2/3的人来自集团外部。董事会还下设了起决策咨询、参谋功能的各类委员会,以此增加决策的透明度和科学性。其执行层分工明确,集团执行董事的副职都兼任子公司的董事长,便于贯彻执

[①] 徐有轲:《花旗、汇丰法人治理结构的五大特征》,载《金融信息参考》,2002年第7期。

行董事会的各项决议,提高运营效率。

三是分级管理清晰,子公司完全独立经营、独立核算。子公司完全是一级法人单位,独立开展各项业务,集团不干预其日常经营活动,只负责派往子公司的董事和提名的总经理等人事、财务、收益、重大投资和内审、风险监督等管理事项和政策业务指导工作。如花旗集团的审计部门和财务总监(CFO)对各子公司要进行定期检查,并提出改进意见,汇丰集团的CFO还要对各地分支机构的CFO进行定期考核和业务指导。

四是集团的主要职能是监督管理,不搞经营,但有投资功能。两集团都不从事子公司的经营业务,主要负责收购、兼并、转让和子公司的股权结构变动,协调内部资源共享形成合力及新领域投资等,但收购兼并后的公司和新投资的公司是独立经营、独立核算的。如花旗集团总部设有投资部和直接管理的基金公司,汇丰集团1965年收购恒生银行的多数股权、1980年收购美国海丰米特兰银行51%的股权、1986年收购詹金宝国际证券公司、1997年收购BancoRoberts等都是集团投资银行部统一策划完成的。

五是集团子公司的财务、审计、风险等管理部门的负责人,实行母公司与子公司双重领导、以子公司为主的管理体制。子公司是经营实体,管理部门的负责人履行本公司的岗位职责,但要接受集团的考核和监督。

上述两家国际性金融控股公司的治理结构,对于探索中国金融机构未来的高层模式起到积极的启发作用。

花旗集团国际有限公司是一家美国银行控股公司,1967年根据特拉华州法律组成。花旗集团为上市公司(分别在纽约、伦敦和香港上市),总部设在纽约。1998年后,花旗集团通过收购、兼并,开始形成全资控股下属三大子公司和三大业务:花旗银行有限公司(商业银行)、所罗门美邦控股国际有限公司(投资银行)、旅行者保险集团国际有限公司(保险)。三个全资子公司"分业经营",独立开展商业银行、投资银行和保险业务,不同业务之间的连接及衍生服务是通过客户中介实现的,即子公司之间要互通信息、共享客户资源(集团规定由商业银行把客户介绍给其他两个公司)。集团目前在全球6大洲103个国家和地区开展业务,员工人数达23万多人,2000年度集团总资产已达9000多亿美元,税后净利润达135亿美元,年度增长20%。

花旗集团董事会共有17名董事,其中13人来自集团外部,董事会通常每季度召开一次例会。各子公司由母公司指定的人员设立董事会。集团董事会下设政策委员会、风险管理委员会、授信委员会、保险业务委员会,委员会通常每月召开一次例会。集团除董事长外,其余3名执行董事分别兼任子公司的董事长。集团总部机构主要是财务、审计、人事及各委员会的办事机构,人员精简。

汇丰控股有限公司成立于1991年,总部设在伦敦,于伦敦、纽约和香港分别上市,在全球80多个国家和地区设有5家区域性银行。与花旗集团不同,汇丰集团下属全资子公司(银行)是按世界地区设立的,并实行"混业经营",独立综合经营商业银行、投资银行、保险、信托、投资基金管理等金融服务。全集团职员超过15万人,2000年度集团总资产达6700多亿美元,税前利润达103亿美元,年度增长28%。

汇丰集团董事会有21名董事,其中14人来自集团外部。董事会下设行政委员会、审核委员会、资产负债管理委员会等。行政委员会在董事会授权下,以一般管理委员会形式运作,定期召开会议。

审核委员会由3位非执行董事组成,定期与集团高层管理人员及外界审核人员举行会议,考虑和检讨集团财务报表、内部管理与控制制度的效用等。资产负债管理委员会负责检查、考核集团的经营业绩、资产负债质量及相应的风险控制力等。

集团执行董事会成员兼任下属公司的董事长,各子公司由集团指定董事组成董事会。集团总部主要设人事、财务、审计、法律等部门,人员精简。汇丰集团除了金融主业外,还经营物业和船运业。

【案例讨论题】

从花旗、汇丰法人治理结构的五大特征,如何看金融企业营销管理职能的实施?

参 考 文 献

[1] 郭国庆:《市场营销学通论》(第二版),北京:中国人民大学出版社 2001 年版。

[2] 陈赤:《证券营业部出色经营之道》,成都:西南财经大学出版社 2001 年版。

[3] 〔美〕菲利浦·科特勒:《营销管理》,梅汝和、梅清豪、张析译,上海:上海人民出版社 1997 年版。

[4] 〔美〕菲利浦·科特勒:《科特勒营销新论》,高登第译,北京:中信出版社 2002 年版。

[5] 〔美〕托马斯·T. 内格尔、里德·K. 霍尔登:《定价策略与技巧》,赵平译,北京:清华大学出版社 2001 年版。

[6] 万后芬:《金融营销学》(第二版),北京:中国金融出版社 2003 年版。

[7] 晁钢令:《市场营销学》,上海:上海财经大学出版社 2003 年版。

[8] 郭国庆、李先国:《中国人民大学工商管理/MBA 案例》(市场营销卷),北京:中国人民大学出版社 1997 年版。

[9] 〔美〕诺埃尔·凯普:《21 世纪的营销管理》,上海:上海人民出版社 2003 年版。

[10] 〔美〕小查尔斯·W. 兰姆等:《营销学精要》(第三版),王慧敏等译,北京:电子工业出版社 2003 年版。

[11] 〔美〕杰伊·柯里、亚当·柯里:《客户营销战略——如何实施客户关系管理并从中赢利》,程晓晖、项前译,上海:上海交通大学出版社 2003 年版。

[12] 卢泰宏:《行销中国—02 中国行销报告》,成都:四川人民出版社 2002 年版。

[13] 中国证监会证券从业人员资格考试委员会办公室:《证券市场基础知识》,上海:上海财经大学出版社 1999 年版。

[14] 中国证监会证券从业人员资格考试委员会办公室:《证券投资分析》,上海:上海财经大学出版社 1999 年版。

[15] 葛成:《网上证券交易》,北京:经济科学出版社 2001 年版。

[16] 甘华鸣:《MBA 必修核心课程——市场营销》,北京:中国国际广播出版社 2002

年版。

[17] 张晋生：《商业银行零售业务》，北京：中国经济出版社2000年版，第15—32页。

[18] 杨有振：《商业银行经营管理》，北京：中国金融出版社2003年版，第45—57页。

[19] 武捷思：《中国国有商业银行行为研究》，北京：中国金融出版社1997年版，第15—23页。

[20] 戴国强等：《商业银行经营创新》，上海：上海财经大学出版社1996年版，第84—120页。

[21] 孙双锐等：《商业银行营销管理》，兰州：兰州大学出版社1999年版，第45—81页。

[22] 赵克义等：《现代商业银行业务创新与经营》，北京：经济管理出版社1996年版，第31—52页。

[23] 高燕增：《商业银行中间业务运作》，北京：中国财政出版社1997年版，第14—52页。

[24] 刘永章等：《商业银行营销管理》，上海：上海财经大学出版社1998年版，第16—45页。

[25] 萧琛：《美国微观经济运行机制——成熟的市场与现代企业制度考察》，北京：北京大学出版社1990年版，第12—30页。

[26] 王俊豪：《英国政府管制体制改革研究》，上海：上海三联书店1998年版，第71—92页。

[27] 张大贵：《商业银行业务经营与管理》，北京：中国物价出版社1994年版，第45—83页。

[28] 马春峰：《商业银行信用卡业务运作》，北京：中国财政经济出版社1998年版，第15—16页。

[29] 童适平：《战后日本金融体制及其变革》，上海：上海财经大学出版社1998年版，第9—16页。

[30] 〔美〕罗伯特·J.多兰：《营销战略：哈佛商学院案例选编》，北京：中国人民大学出版社2002年版，第68—72页。

[31] 王媛：《银行保险风光背后的危机》，载《南京经济学院学报》，2003年第3期。

[32] 王颖：《美国银行保险销售策略引发的思考》，载《上海保险》，2000年第12期。

[33] 吴荣、李加明：《银行保险创新中国金融制度》，载《保险研究》，2001年第5期。

[34] 何光辉、杨咸月：《银行保险与我国分业体制下的银保合作》，载《上海经济研究》，2001年第7期。

[35] 温燕：《银行保险发展环境比较及我国发展模式选择》，载《金融与保险》，2001年第10期。

[36] 张良华：《法国银行保险简介》，载《保险研究》，2001年第6期。

[37] 黄金财：《法国、意大利银行保险制度比较研究》，载《中州学刊》，2002年第2期。

[38] 庄严:《浅谈我国财产银行保险业务的发展》,载《保险研究》,2002年第7期。

[39] 杨忠直:《资产估价的预期理论研究》,载《系统工程学报》,1995年第2期。

[40] 黄金财:《欧洲银行保险制度的现状及发展趋势》,载《保险研究》,2002年第7期。

[41] 施建祥:《发展我国银行保险业》,载《保险研究》,2002年第4期。

[42] 温燕:《探索国外银行保险的发展环境》,载《上海保险》,2002年第3期。

[43] 郑宇尘:《透视上海的银行保险》,载《上海金融》,2002年第3期。

[44] 崔龙:《银行保险火热的背后》,载《金融经济》,2002年第12期。

[45] 李向丽:《浅析我国银行保险现状问题及对策》,载《金融与经济》,2003年第3期。

[46] 潘华富:《商业银行金融产品定价与利率风险管理》,载《浙江金融》,2005年第8期。

[47] 张金林等:《商业银行产品定价理论综述》,载《中南财经政法大学学报》,2006年第3期。

[48] 董心奎、王小龙:《商业银行产品和服务定价方式选择》,载《金融理论与实践》,2004年第2期。

[49] 张援朝:《商业银行应加强产品定价管理》,载《中国金融》,2003年第14期。

[50] 何启林:《利率市场化条件下金融产品定价机制初探》,载《现代金融》,2004年第7期。

[51] 魏阳:《浅议金融营销的有效实现》,载《时代金融》,2006年第11期。

[52] 刘金华:《银行业的营销发展优势》,载《市场营销导刊》,2006年第1期。

[53] 谭俊华:《金融营销的新形势及商业银行的关系营销》,载《现代企业》,2006年第9期。

[54] 程桢:《论顾客价值理论对金融营销的创新》,载《经济问题》,2006年第5期。

[55] 陈永:《银行差别服务:动因、问题及建议》,载《南方金融》,2006年第5期。

[56] 蒋玉洁:《从银行业营销探寻我国金融业营销策略》,载《价值工程》,2006年第3期。

[57] Howard Davis, China Business: Contex & Issues, Longman Asia Limited, Hong Kong, 1995, pp.25—30.

[58] John A. Howard, Buyer Behavior in Marketing Strategy, Prentice-Hall, USA 1994, pp.150—163.

[59] A. A. Zoltners, Marketing Planning Models, North-Holland, 1980, pp.45—58.

[60] Robert D. Buzzell, Mathematical Models and Marketing Management, Harvard University 1964, p.248.

[61] Peter D. Bennett, Marketing and Economic Developrnent: AMA 1965, pp.124—146.

[62] Carl McDaniel Jr., Roger Gates, Marketirtg Research Essentials, South-Western College Pub., Cincinnati, Ohio, 2001, pp.45—62.

[63] Shelby D. Hunt, Foundations of Marketing Theory: toward a General Theory of Marketing,

Armonk, NY: M. E. Sharp, 2002, pp. 58—72.

[64] Richard J. Varey, Marketing Commuhication: an Introduction to Contemporary Issues, Routledge, London, 2002, pp. 153—158.

[65] Philip Kotler Gary Armstrong, Marketing: an Introduction, Prentice Hall, 2000.

[66] Alien, F. and Gale, D., Financial Innovation and Risk Sharing, MIT Press, 1994.

[67] Heertje, A., Technical and Financial Innovation, Oxford, 1998.

[68] Harl R. Varian, Microeconomic Analysis, w. w. Norton&Company, Inc..

[69] Thomas, Buni Z., Workflow Managementsystems for Financial Service, Proceedings of the 7th Conference on Organizational ComputingSystems[C], New York: Mac Millan Publishing Co., 1993.

[70] Engel, R. F. and Watson, M. A., Factor Multivariate Time Series Model of Metropolitan Wage Rates, *Journal of the American Statistical Association*, 1981, Vol. 76, pp. 774—780.

[71] Theil, H. Principles of Econometrics, Wiley, New York, 1971.

[72] Anderson, B. D. O. and Moore, J. B., Optimal Filtering, Prentice Hall, Englwood Cliffs, NJ, 1979.

[73] Dempster, A. P., Laird, N. M. and Rubin, D. B., Maximum Likelihood From Incomplete Data Via The EM Algorithm, *Journal of Royal Statistical Society*, 1977, B39, pp. 1—39.

[74] Watson, M. W. and Engle, R. F., Alternative Algorithms For Estimating Dynamic Factor, MIMC and Varying Coefficient Regression Models, *Journal of Econometrics*, 1983, Vol. 23, pp. 385—400.